이 시대의 화두

58개띠들의 이야기

이 시대의 화두
58개띠들의 이야기

초판 1쇄 인쇄_2006년 1월 20일
초판 1쇄 발행_2006년 1월 23일

지은이_임백천 외 26인
펴낸이_방남수
펴낸곳_도서출판 화남
서울특별시 중구 인현동 2가 192-30
신성상가 419호 (100-282)
전화_(02)2279~4788
팩스_(02)2285~6798
등록_제2-1831호
e-mail_hwanambang@hanmail.net

편집고문_김영현
편집주간_ 이승철
제작이사_ 이상현
편집위원_ 이재무 현준만 박선욱 임동확 고영직
디자인 · 편집_안민영 김희정 한아름
출력_ 노보열(으뜸 애드레픽 703-7944)
인쇄_ 박해철(해성인쇄 703-0777)
제본_ 이애자(길성사 701-1808)

ISBN 89-90553-55-5 03810
이 도서의 국립중앙도서관 출판시도서목록(CIP)은
e-CIP 홈페이지(http://www.nl.go.kr/cip.php)에서 이용하실 수 있습니다.
(CIP제어번호 : CIP2006000080)

값 9,500원

이 시대의 화두

58개띠들의 이야기

그들에게 축배를

이 책을 펴내면서

2006년 병술년 개띠해를 맞아 이 땅의 모든 신문과 방송이 마치 약속이나 한 듯이 앞다투어 '특집'으로 다룬 신년 화두는 다름아닌 '58년 개띠들'에 대한 이야기였다.

즉, 「왜 '58년 개띠'인가」「달려라! 58개띠」「'58년 개띠'에겐 뭔가 특별한 것이 있다」「왜 '58년 개띠'가 유명해진건가?」「산전수전 다 겪은 58개띠」「찬밥신세 '낀세대'서 주류로!」「잡초와 같은 생명력을 지닌 58년 개띠사람들」 등등의 주제로 연일 신문과 방송에서 1958년에 태어난 개띠 사람들의 삶과 그 드라마틱한 인생역정을 집중조명하였는데, 이는 한국언론사상 매우 특이한 '58 신드롬'이었다.

물론 올해가 병술년 개띠해이기 때문에 그러했겠지만 그것으로만 설명이 되지 않는 뭔가가 있을 듯하다. 한국 언론이 지금껏 이처럼 유별나게 어느 한 시대의 띠에 얽힌 '내력'과 그 띠의 '정체성'에 초점을 맞춘 사례가 일찍이 없었기 때문이다. 그러기에 '도대체 58개띠가 뭐길래 이 야단인가?'라는 궁금증을 자아내기에 충분했다.

전후 '베이비 붐' 세대로서 치열한 경쟁과 사회변혁의 소용돌이에서 굴곡진 인생역정을 살아온 한국 현대사의 증인들은 58개띠들에겐 몇 개의 공통적인 키워드가 있다. '가난' '반공' '유신' '뺑뺑이' '5월' '5공' '민주' '자유' '6월항쟁' 'IMF' '명퇴' 등의 말 속에는 58개띠들만이 겪은 독특한 생의 비밀이 숨겨져 있다.

흔히들 58년 개띠들을 가리켜 산전수전 다 겪은 세대라든가 잡초와 같은 생명력을 지닌 세대라고 일컫는다. 아울러 숨 가쁘게 달려온 우리 한국인의

독특한 생의 모습을 그들이 보여주고 있다고 말한다.

이에 우리는 이 시대의 대표적 세대로 성장한 58개띠들이 그들의 인생에서 느낀 남다른 소감과 감회를 한데 모아 한 권의 책으로 엮어 보았다.

이 책은 그토록 힘들고 어려운 시대 상황 속에서 58년 개띠들이 어떠한 힘과 에너지로 한 시대를 묵묵히 견뎌왔는가에 대한 시대적 증언이 될 것이다. 또한 오늘보다 좀더 나은 내일을 살아가고자 하는 사람들에게 힘과 용기를 불어넣어주는 하나의 길잡이가 될 수도 있을 거라고 생각한다.

58개띠들이 비록 가난하고, 비루한 생을 살아왔을망정 결코 지울 수 없는 낭만과 추억의 힘으로 지금껏 한국사회를 이끌어왔으며, 잡초와 같은 생명력으로 이제 우리사회를 움직이는 거대한 주류 세력으로 떠오르고 있다.

불투명한 미래, 혼돈의 시간 속에서 58개띠들이 겪은 드라마틱한 생체험은 내일을 밝히는 하나의 등불이 될 수 있기에 독자들의 큰 사랑을 기대해 본다.

끝으로 이 책이 나올 수 있도록 음으로 양으로 많은 도움을 아끼지 않은 58개띠 여러분께 뜨거운 감사의 말씀을 올린다. 58개띠여, 그대 앞길에 희망의 꽃다지를 바친다.

2006년 1월, 경술년 개띠해를 맞아

58 개띠들의 이야기 편집위원회

차 례

임백천

달려라, 58개띠!

— 돼지털(?) 시대의 아날로그 세대, 58년 개띠

1958년 전남 순천에서 태어나다. 다섯살 때 서울로 이사하여 덕수초등, 이화여대부속중, 여의도고교를 거쳐 국민대 건축학과를 졸업하다. 대학1학년 때 제2회 MBC 대학가요제에 출전하다. 졸업 후 7년간 건설회사에 근무하다가 때 되면 월급주는 직장을 나와 전문 MC가 되겠다고 고생하다가 진짜 MC가 되다. 현재, KBS 2FM 〈임백천의 골든 팝스〉, MBC TV 〈가요큰잔치〉, SBS TV 〈비법 대공개〉 프로그램에서 MC로 일하고 있다.

mclim@paran.com

박치기왕 김일을 보고 환호하던 어린 시절

너나 할 것 없이 모두가 어렵게 살던 시절, 우리 집은 그렇게 어렵지도 않았고, 그렇다고 떵떵거리며 잘사는 부자도 아니었다. 그 시절 누구나 아는 사실이지만 보릿고개 때문에 너나없이 허덕이는 시절이었다. 또 잘산다고 해봐야 집에 흑백 텔레비전이 한 대 있거나 혹은 전화기가 있는 정도였으니 사는 게 도찐개찐, 그 밥에 그 나물이었던 시절이었다.

남자 형제만 줄줄이 셋이었던 나는 지방의 어느 한적한 마을에서 태어났지만 부모님 덕택에 서울에서 초·중·고를 마칠 수 있었다.

돌이켜 보니 그 시절의 유일한 오락거리란 흑백 텔레비전을 통해 생중계되던 박치기의 왕 김일의 프로레슬링을 보는 거였다. 프로레슬링 중계방송이 있던 날이면 사람들은 모두 텔레비전을 가진 집으

로 우루루 떼몰려가 손에 땀을 지면서 김일 선수가 어서 빨리 박치기 한 방으로 외국 선수를 보기 좋게 때려 눕히기를 갈망했다.

비록 우리가 가난 때문에 허덕이고 있지만 김일 선수가 링 위에 승자로 우뚝 서는 것처럼 우리나라가 언젠가는 세계를 제패하고, 남들처럼 잘살아주기를 기대하는 희망 때문에 프로레슬링이 그토록 인기가 있었는지도 모른다.

어린 시절 내 또래 아이들이 텔레비전을 통해 중계방송을 볼 때 나는 아버지의 손을 잡고 김일의 프로레슬링 경기를 직접 보러 장충체육관을 자주 찾아 갔었다.

나는 아버지 곁에서 손에 땀을 쥐면서 김일 선수가 반칙을 일삼는 외국 선수들을 보기 좋게 한 방에 때려 눕히기를 간절히 기원했다. 그러면 김일 선수는 나의 열띤 응원에 화답하듯 상대 선수의 반칙으로 피투성이였건만 항상 박치기로 깨끗이 뒷마무리를 하면서 그날의 경기를 결국 승리로 장식했다.

김일의 프로레슬링 경기가 있던 다음날, 나는 내 또래 1958년생 급우들에게 내가 장충체육관에서 보고 들은 여러 이야기들로 화제의 꽃을 피우곤 했다. 말하자면 텔레비전에 보도가 안된 뒷이야기를 나는 생생한 실감으로 그들에게 얘기해 주곤 했던 것이다. 그때 우리들은 박치기 한방으로 우리들의 가난과 찌들고 고단했던 삶이 시원하게 날아가기를 기원하고 있었다.

시골에서 자란 내 또래 58년 친구들에 비하면 장충체육관까지 찾아가서 김일 선수를 직접 볼 정도였으니, 비교적 나는 문화적 혜택을

누리며 살았다고나 할까.

나는 그때 덕수초등학교를 다녔는데 우리반은 70여 명쯤이 되었다. 한 학년에 모두 12반까지 있었고, 게다가 교실이 부족하여 오후반 아이들이 있을 정도로 58년생들은 콩나물 시루 같은 교실에서 공부를 해야 했다. 그때 동기들이 1600여 명이 넘을 정도였는데 전국 어디를 가나 58년생들은 그렇게 많았다고 한다.

통계청이 이에 대한 정확한 자료를 갖고 있진 않다고 하나 대략 1958년생은 100만여 명을 오르내릴 정도로 가장 많은 세대별 인구 분포를 지니고 있다고 말하곤 한다. 전쟁이나 불황 이후 출생률이 높아지는 베이비붐 현상은 1958년도에 그 정점을 이룬 결과인지도 모른다.

이 때문에 학교의 화장실 앞은 항상 '대만원 사례'일 정도로 길게 줄을 서야 했고, 늦게 도착하면 미처 용변도 보지 못한 탓에 하반신을

조용필 씨 결혼식 전날 이경규 씨와 함께.

움켜 쥔 채 수업을 받는 고역을 치르기도 했던 게 바로 우리 세대였다. 그뿐 아니라 58년 개띠들은 여기저기 넘쳐 날 정도여서 신체검사만 받더라도 하루가 다 갔을 정도였다.

땡땡이와 영화에 빠져 있던 나만의 노하우

또한 서울서 학교를 다닌 나는 초등학교 때부터 수업 시간에 '땡땡이'(학교 수업을 빼먹고 엉뚱한 짓을 하는 것을 말하는 속어) 치고 영화를 보러 다닌 땡땡이의 명수였다. 그렇지만 나는 덕수초등학교 시절 6년 개근상을 받은 학생이었다. 숙제는 한번도 해 간 기억(방학숙제조차도)이 없지만 하루도 빠지지 않고 학교는 열심히 다녔던 학생이다. 그리고 일주일에 서너 번은 꼭 영화를 봤다.

앞서 잠시 언급한대로 당시 내가 다닌 초등학교의 경우 한 학년이 한 반에 70명씩 12반, 그리고 오전반 오후반이 있었으니까 한 학년만 해도 대략 1600명이 넘었다. 지금 생각하면 상상도 할 수 없는 대규모 학생군단이었다. 그런 까닭으로 재학생 규모로 따져 동양 최대의 학생 수를 자랑하는 학교도 있었다. 이 때문에 그 당시 전국의 모든 학교의 교실이 콩나물 시루 같다고 해서 콩나물 교실이라 불리워졌던 시절이다.

그러다 보니 학교 선생님이 일일이 누가 등교했는지 신경을 쓸 수가 없다고 '잔 머리'를 굴리던 나는 등교하자마자 가방을 던져 놓고 학교 뒷담을 넘어 영화관으로 줄행랑을 치곤 했다. 선생님은 학생 수가 워낙 많은 탓에 내가 수업에 빠진 줄도 몰랐기에 난 별로 혼난 일

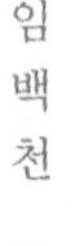

도 없었다.

당시 광화문 일대 아카데미극장과 국제극장, 종로통 화신백화점의 화신극장이라든가 아니면 신신백화점의 신신극장, 안국동의 문화극장, 명동 쪽의 우미관 등등 내가 섭렵하지 않은 극장은 거의 없었다. 말하자면 나는 극장 간판이 붙은 영화관 중에서 안 가본 데가 거의 없을 정도로 영화광으로 살았다. 지금으로부터 10여 년 전인가 영화화됐던 소설—『헐리우드키드의 생애』처럼 그때 나와 엇비슷한 취미를 가진 58년 개띠들은 온갖 종류의 외국 영화를 두루 섭렵하고 있었다.

그리고 당시 극장은 거의 동시 상영관이었는데 나는 거의 공짜(?)로 영화를 보는 특혜를 누렸다. 학교 땡땡이 치고 가는 극장인데 부모님이 매일 영화 보라고 극장비를 꼬박꼬박 줄 리 없었다. 그렇다면 무슨 수로 매일 공짜로 영화를 볼 수 있었느냐?

KBS TV 〈슈퍼선데이〉에 출연한 박원숙, 김용건, 고두심과 함께.

홍콩에서 알란탐과 함께.

거기서 58 개띠생인 나만의 노하우가 발휘되고 있었다. 어린 시절부터 잔머리의 고수였던 나는 영화 티켓을 받는 카운터 아래로 기어 들어가거나 아니면 어른들 들어갈 때 옆에 슬쩍 묻어서 들어가는 수법으로 극장 기도(검표 요원) 몰래 들어가는 스릴까지 즐겼다.

그 대신 극장 안에 넘쳐나던 벼룩과 이와 빈대에게 내 피를 헌혈해야 했고, 비 내리는 화면을 맘껏 즐긴 채 학교로 유유히 다시 입장했다. 내가 학교로 돌아갈 때는 대부분 종례 시간이거나 청소 시간, 아니면 내 가방만 달랑 남고 교실은 텅 비어 있었다.

영화를 보고나서 나는 어김없이 내가 본 영화의 내용을 무성영화 시대의 변사辯士처럼 내 나름의 해석을 곁들여 친구들에게 들려 주었다. 그러면 58 개띠생 친구들은 무지막지하게 부러운 눈초리로 날 쳐다봤다. 그럴 때마다 난 서부영화의 주인공이나 혹은 우쭐한 영웅이 된 듯 더 신나서 영화 얘기를 그들에게 들려주곤 했었다. 그들 또한 나처럼 영화 이야기를 좋아했던 것이다.

〈로미오와 줄리엣〉 〈발지 전투〉 〈스팔타카스〉 〈007 위기일발〉 〈007 골드 핑거〉 등의 영화 제목이 기억나고, 아울러 미남스타 알랑 들롱이 나오는 프랑스 영화라든가 클린튼 이스트우드가 나오는 서부

영화 등등 그때 내가 봤던 영화들은 이루 헤아릴 수가 없을 정도다.

매일 축구를 하면서 통기타에 열광하다

그리고 거의 하루도 빼지 않고 비가 오나 눈이 와도 하는 것이 축구였다. 내 어릴 때는 차 다니는 큰 길 빼고는 거의 비포장이었다. 거기서 나는 시시때때로 동네 녀석들과 축구를 했다. 축구 골대를 백묵이나 나무 막대기로 그려가면서 내기 시합을 하곤 했다. 내기라고 해봤자 딱지나 구슬이 고작이었다. 그때 축구공은 거의 다 해져 너덜너덜했는데 게다가 물까지 흠뻑 먹는 날이면 이건 공이 아니라 큰 돌덩이를 갖고 노는 것이었다. 이 때문에 어쩌다 헤딩이라도 하게 되면 거의 기절 일보 직전까지 갔을 정도였다.

얼마 전, 우리와 2006 독일 월드컵에서 첫 경기를 하게 되어 있는 아프리카의 가난한 나라, 토고를 소개하는 TV 다큐멘터리 본 적이 있었다. 토고의 아이들은 영상 40도가 넘는 염천의 한복판에서도 아랑곳하지 않고 축구로 하루를 시작해서, 축구로 하루를 마감하는 장면을 소개하고 있었다. 당시 우리도 그랬던 것 같다.

우리가 2002년에 월드컵에서 4강까지 간 것은 적어도 우리 세대들의 생각엔 기적이 아니고 밥 먹고 할 일 없어 축구만 하던 가난한 시절이 있었기 때문에 가능했다고 본다.

그러므로 우리가 월드컵에서 가장 준비를 많이 해야할 팀이 다름 아닌 '져 봤자 밑질 것 없다'고 무턱대고 악바리로 덤벼들 토고가 아닐까 하고 생각해본다.

아무튼 다시 영화 얘기로 돌아와서 영화 〈씨네마 천국〉의 토토가 그러하듯 어린 시절 나도 영화를 보면서 한때 영화인의 꿈을 키웠었다. 그러나 훗날 방송국에서 만난 KBS 백제하 PD 덕분에 난 그 꿈을 접어야 했다. 그와 술 한잔을 나누면서 영화 얘길 한 적이 있었는데 영화에 대한 그의 높은 식견과 그 박식함에 난 무릎을 꿇고 말았다. 어렴풋이 영화인이 되겠다는 어설픈 나의 꿈은 거기서 접어야 했다.

그런 내가 기타를 배운 건 초등학교 6학년 무렵이었다. 당시 나의 우상, '트윈폴리오'가 기타 치면서 노래하는 모습에 반해 나는 어느 날 기타를 배우기 시작했다. 그리고 어느 날부터 실력이 쌓인 나는 아이들 앞에서 펄시스터즈의 〈커피 한잔〉를 기타로 치면서 멋들어지게 한 곡조를 뽑아댔다.

커피 한잔을 시켜 놓고 그대 올 때를 기다려 봐도
웬일인지 오지를 않네 내 속을 태우는구려
8분이 지나고 9분이 오네 1분만 지나면 나는 가요
내 정말 그대를 사랑해 내 속을 태우는구려
아프게 해요 왜 안 오시나 아 내 사랑아
못 기다려요 못 기다려요 못 기다려요

불덩이 같은 이 가슴 엽차 한잔을 시켜 봐도
보고싶은 그대 얼굴 내 속을 태우는구려
아프게 해요 왜 안 오시나 아 내 사랑아
못 기다려요 못 기다려요 못 기다려요

불덩이 같은 이 가슴 엽차 한잔을 시켜 봐도
보고싶은 그대 얼굴 내 속을 태우는구려
내 속을 태우는구려

58년생 친구들은 기타 치는 내 모습에 또 한번 문화적 충격을 받으며, 나를 거의 스타로 대접해 주었다. 그렇게 시작한 기타에 내가 본격적으로 미친 건 고등학교 때였다.

한창 공부 해야 할 나이에 난 통기타의 낭만에 빠져 낙제 점수를 받은 적도 있었다. 죤 덴버의 컨츄리 리듬과 폴 사이먼의 쓰리 핑거 주법을 나는 오랜 연습 끝에 마스터했고, 내가 세상에서 기타를 제일 잘 친다고 의기양양해 했다.

그러다가 어느 심야 라디오 프로에서 들었던 기타 소리는 전혀 흉내를 낼 수가 없었다. 그래서 나는 기타를 일찌감치 포기했는데 그 기

독일 밴드 스콜피언스 내한 공연 때 스튜디오에서.

타 소리는 유명한 기타의 신神 에릭 클랩톤의 음악이란 걸 대학 가서 알았다.

뺑뺑이 1세대의 애환과 나만의 기쁨

그리고 우리 때부터 고교 입시가 폐지되고 '뺑뺑이(추첨제)' 1세대로 연합고사 후 추첨으로 고등학교에 진학했다. 물론 시골에서는 여전히 시험을 보고 진학하였지만 서울의 학생들은 그러하지 않았다. 그러기에 58개띠들은 흔히들 '뺑뺑이' 1세대로 불리곤 한다.

허나 이 말에는 58년생들을 깔보는 어감이 깔려 있어 서운하기도 하다. 57년생이 고교에 입학한 1973년까지만 해도 고교입시 경쟁이 매우 치열했다. 누구보다도 교육열이 뜨거웠던 우리 부모님 세대들의 성화 때문이었다. 아울러 당시는 한 집안의 신분을 상승시킬 수 있는 유일한 방법은 명문고에 입학하여 명문대를 진학하는 길이었기 때문인지도 모른다.

그러나 우리 세대들이 고교 입시를 준비하던 중학 2학년 때 서울의 고입제도가 느닷없이 추첨제로 바뀐 탓에 우리들은 책장을 덮고 우선 거주지에 있는 고등학교 이름부터 살펴보곤 했다.

이때 명문고에 가려고 쌍코피 터져 가며 공부하던 우등생들에겐 열받는 일이었을지 모르지만, 그래도 나처럼 '그까이 꺼' 하면서 대충 공부했던 아이들은 내심 기뻐했었던 것이 숨길 수 없는 사실이다.

58년 개띠들이 사회의 변화 속에서 언제나 희생자였다고 말들 하는데 난 솔직이 그런 점에서 혜택을 받았다고 생각한다. 대통령 아들

때문이라는 설도 있었다. 그렇다면 난 그 빽을 톡톡히 본 셈이다.

나는 뺑뺑이 추첨제로 인해 서울에서 신생고등학교에 속하는 여의도고등학교에 제2회로 진학했다. 아쉽긴 했지만 크게 억울한 일은 아니었다. 그런데 소위 명문고라 불리던 K고나 S고에 진학한 58년 다른 친구들은 선배들이 "너희가 학교 평균 다 깎아 먹는다"라고 구박했기 때문에 고생깨나 했다는 이야기를 들었다 그리고 동문회 모임에 가서도 "58년 뺑뺑이들은 저쪽 구석으로 가라"고 농담 섞인 박대를 받는다는 얘기를 들으면 참으로 억울하기까지 하다.

왜냐하면 우리들이 선배들 말대로 고등학교를 무시험으로 거저(?) 들어갔다고 해서 58개띠들의 대학 입시운이 좋았던 게 결코 아니었기 때문이다. 어차피 치러야 했던 대입에선 베이비붐 세대답게 그 경쟁률이 엄청났던 것이다. 우리는 예비고사를 치른 뒤 또다시 본고사를 봤는데 대학마다 전형 방법이 달라 경쟁률이 높은 곳은 20~30대 1

영화배우 재키찬(성룡), 가수 김완선과 함께 홍콩에서.

도 되었다. 게다가 재수하는 친구들은 재수 학원도 시험까지 보고 성적순으로 들어갔는데 , 그 학원에도 한 반이 50명이 넘을 정도로 넘쳐나고 있었다.

나는 몇 년 전 박정희 대통령의 '영식'이라 칭해지던 박지만 씨를 친지의 결혼식에서 우연히 만나 지금은 서로 교분을 트고 지낸다. 그 역시 58년 개띠생이라 나는 그와 동류적 친밀감을 느꼈다. 서로 교분을 트며 친해진 뒤 어느 날 그에게 내가 학창시절에 들은 뺑뺑이 관련 소문(대통령 아들의 고교 진학 때문에 뺑뺑이를 실시하게 되었다는 그 소문)에 대해 한번 시치미를 뚝 떼고 '도대체 어떻게 된 일이냐?' 고 물은 적이 있었다. 그러자 박지만 씨도 그런 소문은 듣었다면서 나에게 말했다.

"그런 소문이야 나도 알고 있었지. 그런데 나랑은 전혀 상관없는 일이었어, 진짜."

물론 소문은 소문일뿐 사실이 아닐 수 있다. 하지만 뺑뺑이 1세대로 살아온 우리네 58 개띠들이 억울한 누명을 받은 건 사실이다.

그러나 한편으로 생각해보니 58년 개띠가 베이비 붐 세대로 경쟁이 치열했다고 하지만 어느 해나 매년 대학 입시철이면 경쟁률이 사상 최고였고, 취업률도 날이 갈수록 치열해지고 있다. 솔직히 인구 많은 대한민국 땅에 살면서 치열하지 않은 세대가 어디 있을까 싶기도 하다.

격동의 현대사 속에서 중동 붐을 타다

오히려 우리 때는 중동 붐이 일었을 때라 취업은 잘 됐던 시기이기

도 했던 것 같다. 특히나 내 경우엔 대학 1학년 때인 1978년, 제2회 MBC 대학가요제에 용돈이나 벌려 우연히 나갔다가 2학년 때부터는 라디오와 TV에서 MC를 맡아 MC가 뭔지도 모르고 4학년 졸업 때까지 고급 아르바이트를 하기도 했으니, 행운아였던 셈이다.

하지만 58년 개띠들은 대학문화의 새로운 주축으로 자리잡아가던 1979년에 일국의 대통령이 총탄에 쓰러지는 비극을 접하고 큰 충격을 받기도 했다. 물론 운동권 학생들은 그러하지 않았을 것이지만 박정희 시대로 불리는 우리 세대의 대부분은 '국민교육헌장'을 달달 외워야 했고, 또 '학도호국단'이라는 이름으로 교련복을 입고 연병장 같은 운동장을 박박 기어야 했다. 그리고 박대통령을 거의 절대시하던 당시의 풍토에서 거의 자유롭지 못했다.

또한 '박대통령 시해사건' 후 이듬해 찾아왔던 '서울의 봄'을 만끽하기도 전에 광주에서 많은 사람들이 죽었다는 비극과 함께 계엄령 그리고 휴교령의 끝에 찾아온 새로운 군인 대통령의 얼굴을 보면서 어느 쪽으로 구를지 모르는 역사의 수레바퀴를 지켜보기도 했다.

이 때문에 스무살 푸른 젊음이었던 우리들은 때론 동료들이 시국사건에 얽혀 구속되는 일을 보고서 무척 괴로워했던 게 숨길 수 없는 사실이다. 하지만 6월항쟁 때 우리 58년 개띠들은 한국 사회의 이른바 '넥타이 부대'로서 거리로 뛰쳐 나가는 등 이 나라의 민주화를 위해 작으나마 한 몫을 했었다.

난 졸업 후에는 전공을 살려 건설현장에서 7년 가까이 일했는데, 서울올림픽 시설물을 짓는 도중 내가 맡은 구간의 콘크리트 타설공

사를 하다가 붕괴사고로 죽을 뻔한 적이 있기도 했다. 부실공사의 책임자면서 피해자로 아찔한 순간을 맞았던 그날의 기억이 지금도 생생하다. 58년 개띠로서 그날 무사히 살아남았다는 행운을 지금도 고맙게 생각하며 살아가고 있다.

돌이켜 보면 1988년의 서울올림픽 이후 우리 사회는 하루가 다르게 미친 듯 변해갔다. 그리고 적응할 틈도 안 주고서 적응 못하면 퇴물로 취급 받으며 우리 사회의 58년생들은 슷제 뒷전으로 밀리나기 시작했다.

선배들한테는 실력 없는 빽빽이 세대로 취급 받았는데 이젠 후배들한테 컴퓨터 하나 못 다루는 퇴물로 취급받기도 한다. 물론 주변에는 디지털 분야에 첨단으로 달리는 58 개띠들도 많다. 하지만 내 주변의 대부분은 디지털 세상에 살면서 아날로그 생각을 갖고 살아 가려니, 참으로 힘들다고 고백하는 소리를 자주 하곤 한다.

'젖은 낙엽정신'으로 한 시대를 살아온 58개띠들

그리고 조직에 뒤처지고 못 쫓아가면 슷제 낙오자 취급을 받기도 한다. 솔직히 난 아직도 그런 부류의 아날로그 58개띠인지도 모른다. 난 지금도 핸드폰에 전화번호를 입력하여 찾는 것보다 수첩에 전화번호를 일일이 손으로 적어서 보는 게 오히려 편하다. 이메일이 오가는 시대라 연하장이나 크리스마스 카드조차도 이메일로 보내지만 난 누구보다도 길 가다가 우연히 빨간 우체통을 보면 우선 반갑고, 편지와 엽서에서 훨씬 많은 정겨움과 인간다움을 느낀다.

우체국에 일하는 어느 친구한테 들으니 요즈음 거리에 우체통이 사라진단다. 하루 종일 몇 통 정도가 고작이고, 아니면 쓰레기를 투기한다고 한다. 그런 이야기를 들을 때마다 난 마음이 아프다. 우리 58 개띠들은 고교 시절, 심야의 음악방송을 들으면서 매일 자기만의 사연이나 애틋한 마음을 적어 편지나 엽서로 얼마나 많이 방송국 문을 두드렸던가.

우체통은 내 마음을 보내는 통로인데 거기에 쓰레기를 투기하는 자의 마음은 쓰레기만 가득 차 있을 것 같다. 베고니아 화분이 놓인 우체국 계단……. 이런 노래를 들으면 울컥해지는 세대가 바로 우리 세대인 것이다.

백억 부자들이 많아진 세상이라고 하지만 고생하는 사람에 대해

정신적 스승이었던 중광 스님의 도자기 작업실에서.

배려를 하고, 상대의 눈물겨운 사연이나 아픔을 서로 공감할 줄 아는 심성도 가지고 있는 세대가 58 개띠가 아닌가 하고 생각해본다.

말하자면 우리들은 물질적으로나 사회적으로 그 어려움을 몸으로 느끼며 살아온 세대이기에 선배 무서운 줄 알고, 또 후배들을 저마다 나름대로의 방법으로 챙길 줄도 안다.

선배들한테 대놓고 들이대지도 못하면서 치열한 경쟁속에서 살아남으려는 노력은 둘째들의 생존력과도 같은 것이다. 나 또한 장남 도시락에만 계란을 따로 넣어 주던 시절에 삼형제 중 둘째로 태어났다. 그렇다고 둘째로 태어난 걸 한번도 원망해본 적은 아직 없었다. 형한테 밀리고 동생한테 치이면서 내가 일찌감치 터득했던 건 어떡하든 혼자서 살아 남는 끈질긴 생존력이었다.

그리고 그런 생존력은 내가 방송에서 우스갯소리로 자주 하는 '젖은 낙엽정신'과도 같은 것이다.

군대 시절 연병장을 쓸어 본 남자라면 땅에 딱 붙어서 안 떨어지는 젖은 낙엽의 의미를 잘 알 거다.

바로 그런 젖은 낙엽정신으로 인생을 살아간다면 어떤 일인들 못하겠는가.

돌이켜 보면 지금 나의 기본 수양은 남녀 공학을 다니던 중학교 시절에 읽었던 책들 덕택이라고 생각한다. 난 사춘기 시절 여학생들한테 잘 보이려고 밤을 새워 문학전집을 읽던 문학소년이기도 했다. 그 때 읽었던 많은 책들은 지금도 내 핏 속에 살아 있다. 당시 우리들은 국내는 물론 세계문학전집을 읽는 걸 삶의 필수 코스로 생각하고 시

간이 나면 닥치는대로 읽곤 했다.

바로 그러한 우리 세대가 보기엔 요즘 인터넷 세대들에겐 장점도 있지만 삶의 깊이가 덜한 것 같다. 남에 대한 무조건적인 비판, 넘쳐나는 안티문화……. 이런 분위기에선 결코 인간미 넘치는 아름다운 사회는 요원한 게 아닐까 하고 잠시 생각해본다.

그리고 58년 개띠로서 한 마디하고 싶은 것은 적어도 스스로에게 부끄러운 짓은 하지 않는, 상식이 통하는 사회가 됐으면 한다. 예컨대 엘리베이터를 타고 내릴 때 단 몇 초라도 상대를 위해 엘리베이터 문을 잡아주는 배려가 아쉽다는 것이다. 극단적으로 흘러가는 우리 사회에 지금 필요한 건 인간에 대한 따뜻한 애정일 것이다.

'선생님'이 아니라 '58년 작은 오빠'라고 불러다오

내 나이 어느덧 마흔 아홉이다. 많다면 많고, 젊다면 아직 젊은 나이다. 나는 요즘 MBC와 SBS 텔레비전 그리고 KBS-2FM에서 라디오 DJ를 하면서 당당한 현역으로 살아가고 있다. 그리고 시간을 쪼개어 유니세프와 환경부 그리고 서울시 등 여러 단체의 홍보대사로서 역할도 하고 있다. 이처럼 현역으로 열심히 살아가지만 요즘 난 웬만한 자리에 가면 '선생님' 호칭을 듣는다. 그러나 아직은 솔직히 그 호칭이 부담스럽다. 왠지 예비역 취급 받는 것 같아 반갑지 않다.

나는 영원한 현역이고 싶다. 이 책에 기고한 사람들 외에도 세계적으로 보면 마돈나, 마이클 잭슨, 샤론 스톤, 아네트 배닝, 게리 올드만, 홀리 헌터, 프린스 등등 모두가 58년 개띠라고 한다.

마돈나는 작년 디스코풍의 댄스곡을 발표하는 등 여전히 식지 않는 열정으로 댄스 음악과 춤을 추는, 영원한 섹시 스타로 활동 중이다. 내가 좋아 하는 그룹 산타나의 리더, 카를로스 산타나가 〈스무드〉란 곡으로 그래미상을 휩쓴 게 1999년…… 그의 나이 쉰둘의 나이였을 때다.

그런데 우리 세대 58 개띠들은 지금 어떠한가. 마흔을 갓 넘긴 1998년엔 IMF 외환위기로 최대의 피해자가 됐다고 한다. 당시 '사오정'(40, 50대는 이미 정년퇴직)이라는 유행어가 있었는데 이 유행어의 가장 어린 피해자가 다름아닌 58개띠라고 한다. 한창 일할 나이에 사오정이 되어 명퇴라니……. 그야말로 파란만장한 세대들이 겪어야 했던 아픔이 아닌가.

58년 개띠들의 어정쩡하고 일그러진 얼굴은 사진을 봐도 잘 알 수 있다. '디카'가 유행하면서 '셀카'까지 찍는 시대지만 카메라 앞에만 서면 왜 이렇게 어색한 걸까. 매일 방송을 하는 나도 사진 찍을 때면 언제나 어정쩡한 포즈를 취한다. 그게 바로 우리 세대다. 아버지 세대처럼 근엄한 표정으로도 못 찍고 그렇다고 요즘 디카 세

2002 한일월드컵 홍보사절인 조수미, 장영주와 함께.

KBS-2FM 〈임백천의 골든 팝스〉 진행 스튜디오에서.

대들처럼 자연스런 포즈도 못 취하고, 정말 어색하기 짝이 없다.

영화 〈25시〉의 마지막 장면에서 안소니 퀸이 사진 찍을 때 표정이 바로 그 어정쩡한 표정이다.

'Smile!' 웃으라고 강요하는 사진기자. 그 호통에 안소니 퀸은 억지로 웃음을 짓는다. 그러나 그 얼굴은 우는 듯한 얼굴로 일그러지고, 이 장면에서 클로즈업 되면서 영화는 끝이 난다.

그 안소니 퀸의 일그러진 얼굴이 때론 내 자화상 같아 씁쓸함을 안겨주기도 한다.

그러나 어느 역술인들의 말에 의하면 사주학에서 음陰과 양陽은 순환한다고 한다. 그리고 2006년 병술년丙戌年부터 태양의 기운이 찾아온다고 강조한다. 산속에 숨어지낸 야성의 들개戌에게 비로소 양의

기운이 찾아온다고 진단한다. 이 때문에 58년 개띠들은 새로운 시대의 주인공으로서 그 위치를 부여받을 거라고 예측하는 것을 나는 어느 잡지에서 본 적이 있다.

즉, 병술년 58 개띠들의 운세는 음지에서 벗어나 세상 밖으로 나와 기지개를 켜는 형국이라고 하니 나 또한 기대되는 바가 적지 않다. 어느 분야의 조직이든 관리자로서 혹은 조직의 중추핵으로서 자라잡고 있는 58년생들이 점점 많아지고 있으니 머잖아 우리 58년생들이 한 시대의 주류로서 활동할 날도 멀지 않은 듯싶다.

그리고 어찌보면 58 개띠들은 한국 현대사의 굴곡에서 파란만장한 삶을 경험했기에 개띠 후배들뿐이 아니라 여타의 후배들에게도 들려줄 이야기가 많을 거다. 더구나 한번도 아직 주류의 대열에 본격적으로 진입해보지 못하였기에 아직 해야 할일 또한 많다고 생각한다.

그러므로 나는 나와 함께 일하는 사람들에게 늘 '작은 오빠'라고 불러 달라고 주문한다. 아직은 딱 그 정도가 나한테 적당하다고 느끼기 때문이다.

"58년 작은 오빠들, 만세!"

김강석

개띠 혹은 개띠와 유리된 곳에서의 한 철

1958년 4월 부산 해운대에서 태어나다. 부산고교, 한국외국어대 신방과 및 동 대학원을 졸업하다. 1979년 10월 23일, '긴급조치 9호' 위반으로 구속되었으나 박정희 대통령의 사망으로 풀려나다. 1988년부터 내외경제신문 사회부·정경부 기자, SBS 보도국 편집부·경제부·기획취재부·국제부·문화부·사회1부 기자 및 8시 뉴스팀장을 역임하다. 현재, SBS 멀티미디어팀장으로 DMB 등 뉴미디어 기획과 편성 제작을 맡고 있다. dogii@naver.com

개띠에서 유리된 고2 때의 위악

1958년 개띠들은 평생의 많은 부분을 개띠들과 지내왔음이 분명하다. 적어도 유치원에서부터 대학에 이르기까지 같은 학년, 같은 반의 친구들은 대부분 개띠들이었을 테니까 말이다.

그런데 대체로 무리 없이 진행되던 내 삶이 개띠에서 완전히 유리되는 사태를 겪게 된다. 고등학교 2학년 때 유급을 하고 만 것이다.

스스로는 낙제였다고 주장한다. 자기 학대 내지는 자기 모멸의 극대화를 통해 역으로 그러지 않았다는 점을 드러내기 위한 일종의 자학 내지는 위악僞惡인 셈이다. 하지만 나의 일거수일투족을 보아온 녀석들은 지옥 같은 고교 시절을 탈출하기 위한 필사적인 도피였음을 귀신처럼 잘 알고 있다.

당시 삶을 받아들일 수 없었던 이유는 간단하다. 자유와 인격을 부

정하는 입시 지옥과 암세포처럼 세상을 어둠 속으로 몰아넣던 유신체제 때문이었다.

초등학교 1학년 봄소풍 때 해운대 동백섬에서.

좋은 직장, 예쁜 마누라를 획득하기 위한 이른바 기득권 쟁취 차원의 입시 공부를 인정할 수 없었고, 유신체제를 공고히 하는 모든 제도권도 내 삶의 지향점이 아니라고 결론 내렸던 것이다.

이런 결론의 배후에는 문학이 있었고 문예반이 있었다. 부산고교 문예반. 1974년 난 이른바 '뺑뺑이' 1세대로 부산경남 지역 수재들만 들어간다는 부산고를 제비 뽑아 들어가는 행운을 잡았다. 그게 불행이었는지 아직도 판단은 서지 않지만 말이다.

한강 이남 최고 명문고, 문예반에 들어가다

한강 이남 최고 명문고(입학할 때부터 귀가 따갑도록 들어온 학교 당국의 주장)에 입학한 뒤 가장 먼저 결행했던 것은 문예반 입반(?)이었다.

중학교 때부터 게이처럼 붙어 다니다 고등학교도 함께 들어온 남정국(1978년 고대 재학 중 타계)과 난 귀신에 쓰인 것처럼 그 퇴폐의 소굴을 제발로 걸어 들어갔다. 당시 작은형의 친구로 한 해 휴학한 뒤 다시 2학년에 복학해 있던 안상호 형(현 LA 한국일보 경제부장)이 우리를 슬그머니 유인했던 것이다. 상호 형은 그 이후로도 우리를 문학의 수렁

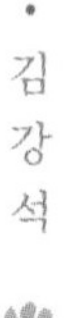

으로 밀어넣는 데 기여하고는 정작 본인은 미국으로 건너가 언론인이 돼버렸다.

당시 3학년으로는 상호 형과 같이 시집을 내고 문예반장을 역임한 이남호 형(현 문학평론가, 고려대 교수)이 전국적인 문명文名을 떨치고 있었고, 2학년엔 문예반장인 장용우 형(현 드라마 PD, 〈거지왕 김춘삼〉, 〈선녀와 사기꾼〉 등 연출) 등이 버티고 있었다.

입반 후 남정국과 난 공부는 제쳐 놓았다. 공부는 우리가 결코 해서는 안될 '악의 축' 같은 것이었다. 그리고 부지런히 시를 썼다.

우린 중학교 1학년 때 만나 2학년 때는 국어를 가르치던 모 여선생을 사숙하며 많은 사춘기 아이들이 그렇듯 윤동주, 푸쉬킨, 도스토예프스키 등에 경도됐다.

남정국은 이 선생과 연인 관계라고 폭탄 선언을 했는데 한정수라는 친구와 3각 관계로 얽히면서 친구이자 연적戀敵이 되고 말았다. I 선생을 두고 우리끼리만 복잡해지자 이를 풀자며 함께 어울려 술을 마시고 음악을 들으며 울기도 했다.

장현의 〈미련〉, 존 바에즈의 〈솔밭 사이로 강물은 흐르고〉 같은 노래를 들으며 라면땅을 안주로 갓 배운 소주와 고량주를 끝없이 마셔댔다. 가끔 '아리랑' 담배도 피우면서 말이다. 당시 처음 나온 환타 오렌지와 소주를 누런 대형 주전자에 섞어 마시던 게 유행이었고 우리는 이를 충실히 따랐다.

중3 땐 베르그송의 '자살론'에 대해 얘기했고 '의식의 끝은 항상 죽음이었네……' 같은 정현종의 초기 시를 놓고 존재론적 질문과 시

의 숙명 같은 화두를 대책 없이 늘어 놓기도 했다.

데카당스적 기행과 카사노바적 능력

이렇게 중학 시절 이미 조숙을 넘어 조로한 상태로 퇴행적 토대마저 단단히 다진 나와 정국으로서는 고교 시절이란 데까당스를 정신적 기반으로 문학적 기행奇行을 일삼는 자멸의 심화 과정에 다름 아니었다.

문예반 신입생 환영회 때 선배들이 호기로 내놓은 아리랑 담배를 우린 도우넛을 만들어 가며 즐겼고 호방함을 과시하기 위해 강권하는 깡소주도 넙죽넙죽 들이켰다.

"이 새끼들 봐라."

수더분하거나 조신한 구석이라고는 눈곱만큼도 찾아보기 힘들어 자신들의 권위마저 갉아먹고 있는 나와 정국에 대해 선배들은 당초의 기특하고 가능성이 엿보이는 놈들에서 건방지고 무례한 놈들로 입장을 바꿔 버렸다.

이남호 선배의 지시에 따라 정국과 나는 선배들에 의해 2차 자리로 호송됐다. 학교 인근의 색시집이었다. 거기까지는 우리가 진도를 나간 적이 없는 미개척지인지라 곧바로 꼬리를 내리고 말았다. 선배들은 역시 한 수 위였다.

곽삼수(현 KBS PD), 심재민(현 입시학원장), 배승환(현 교직) 등 위대한 58년 개띠들로 구성된 문예반 동기들은 상반기엔 문예지, 9월엔 시화전, 12월부터 2월까지는 교지 만드는 데 개처럼 동원됐다. 시를 제대

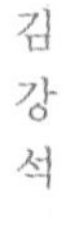

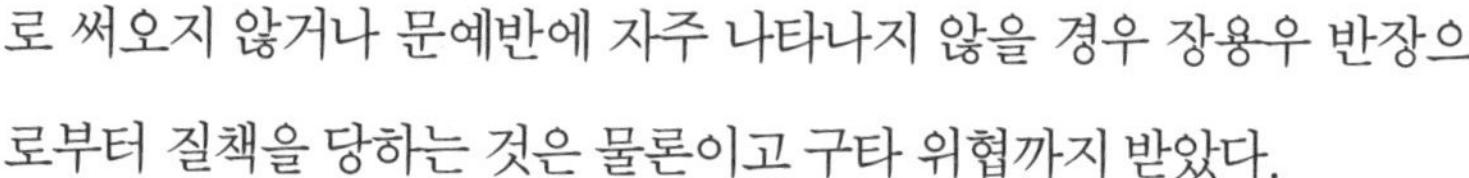

로 써오지 않거나 문예반에 자주 나타나지 않을 경우 장용우 반장으로부터 질책을 당하는 것은 물론이고 구타 위협까지 받았다.

몽둥이로 맞은 경우가 두 차례 정도 있었다. 이유는 기강 해이였다. 선배들에게 건방지게 굴거나 문예반실을 지저분하게 해 놓았다가 몰아서 얻어맞은 것이었다. 우리보다 2살 위면서 동기로 들어온 손영부(현 교직)를 평소 껄끄럽게 여기다가 영부를 손보기 위해 단체 기합이라는 명분으로 선배들이 몽둥이를 들었다는 혐의도 짙었다.

손영부는 말을 약간 더듬는 데다 우락부락한 얼굴이었지만 우리들 중 가장 많은 문학소녀를 거느리고 있었다. 가끔 쉬는 시간 문예반실에 들르면 손영부는 수업도 빼먹은 채 새우잠을 자는 경우가 많았다.

전날 여자애들과 모종의 작업을 하느라 피곤하다는 것이었다. 우리들은 그의 문학적 재능보다는 카사노바적 능력에 경탄과 질시를 보내지 않을 수 없었다. 2살 차이가 장난이 아니었던 것이다.

"성기性器처럼 끄떡 끄덕 하품하는 도시 운운……"이라는 시귀가 선배들에게 제동이 걸리기도 했지만 나의 시작詩作은 고 1, 2학년 때 가장 왕성했다.

하지만 어디 투고한다든지 백일장에 나간다든지 하는 것은 시쳇말로 당최 '땡기지' 않았다. 문학소녀적인 시는 나의 관심 밖이었고, 고교생 수준에다 순수시만을 요구하는 각종 공모전은 경멸의 대상이었다. 신춘문예 같은 제도도 신춘용 시를 '구미에 맞게 제작해야 한다'는 이유로 기피했다.

하지만 1975년 4월 '진해 군항제'의 전국 백일장엔 참여하지 않을

1975년 봄 문제의 진해 군항제 사진. 벌건 대낮에 한잔 걸친 문예반원들이 거리를 활보하고 있다(왼쪽이 필자).

수 없었다. 해마다 문예반이 전통적으로 참가해 온 데다 공식적으로 하루치 수업을 '제낄' 수 있는 유일한 대외 행사였기 때문이다. 우리는 머리를 굴려 그 전날 오후 수업도 빼먹기로 했다. 문예반 주임 선생이 백일장에 대비하기 위해선 하루 전날 일찌감치 현지에 가야 한다고 지시했다며 담임 선생들에게 둘러댄 것이다.

백일장 장원 덕분에 정학을 면하다

벌건 대낮에 진해로 넘어와서 전격적으로 꽃망울 터트린 벚꽃을 배경으로 거나하게 소주를 걸치고 있던 우리에게 청천벽력 같은 소식을 전한 건 나중에 합류한 배승환이었다. 우리가 담임들에게 거짓말을 하고 수업을 빼먹은 것을 안 문예반 주임 선생이 모조리 정학시키겠다고 펄펄 뛰더라는 것이었다.

다른 반원들은 이판사판 신나게 놀다 가자며 술잔을 부딪치며 차차차를 외쳤다. 하지만 반장인 나로선 책임감 때문에 머리가 쭈뼛 섰다. 다들 곯아떨어진 여인숙 방에서 승부수를 띄우기로 작정했다. 그동안 메모해 두었던 기성 시인의 시어들을 이리 저리 바꾸고 엮어서 백일장용 시를 미리 만들기로 한 것이다. 우리 중에 누군가는 차하次

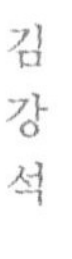

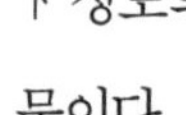

下 정도의 입상은 해야 중징계를 감면 받을 수 있을 것이라 믿었기 때문이다.

시제詩題는 김현승 시인의 것에서 빌려온 「백지白紙」였다. 물에 빠진 사람 지푸라기라도 잡는 심정으로 미리 긁적거려 놓았던 시를 다시 다듬고 손질해 간신히 제출한 뒤 그날 저녁 발표를 보도록 배승환만 진해에 남겨 둔 채 우린 낮술에 절며 부산으로 돌아 왔다.

"강석이 니께(너의 것이) 장원이데이?"

다음날 아침 지나치게 담담하게 전하는 배승환의 말은 당연히 농담인 줄 알았다.

"아무도 안 됐구나" 하며 자포자기하는데 "정말이데이. 축하한데이" 하며 동기들이 개떼처럼 달려들며 쾌재를 불렀다.

장원의 기쁨보다 문예반 주임 선생이나 선도 주임 선생으로부터 떨어질 사법처리를 무마시킬 수 있는 명분이 생긴 것이 눈물겹도록 고마웠다. 그날 다시는 그런 짓 하지 말라는 문예반 주임 선생의 부드러운 훈계와 함께 고생했다는 칭찬도 처음 들었다. 결과가 과정을 정당화한다는 진리(?)를 문학적으로 체험한 것이다.

그해는 당시 문예반 선배인 신승원 형이 민청학련 사건으로 구속되고 긴급조치가 속속 발표되던 암울한 시기였다. 승원 형은 실형을 선고 받았고 나중에 고문 후유증으로 정신질환까지 앓았다. 우린 모여서 깡소주로 분노를 대신했다. 난 성적이 나오지도, 나올 리도 없는 학교 공부는 팽개치고 시대상황과 내 연대기의 불모성不毛性을 핑계 삼아 자학적인 도피에 나섰다.

'스팅'에 집착하던 '나쁜 친구들'

1975년 9월 시화전을 여는 시기가 다가왔다. 기성 시인이 된 선배의 시를 비롯해 30여 편의 선후배, 동료들의 시를 받아서 미술반에 제작을 의뢰했다. 그런데 전시 이틀 전 경악을 금치 못하는 일이 벌어졌다. 도대체 미술반이 그리고 쓴 시화라는 것이 조악하기 그지없는 것이었다. 이를테면 내가 가장 싫어하는 모범적이면서 목가적인 수채화 수준을 벗어나지 못했던 것이다. 우리가 마음에 품고 있던 여학생들도 보러 올 텐데, 이게 무슨 개망신인가.

미술반이 괴발개발 그려온 시화들에 물을 부어 버리자 그림이 일그러지며 흘러 내렸다. 홧김에 30여 점의 시화에 물을 붓고 붓으로 개칠하며 모조리 엉망을 만들어 버렸다.

"시팔, 내가 그려도 이것보단 낫겠다. 내가 그린다, 내가."

걱정스런 눈초리로 나를 바라보던 반원들 앞에서 큰소리를 쳤다. 이틀 만에 모든 걸 그려내겠다고. 내가 중학생일 때 자기의 시화를 의뢰했던 상호 형과 나의 그림 솜씨를 믿고 있는 정국은 동조했다. 사실은 함께 그리면서 같이 망가지는 쾌감을 맛보자는 것이었다.

상호 형 하숙방과 문예반실에서 이틀 밤을 새며 거짓말처럼 30여 점이 넘는 시화를 그리고 만들어냈다. 수성물감을 덕지덕지 칠한 데다 물을 뿌린 뒤 다시 붓을 갖다 대는 화룡점정의 기법에서부터 팝 아트를 방불케 하는 정체불명의 추상 화법에 이르기까지 미술사에서 나올 수 있는 모든 화법이 동원됐다. 오줌을 갈기는 행위예술에 의해 만들어진 작품도 있었다. 따라서 모든 시화는 분위기나 느낌이 확연

히 달랐다. 지금 생각하면 한 발 앞서간 포스트 모던이었다.

이 작업에 부분적으로 참여했던 상호 형을 비롯한 몇몇 반원들은 나와 우리들의 천재성에 자화자찬을 아끼지 않았다. 선배들도 정말 놀라운 일이라고 평가했다. 일단은 시화전은 열어야 했기 때문이다.

시화전은 성황이었다. 우리가 기대한 것 이상으로 많은 여학생들이 몰려왔기 때문이다. 우리들은 각자 점 찍은 여학생을 상대로 열심히 작업을 벌였다. 하지만 난 좌절을 맛봐야 했고 엉뚱하게 생각지도 않던 다른 여학생에게 내 작품을 넘겨주고 말았다. 그 뒤 그녀가 내게 준 만년필을 만지작거렸지만 놓쳐버린 한 여학생에 대한 잔상 때문에 심한 후유증을 앓아야만 했다.

이후 집안 문제와 여자 관계 등이 나보다 더 복잡했던 정국은 서울 여의도고등학교로 전학을 가 버렸다.

1975년 10월 문제의 시화전에 낸 작품 앞에서 폐죄죄한 포즈를 취했다.

상호 형을 중심으로 당시 〈스팅〉이라는 영화를 흉내낸 '스팅'으로 많은 사건을 일궈냈던 장용우, 장수현(현 대학 교수), 홍주곤(현 고교 교사), 최기철(재미, 사업), 김병렬(노동운동 후 사업) 형 등도 고3이라 우리와 담을 쌓고 있었다.

당시 우리들의 '스팅'이란, 수업을 빼먹고 다도해 구경가기, 친구 시계

전당 잡히기, 문학소녀들 하숙집 데려와서 술 마시고 노래 부르게 하기, 학내 최대 폭력 서클과 맞짱 뜨기 등 헤아릴 수 없이 많았다 (당시 우리의 기행奇行과 무용담은 2000년 장용우 형 연출의 MBC 드라마 〈나쁜 친구들〉에서 실명으로 재현되게 된다. 주인공인 안재욱의 극중 이름은 김강석이었다).

모든 게 끝이었다. 공부는 될 리가 없고 사는 게 귀찮고 싫었다. 문학적인 관심마저도 멀어져 갔다. 몸도 아팠다. 심한 기관지염이라는 진단이 나왔다. 학교를 가지 않기로 했다. 우여곡절 끝에 휴학으로 매듭됐다.

처음엔 파가니니를 듣고 고은과 강은교 시도 읽으면서 모처럼의 영일을 맛봤다. 하지만 그것도 하루 이틀이지 몸이 근질근질해지기 시작했다. 반원들에게서도 연락이 왔다. 내가 놀고 있으니 교지를 도맡아 만들라는 것이었다. 스스로도 그 전해에 나온 게 신통찮다고 생각하고 있었던 만큼 추첨 1세대가 더 잘 만들 수 있다는 걸 보여주고 싶었다.

표지와 컷도 그렸다. 몇 해 전 하얀 백지 위에 2, 3개 원색으로 손의 이미지를 기가 막히게 그린 표지가 있었는데 이걸 벤치마킹해 파도 이미지로 장정을 만든 것이다. 한 수 아래일 수밖에 없었다. 기막힌 '손' 표지는 5년 위였던 박재동 선배(현 화백, 한국예술종합학교 교수)가 그렸다는 사실을 훨씬 뒤에야 알게 됐다.

휴학 기간 동안은 교지 만드는 것으로 싸웠고 1976년 3월엔 개떼들과 완전 유리되면서 다시 2학년으로 복학했다. 다시 공부를 하기로 했다. 일단 지겨운 고교 시절은 벗어나야 했기 때문이다. 초반엔 반에

서 1, 2등 안팎을 유지하며 나름대로 선전했다.

하지만 1년 후배격인 버르장머리 없는 놈들과 같이 공부를 해야 한다는 자괴감과 당시 내 앞에 나타난 자유의 시인 김수영은 나의 모범적 생활을 1년 이상 끌지 못하도록 만들었다.

고3이 되면서 다시 정상적인(?) 기행奇行에 복귀하며 과거 상호 형이 복학해 스팅 신화를 일궈 내던 파행을 답습하기 시작했다. 우선 나를 형이라고 따르던 같은 학년의 아이들과 음주가무에 빠져 지각을 밥 먹듯이 했다. 6월 무렵 보다 못한 부산고 선배이자 담임인 이백희 선생님이 회초리로 손바닥을 10대 때린 뒤 내일 다시 지각하면 가만두지 않겠다고 최후 통첩을 했다.

다음날부터는 사람이 돼 볼까 생각했지만 하루아침에 해가 서쪽에서 뜨진 않았다. 다시 지각을 하고 만 것이다. 모든 게 글렀다고 판단하고 교무실로 담임을 찾아갔다.

'긴급조치 9호' 위반과 '견생犬生'으로서의 삶

"선생님 학교를 그만둬야겠습니다."

"무슨 소리야!"

"더 이상 학교 다닐 마음이 아닙니다."

당시 절반은 그만두고 싶은 마음이 있었고 절반은 담임께 이렇게 선수를 쳐서 최후통첩에 대한 면죄부를 받고자 하는 의도도 깔려 있었다.

"나도 너만 할 땐 『사상계』 등에 심취했고 세상에 절망해 중이 되

려고 가출한 적도 있다. 너의 고통은 내가 누구보다도 잘 안다. 하지만 학교에서도 나름대로 배울 게 있다. 내 경험으론 학교를 마치는 것이 삶에 보탬이 되는 것은 확실하니 일단은 졸업하도록 해라. 학교도 너가 나오고 싶을 때 나오고 며칠 쉬고 싶으면 집에서 공부해라. 내가 책임질 테니까 니 자율대로 다니도록 해라."

서울대 철학과 출신에다 그레고리 펙 빰치는 준수한 외모와 단단한 체격, 그리고 영어 교사로서 뛰어난 실력과 사람을 휘어잡는 언변. 그분은 우리들의 우상이었다. 우상으로부터 너무나 따뜻한 얘길 들으니 막가파인 나로서도 생각을 달리 먹지 않을 수 없었다. 공부에 전력하진 않았지만 다음날부터 지각은 일단 자제했고 결국 졸업은 하게 된다.

지난 1985년 직장 생활을 하며 서울 청파동에서 하숙할 때 우연찮

1980년 5월 16일 신문 검열 지침이 강경 일변도로 바뀌는 걸 보고 쿠테타를 직감한 외대 학보 기자들이 어린이 대공원에 마지막 소풍을 갔다(왼쪽이 필자).

게도 대학 1년생인 이백희 선생의 장남이 내 방에 룸메이트로 들어온 적이 있었고 1995년 무렵 학원을 하시던 선생께서 세상을 떠나셨다는 얘기를 들었다. 그것도 돌아가신 지 몇 달 후 말이다.

"정正하고 직直하게 살라. 그냥 말하는 정직이 아니라 부정과 타협하지 말고 바르고 곧게 살라는 것이다."

'Honesty is the best policy'라는 구절을 설명하시면서 선생께서 강조하신 대목이다.

외국어대 2학년 때 10·26 사태 사흘을 앞두고 김남일(현 소설가), 인원근 (현 대학 강사) 등과 도모했던 거사가 미수에 그치며 긴급조치 9호 위반으로 잡혀 들어갔던 것도, 유신체제를 붕괴시킬 수 있는 것은 테러밖에 없다고 주장해온 나의 정치적 신념(?)도 선생의 이런 가르침에 대한 최소한의 회답이었을까. 나머지는 먹고사는 데만 집착해온 견생犬生이었다.

그 후 재야 운동에 나설까 고민도 했지만 확고한 신념의 부재로 나중에 후회하는 우를 범하는 것은 자신을 속이는 것이라는 논리 하에 모든 매체를 동원한 투쟁 운운을 외치며 그토록 싫어했던 이철승 씨의 논리인 중도통합을 쫓아 오늘에 이르렀다.

결국 난 개띠들의 세계에서 유리된 뒤부터 실패의 길로 접어들고 만 것이다.

김광일

용악한 아웃사이더

1958년 4월 전주에서 출생하다. 전주고교, 서울대 불어교육과를 졸업하다. 경기고교 불어교사로 1년 동안 교편을 잡다가 조선일보사에 입사, 사회부·월간부·국제부기자, 파리특파원 및 논설위원 등을 역임하다. 저서로 『우리가 만난 작가들』 『책을 읽은 다음에… 제발 아무 말도 하지 마』 등을 펴냈다. 현재, 조선일보 문화부장으로 일하고 있다. kikim@chosun.com

57닭, 59돼지들과 함께 중·고교를 다니다

솔직히 말해서 58년 개띠라는 말을 어떤 특정 세대의 명찰이나 문패쯤으로 받아들인 것은 최근이다.

나와 같은 해에 태어난 동갑내기들이, 그러니까 약 50만 명(혹은 일부에서는 100만 명이라고 말한다. 하지만 이에 대한 통계청의 정확한 자료가 없다고 한다 - 편집자 주)쯤 될 것으로 추산되는 이 특정 연령의 한국인들이 특정한 성정이나 업보를, 다른 나이 대의 동년배들과 뚜렷하게 구별될 만큼 특별하게 간직하고 있을 것이란 생각은 단 한번도 품어본 적이 없다.

적어도 은희경의 『마이너리그』라는 소설이 나오고, 그것에 대해 내가 속한 신문을 포함해서 온갖 언론들이 〈창작과비평사〉의 보도자료에 나온 그대로 앵무새처럼 떠들 때까지 그랬다. 화남출판사에서

이른바 '58개띠편집위원회'라는 것을 만들고 몇몇 명망 있는 시인들께서 58년 개띠에 주목하시어 원고청탁서를 날려 보내왔을 때 내 입에서 처음으로 비어져 나온 제일성은 그녀가 유죄다, 였다.

아니 더 솔직히 말해서 난 그때나 그후나 지금이나 58년 개가 59년 돼지나 57년 닭과 어떻게 다른지 잘 알지 못한다.

내 친구들 중에는 같이 뒹굴며 어울리고 지금도 너나들이를 하는 놈들 가운데 59년 돼지도 있고 57년 닭도 있다. 59년 돼지들은 중·고교 시절은 물론이거니와 대학 시절까지만 해도 호적이 잘못됐다는 천편일률적인 거짓 해명으로 개띠 행세를 하고 다녔다. 그들은 하다못해 심심풀이 사주를 보러 가도 개띠라고 우겼다.

사회생활을 시작하고 얼마쯤 지난 다음, 녀석들은 59돼지라고 밝히는 것도 과히 나쁠 것은 없다는 것을 알아차린 듯 솔직해졌다(그런데 58개 가운데는 57닭들 속에 섞여 닭 행세를 하는 놈들을 별로 보지 못했다. 그런 점에서 58개가 조금 다르다는 건가? 은희경 역시 학교를 일찍 들어가 58개들과 같은 학번이 됐으나 본인은 59돼지다. 그녀가 소설 『마이너리그』를 통해 전주고등학교가 분명해 보이는 공간을 무대로 58년 개띠 동창생 4명의 인생유전을 그려냈으므로, 그녀 역시 사생활에서 한동안 58개 행세를 했음직도 하지만 아직 아무런 증거를 갖고 있지 못하다).

입시제도를 둘러싼 온갖 추측과 소문들

우리와 같은 학번인 57 닭들은 대학 시절 재수 때문에 58 개들과 섞이게 된 것을 기분 나빠해 하지는 않았다. 그러나 그들은 기회 있을

때마다 오뉴월 햇볕을 한참이나 더 쬔, 한 해 위라는 것을 은연중 드러내고 싶어 했다. 연장자라는 것을 과시하고픈 욕망이 57년 닭띠들의 특정한 성정이라고 말하고자 하는 것은 아니다. 어떤 세대든 대개 그랬을 것이다. 내가 형이다는 발화는 한국 남자들 사회에서 악의 없는 주먹질 놀이의 단초가 됐다. 수백 년도 더 된 습성이었을 것이다.

그러나저러나 개, 돼지, 닭은 12간지에 등장하는 여러 동물들 중 가장 친연성이 강한 그룹에 속했다. 똥 냄새 풀 냄새 풀풀 날리는 농가 마당에 원숭이나 뱀이나 양이나 말이나 쥐보다는 개, 돼지, 닭이 훨씬 익숙한 풍경이 돼 있었다.

58개들이 59돼지나 57닭과 뚜렷이 구별되는 점이 전혀 없는 것은 아니었다. 우리들은 간혹 불평을 토로하기는 했다. 입시 제도가 바뀔 때면, 그것이 진정 우리에게 이로운 것인지 해로운 것인지 판단할 틈도 없이 침을 이빨 사이로 찍 찍 뱉으며 박지만을 원망했다. 걔 때문이라는군. 박통이 문교장관을 불러다가 호통쳤다는군. 육영수 여사가 박지만 과외 선생의 말만 듣고 베갯밑 송사를 했다는군. 쉬는 시간의 종료를 알리는 접시 모양의 전자식 타종이 열나게 떨

어느날 신문사에서 문학 관련 기사를 쓰고 있는 필자.

어대는 소리를 들으며 우리는 우울하게 자신의 자리로 돌아갔다. 그 타종의 원리는 물리 시간을 통해 알고 있었다. 물리 선생님의 별명은 '빠뿌리'였다. 대나무의 어린 뿌리를 캐다가 잘 말려서 그것으로 아이들 머리통을 후려치고 다녔다. 그게 빡빡머리 시절 우리의 근거 없음이었다.

그 근거 없음이 근거한 내 기억으로 우리는 박지만 때문에 중학교 시험을 치르지 않았다. 당시 내가 태어난 전주에는 북北중학교가 단연 일류 중에 일류였다. 그것은 이른바 명문 중·고·대학으로 들어가는 최초 입구였다. 오로지 북중학교에 들어가기 위해 이마에 피도 마르지 않은 초등학교 6학년짜리들은 교실에 촛불을 켜고 야간 학습을 했다. 그것이 우리 형들 세대였다. 우리 형들 중에는 촛불을 켜고 야간 학습을 하다가 이마를 태웠다는 둥, 교실을 꼬실라 먹었다는 둥 확인되지 않은 얘기들이 흘러 다녔다.

초등학교 1, 2학년 시절, 우리는 6학년 형들이 야간 학습을 마치고 돌아오는 모습을 동네 어귀에서 지켜보면서 그 의젓한 모습에 일종의 경외감마저 품고 있었고, 우리들은 영원히 저토록 어른스러운 반열에는 도저히 오르지 못할 것처럼 아득해 하고 있었다. 그 중 어떤 형들은 야간 학습을 하다가 대변이 마려워 화장실에 가지 않을 수 없었고, 자유낙하 공랭식 화장실에서 급기야 달걀귀신과 맞닥뜨린 끝에 밑을 닦고 나온 오른쪽 팔이 빨간 색으로 변하고 말았다는 괴담까지 흘러 다녔다.

일류도 핫빠리도 없는, 인민 해방공간에서

그러나 우리는 팔뚝이 조금씩 굵어지면서 어느덧 초등학교 고학년이 됐고, 10월유신의 당위성을 달달 외웠으며, 국민교육헌장을 받아든 다음, 교실에서 그것을 외우는 순서대로 집에 갈 수 있는, 담임 주관하의 약식 암송대회에 참가하기도 했다. 그러는 사이 우리들의 의지와는 전혀 관계 없이, 아마도 우리 엄마 아빠의 희망과도 무관하게 어느 날 전주 북중학교가 없어지고, 그래서 좋은 중학교도 나쁜 중학교도 없는, 일류도 핫빠리도 없는, 인생 최초의 인민 해방공간을 맛보고 있었다.

딴에 섬약한 범생이 그룹에 속했던 나는 상위 1% 권에 들어 있는 성적표를 내보이고 싶어 안달이었으니까 당연하게도 전주 북중이 없어진 것이 대단한 불만이라도 되는 듯 인상을 쓰고 다녔던 것 같다. 지역에 따라 평준화 실시가 조금씩 앞서거니 뒤서거니 했기 때문에 고장마다 일류 중학교가 없어진 시점을 정확하게 맞출 수는 없다. 지방 도시의 일류 중·고교가 서울에 비해 비교적 몇년 더 유지되고 있었다는 것을 나는 서울로 유학을 와서야 알게 됐으니 참 어리숙했다.

문화부 후배 기자 박해현 등과 함께.

초등학교 졸업식 무렵, 나는 6년 동안 우체국에 일괄적으로

붓도록 돼 있는 저축액 몇백 원을 찾아 손에 쥐었던 것 같고, 어머니가 전혀 알지 못할 것으로 나 홀로 믿고 있었던 그 돈을 삥땅 쳐서 영화, 만화, 찹쌀 도너츠 등에 바쳤던 것으로 기억돼 있다.

그리고 찹쌀 도너츠의 설탕 가루가 입가에 묻어 있는 것을 미처 닦아내지 못하고 집에 돌아왔다가 어머니에게 들통이 나던 날 이른바 뺑뺑이를 돌렸다. 그 무슨 물레 비슷한 것을 오른쪽으로 몇 번, 왼쪽으로 몇 번을 돌리고 나면, 주사위와 유리구슬 비슷한 나무 알갱이 하나가 톡 떨어졌다. 거기에 번호가 쓰여 있었다. 내가 뽑아낸 나무 알갱이에 무슨 숫자가 쓰여 있는지 기억나지 않지만, 아마 며칠 후에 각각의 번호에 해당하는 중학교 이름이 발표됐던 것 같다.

초등학교 동창들은 졸업을 앞두고 같은 번호를 뽑은 아이들끼리는 같은 중학교에 가게 됐음을 축하했고, 다른 번호를 뽑은 아이들과는 헤어져야 함을 아쉬워했다. 그 와중에 저금 삥땅 사건은 유야무야 넘어가는 듯 했으나, 웬걸, 그런 것을 그냥 넘기면 호랑이띠인 우리 어머니가 아니셨다.

중학교 배정 작업이 끝난 후 나는 기어코 겨울 홑바지를 걷어 올리고 회초리를 맞아야 했다. 그때 마루에 서서 바라본 겨울 처마 끝의 고드름 녹는 소리가, 그것이 떨어져 내려 낙숫물 지던 소리가, 그리고 지금은 안 계신 아버지와, 아버지가 손수 지으셨던 그 네 칸짜리 한옥 집과, 그 따뜻하기만 했던 마당가의 잔설들이 내 추억의 망막 한쪽에 물색 없이 놓여 있다.

삥땅과 잡채밥 그리고 원산폭격

그러다가 내 귀에 최초로 들려온, 그러니까 내 동갑내기들을 무슨 무슨 세대로, 한 동아리로 엮어서 특징적 문패를 붙인, 최초의 네뗴루로 들려온 별칭은 이른바 뺑뺑이 세대라는 것이었다. 뺑뺑이 세대라는 말은 경멸을 담고 있다고까지 말할 건 없지만, 그래도 그 반대 개념이 실력파 세대 혹은 입시파 세대쯤 되는 것이어서 듣는 사람에게 그리 유쾌한 것은 아니었다.

그런데 나중에 고등학교에 들어갈 때쯤 내 고장에서 일류라는 금테두리가 휘황했던 전주고등학교는 여전히 입학시험을 치르고 있던 관계로, 그 뺑뺑이 세대라는 호칭은 몇 년 뒤 고등학교마저 물레를 돌려 번호표 추첨으로 배정 받게 됐던 후배들에게 물려주어야 했다. 개운했다든가 하는 기분은 별로 아니었다.

우리에게 중·고교 시절은, 아니 나에게 중·고교 시절은, 영광과 시련의 뒤범벅이었다. 나는 지금도 중국집에 가면 무조건 잡채밥을 시킨다. 눈물 젖은 기억 때문이다. 중학교 시절 나는 탁구부 선수였다. 당연히 오전 수업만 마치면, 오후는 모든 것을 제끼고 체육관에서 전문 탁구 코치의 지도 하에 훈련을 받았다. 당시 나를 포함한 2학년들은 바닥 쓸기, 물걸레질 하기, 탁구 다이(대) 닦기 같은 청소부터 시작해야 했고, 3학년 형들은 체육관 창고에서 담배를 피우고 있었다. 그러다가 5교시가 시작될 무렵, 탁구부의 점심시간도 시작됐는데, 후보선수들인 2학년들은 도시락을 꺼내 먹다가 기합을 당하기도 했다. 원산폭격이라는 선부른 군대식 기합을 앞당겨 시킬 줄 알았던 그들 때

문에 머리통을 바닥에 박은 자세로 풍경을 거꾸로 뒤집어 보면서 눈물을 삼켰다. 그때 3학년 형들 4명은 탁구부 예산으로 인근 중국집에서 배달된 잡채밥을 먹었다. 우리가 방금 깨끗하게 닦아 놓은 탁구대에 앉아 그들은 당면 가닥을 흘려 가면서 맛있게 먹었다. 그들이 식사를 마치면 원산폭격을 마친 우리가 다시 탁구대를 닦아내야 했다. 닭들이 먹고 난 자리를 개들이 청소해야 했던 것이다.

지금이라고 어디 아닐까마는 그 당시에는 유난히도 화재 사건이 많았다. 화재 사건에는 여러 가지 풍문이 따라 다녔다. 내가 국민학생이었을 때 우리 집에서 과히 멀지 않은 전주북중과 전주고등학교가 연이어 불에 타 없어지는 사건이 있었다. 훗날 그것은 어떤 방화범의 소행으로 밝혀졌는데, 그때 우리에게 나돈 소문은 그는 정신병자였다, 아니다 학교를 새로 지어야 했는데 마침 불태워 없애버리는 것이 가장 효율적인 방법이어서 그가 천재적인 솜씨를 발휘한 것이다, 등이었다.

지옥 같은 학교 건물이 불타던 날

그런데, 아뿔사, 내가 다니던 전주 남南중학교도 불에 몽땅 타버리는 일이 발생했던 것이다. 겨울방학을 2주일쯤 앞두고 우리는 마지막 기말고사를 준비하고 있었다. 우리는 톱밥 난로를 때고 있었는데, 그 톱밥 난로가 다 꺼진 뒤 뒷처리를 철저히 하고 집에 갔어야 할 주번 학생들이 마지막 불씨가 남은 것들을 시멘트 포대에 싸서 그냥 책상 서랍에 넣고 집에 간 것이었다. 그것이 밤새 모락모락 연기를 내며 타

들어가 급기야 새벽녘에 이층짜리 일자一字의 교사校舍를 그야말로 몽땅 태워 버린 것이다. 마루 바닥을 광내기 위해 매일같이 초를 문지르고 닦았으니 일단 불이 붙은 건물은 그야말로 순식간이었을 것이다. 그날 아침 기말고사가 주는 중압감 때문에 다소 긴장되고 굳은 표정으로 학교에 들어서던 아이들은, 저 지옥 같은 학교 건물이 까만 잿더미가 돼 있는 것을 보고 환호성을 질렀다.

일단 선생님들은 기말고사를 취소하고 겨울방학을 그날부로 실시하기로 결정했으며, 그를 위해 인근 학교에서 오전 내내 방학 과제물이 적힌 등사물을 만들어 오셨다. 그때까지 우리는 학교 운동장에서 제기차기, 땅뺏기 놀이, 댕깡, 띵호아, 오징어 놀이 등등 갖가지 돈 안 드는 유희를 즐기며 시험에서 해방된 전격적인 겨울방학에 환호하고 있었다.

그 꼴이 얼마나 오만방자하고 철딱서니가 없었으면, 그랬을까. 급기야 우리는 비좁은 강당으로 수용됐고, 눈자위가 붉게 충혈된 몇몇 선생님들이 단상에 오르셨다. 선생님들은 울고 계셨다.

"아무리 철없는 놈들이기로서니, 야 이놈들아. 알아 이놈드으라, 네놈들이 공부해야 할 교실이 없어졌단 말야? 그게 그렇게 좋으냐? 내가 너희 같은 놈들을 가르쳤단 말이냐?"

거의 부르르 떨고 계셨던 그 선생님의 슬픈 분노에 열두서넛 살 58개 59 돼지 57 닭들은 갑자기 숙연해졌다. 딴은 듣고 보니 그렇기도 했다. 나중에 보니 애초 불이 발생한 교실의 담임 교사, 그날 숙직을 섰던 선생님, 그리고 교장 선생님이 줄줄이 사표를 내셨다. 특히 불이

난 교실의 담임 교사는 내가 좋아했던 음악 선생님이셨다. 그때 처녀 선생님이었는데, 그 일로 학교를 관두고 시집을 가셨던 것 같다. 유정희 선생님이신가, 그 선생님 댁에 편지를 넣었던 기억도 있다. 그 선생님은 우리 큰 누나처럼 46년 개띠로 나하고 띠 동갑일 것만 같았다. 그날 불을 낸 주변 학생 두 명은 무탈하게 학교를 졸업했다.

어느날 필자의 망중한.

내게 58년 개띠의 모습은, 그렇다, 불을 내고도 무탈하게 학교를 졸업한 것 같은, 그런 시절에 대한 부담으로 남아 있다. 현대사의 중심적 사건들을 관통했으면서도 용약庸弱한 아웃사이더로 남아 있어야 했던 나 자신이었다.

내 안에 걸린 무지개

1958년 9월 경북 포항에서 태어나다. 포항고교, 중앙대 문예창작학과와 동 대학원을 졸업하고, 1980년 한국PEN클럽 주관 장편소설 현상공모 당선과 1989년 『현대문학』지령 4백호기념 장편소설 공모 당선으로 등단하다. 소설집으로 『조그만 깃발 하나』『생선 창자 속으로 들어간 詩』, 장편으로 『말뚝이의 그림자』『새벽, 동틀녘』『겨울의 집』『슬로우 불릿』『붉은 고래』등이 있으며, 최근 박태준평전 『세계 최고의 철강인 박태준』을 펴냈다. 현재, 민족문학작가회의 경북지회장 · 포스코청암재단 이사로 일하고 있다. phreser@hanmail.net

이대환

알사탕 하나 없던 꼬마아이

오전 11시께, 땡볕이 쏟아져서 뽀얗게 표백된 마당. 검정고무신을 신은 아이는 촘촘한 그물주머니를 쥐고 있다. 소지품은 달랑 그것뿐. 남루한 반바지와 반소매 셔츠의 어느 구멍에도 알사탕 한 알 없다. 하지만 아홉 살 먹은 머슴애는 바다로 걸어간다. 혼자다. 작달막한 그림자만 앞서갈 뿐…….

나의 고향은 지금은 사라진 영일만 안쪽 드넓은 은빛 모래밭. 밤마다 호롱불이 별처럼 깨어나는 초가 마을을 '갱빈'이라 불렀다. '강변'의 경상도 포항식 편리한 발음이었을 '갱빈'.

그 가까이는 강도 있었다. 남한 10대 하천의 막내 형산강. 우리집과 등돌려 시선의 꾸리를 연줄만큼 풀어내면 해수욕장, 해넘이 쪽으로 바라보면 하구의 강둑.

'갱빈'과 강둑 사이는 밀밭과 보리밭. 봄날이 돌아오면 수백의 종달새 쌍쌍이 모래밭에 자라난 푸른 작물의 여린 밑동 틈새에다 한 줌씩 오목한 둥지를 틀었다. 그 귀퉁이에 분교分校가 붙어 있었다. 찰흙을 바르긴 했으나 겨우 부잣집 마당 만한 운동장과 교실 두 칸. 1학년 2학년은 2부제로, 3학년 4학년은 정상으로, 5학년과 6학년은 분교 아이들이 '큰집'이라 부른 면 소재지의 본교로.

'갱빈'의 바로 동쪽으로는 수녀원이 딱 붙어 있었다. 솔숲에 에워싸인 성스런 시설은 어마어마한 규모였다. '큰집'보다 더 큰 현대식 건물과 '큰집'보다 더 큰 운동장, 고아원과 양로원, 장애인의 집과 성당, 수녀원과 수련관. 발전기로 전깃불을 밝혔다. 식구도 엄청났다. 백인 신부 두 분과 한국인 수녀 백예순 분이 육백 명에 육박하는 불우한 사람들을 돌보고 있었다. 고아만 오백 명을 헤아렸다.

고등학교 때 소풍길에서(왼쪽이 필자).

전쟁과 빈곤이 헌신짝처럼 버려놓은 어린 목숨들. 그러나 수녀원은 그들에게 정상교육을 베풀기 위해 분교를 지어 국가에 기증했다. '민간인'이라 불린 여염집 아이들도 분교에서 '동수야 안녕, 영희야 안녕'이란 한글을 깨쳤다. 분교 교실은 빽빽했다. 우리반도 절반이 고아였다. 나는 수녀들을 어머니로 가진 친구가 부러울 때도 있었다. 거대해 보인 현대식 집이 그랬고, 그 안에 있다는 침대가 그랬고, 암수 두 그루 우람한 은행나무가 그늘을 드리우는 의무실이 그랬다. 의무실 앞 하얀 성모마리아상도 은근히 부러웠다.

1967년 여름방학, 얕은 바다를 나와 다시 땡볕 속으로 타박타박 걸어 집으로 돌아오는 까맣게 그은 아이의 어깨엔 무거운 먹을거리가 걸려 있었다. 축축한 그물주머니 안의 싱싱한 조개들. 알몸으로 바닷물에 들어가 '트위스트' 를 추다가 발바닥에 뭔가 밟히는 느낌이 우면 폭삭 주저앉거나 물구나무로 처박혀 그놈을 집어 올리는 '조개사냥.' 나는 조개를 캐러 자꾸 바다로 갔고, 삶은 조개는 저녁의 허기를 달래줄 양식이었다. 아, 누구인가. 여자의 거기를 맨 처음 '조개'라 명명한 너무너무 배불렀던 사내는!

웰빙 식단으로 가득한 점심

조개사냥을 칭찬해 줄 어른은 집에 없었다. 한여름의 한낮, 초가집은 텅 비기 일쑤였다. 아침 먹고 제법 먼 들로 나서는 아버지의 지게에는 이미 어머니와 할머니의 점심보자기까지 실려 있었다. 아이는 스스로 점심 챙겨먹기에 익숙했다.

밥은 낡은 찬장 안 박바가지에 담겨 있었고, 박바가지를 씌운 흰 보자기에는 파리들이 새까맣게 엉겨 있었다. 뻔뻔스럽고 더러운 놈들. 요행히 나는 약삭빨랐다. 꽁보리밥과 진배없는 박바가지의 수북한 밥에다 숟가락으로 구멍을 뚫어 속의 밥을 퍼낼 줄 알았다. 파리가 콜레라나 장티푸스 따위 떼죽음의 전염병을 옮긴다고 자연시간에 배운 지식을 실생활에 응용한 것이었다. 반찬은 식은 된장찌개, 풋고추와 고추장, 열무김치. 도대체 비만 따위를 염려할 까닭이 없는 식단이었다.

그해 가을이 깊어가고 있었다. 드센 모래바람이 잦아졌다. 우리반에 감기 환자가 부쩍 늘었다. 아마 둘째 시간이었다. 총각 선생님이 반장인 나를 심부름 보냈다. 고아원 의무실로 가서 감기약 타오라는 주문. 분교의 찰흙마당, 모래밭, 우리집 앞, '갱빈'의 골목, 그 다음이 목적지.

뜻밖에도 의무실 앞뜰이 샛노랗게 물들어 있었다. 빠끔한 데 없이 샛노랬다. 마치 성스런 곳만 골라 샛노란 눈이 펑펑 내린 것 같았다. 나는 냉큼 발을 들이지 못했다. 별안간 내 안에서 김발 같은 설렘이 자욱히 피어오른 탓이었다. 조심스레 발을 옮긴 나는 심부름도 깜빡 잊은 채 은행잎뿐인 뜰에서 은행잎 고르기에 빠져 버렸다. 가장 예쁜 열 장을 골라야겠다는 나의 머리엔 오직 짝꿍 계집애에게 남몰래 선물하겠다는 일념밖에 없었다. 어쩌면 '샛노란 첫사랑'이 화들짝 눈을 뜬 순간이었다. 너무 진지한 어린 머슴애를 성모마리아는 어떤 표정으로 지켜보았을까? 황순원의 「소나기」의 소년은 수숫대 붉은 물로

1980년 대학 4학년 때.

첫사랑을 물들였지만 '갱빈' 아이는 은행잎 노란 물로 첫사랑을 물들였는지 몰랐다.

은행잎이 다 사라진 겨울이 왔다. 성탄절은 좋았다. 그날 하루라도 성호를 긋고 성당 안으로 들어가면 달콤한 과자들을 맛볼 수 있었다. 벽안碧眼의 프랑스 출신 두 신부를 이상한 동물처럼 슬금슬금 훔쳐보는 재미도 쏠쏠히 즐길 수 있었다.

해가 바뀌었다. 1968년. 58개띠는 꼬박 열 살을 채웠다. 나이를 한 살 더 먹어도 겨울의 점심은 변함 없이 거의 날마다 '김치밥국'이었다. 마른 멸치와 총총 썬 김장김치와 식은 밥덩이를 함께 넣고 죽처럼 쑤는 '김치밥국'으로 배를 채우고 나면, 나는 삽과 호미를 챙겨 슬금슬금 집 뒤의 모래언덕 앞으로 나갔다.

미제 분유와 강냉이죽

겨울 오후 '갱빈'의 모래언덕은 아이들의 탄광이었다. 파내고 또 파내도 끝없이 나오는 '쇠붙이 탄광'이었다. 쏠쏠히 땅거미가 깔리는 즈음은 벌겋게 녹슨 쇠붙이를 달디단 엿과 맞바꾸는 시간이었다. 야문 계약이라도 해둔 것처럼 때에 딱 맞춰 어김없이 엿장수 서넛이 빈 리어카를 밀어 탄광까지 찾아왔다. 나에게 달디단 엿을 선물한 쇠붙이는 깡통, 식사도구, 철조망, 탄피, 야전삽 따위였다. 그것은 6·25전

쟁 때 형산강전투에서 진을 쳤던 미군의 파편이었다. 고아원 친구가 살짝 숨겨온 사탕과 껌이, 어쩌다 분교가 배급해준 굳은 분유덩어리와 강냉이죽이 미군의 손에서 나온 미제美製였는데, 오래된 미군의 녹슨 쓰레기는 나에게 달디단 국산國産 엿을 맛보게 해줬다.

그나저나 누구의 제안이 만든 '갱빈의 계율'인지, 아니면 이심전심의 오랜 불문율인지. 가난한 아이들은 슬기로웠다. 그 탄광을 추운 겨울의 오후에만 파먹었다. 봄, 여름, 가을엔 아무도 고마운 탄광을 건드리지 않았다. 겨울의 오전에도 얼씬거리지 않았다.

어른이 되어 나는 엿을 안 먹었다. 요새도 안 먹는다. 누군가 나에게 '엿 먹어라' 는 욕을 먹이려 든다면 차라리 '개'자로 된 욕은 놔뒀다가 어데 쓰느냐고 반문하고 싶다. 어차피 '개띠'이기도 하니까.

봄방학을 마쳐 학교에 가면 4학년. 내가 분교에서 제일 높은 형이 될 차례였다. 조금은 기분 내도 좋은 개학날 아침이었다. 밥상에 앉은 아버지가 얼굴을 찡그리고 있었다. 술 냄새도 풍겼다. 방안에 긴장의 침묵이 흘렀다. 쩝쩝 밥 씹는 소리만 벌레의 기분 나쁜 울음 소리처럼 떠돌고 있었다. 어머니가 조용히 사정을 일렀다.

식전부터 대포 세 사발을 마셨다는 아버지를 어린 아들은 이해할 수 있었다. 형산강 다리와 가까운 윗동네에 급한 볼일이 생겨 새벽에 집을 나섰던 당신이 돌아오는 걸음에 '갱빈' 들머리의 점방 앞에 버려진 강보의 아기를 발견했다고 했다. 추위에 울음으로 맞서고 있던 댕그란 고추를 당신이 수녀원에 맡기고는 막걸리를 들이켰다고 했다.

몰라. 아기의 엄마는 베트남 갔다가 앉은뱅이로 돌아온 청룡부대 어느 하사관의 동거녀였는지. 몰라. 베트남에서 아예 유골단지로 돌아온 김 상사의 아내였는지. 그 아침의 아기는 아버지의 손을 만났지만, 베트남전쟁이 한창 벌어진 그 시절 그 자리 그 시간엔 달포에 두세 번쯤 강보의 아기가 버려져 수녀의 품에 넘겨지곤 했다.

밀밭 보리밭이 파릇파릇 햇빛을 부르는 봄날. 무슨 영문인지 분교가 독립하여 의젓한 국민학교(초등학교)로 승격되었다. 그대로 이태 더 가면 내가 '역사적인 1회 졸업생'이 될 것이었다. 세월이 흘러 청춘에 벌써 동창회장도 해먹을 것이었다. 5학년 6학년 없는 '본교'에서 다시 반장으로 뽑힌 나는 슬며시 '대장'의 뿌듯한 맛을 핥으려고도 했다.

밀밭 보리밭이 풀밭처럼 푸르러갈수록 나는 늦잠을 잘 수가 없었다. 최고 학년의 반장다운 체면을 위해? 전혀 아니었다. 종달새 탓이었다. 영일만의 일출과 더불어 수십 미터 높이의 허공으로 떠오른 종달새들이 한꺼번에 노골노골 우짖는 소리는 모내기철 고요한 밤에 무논의 개구리들이 와글와글 울어대는 소리보다 더 시끄러웠다. 노골노골 우짖는 종달새를 '갱빈' 아이들은 늘 '노고지리'라 불렀다. '노고지리'는 나에게도 종달새보다 훨씬 정겨운 이름이었다.

옆집 사는 어깨동무 신동수. 저학년 국어책에 '동수야 안녕' 이 나온 바람에 어쩔 수 없이 유명해진 그 이름이 '노고지리 생포'에는 대표선수였다. 교실에선 나에게 산수를 배워야했지만, 책보자기를 방구석에 던져놓고 밭으로 나가면 나는 그의 조수에 불과했다. 허공에

하나의 까만 점으로 박혀 노골노골 우짖던 노고지리가 거의 수직으로 낙하하여 밀밭 속으로 내려앉는 것을 발견한 다음, 몇 분쯤 숨죽이고 기다렸다가 그 지점으로 뛰어들면, 막 안도의 숨을 돌리며 알을 품은 어미가 깜짝 놀라 허공으로 솟아오르고, 알록달록한 새알 서넛을 담은 오목한 둥지는 들키고 말았다.

어미 생포에 알은 미끼다. 언제나 동수의 솜씨는 날렵하다. 어미가 도망친 둥지 둘레에 연필 같은 나무토막 네댓 개를 꽂고, 그걸 기둥 삼아 둥지 위에다 엉성한 장난감 지붕처럼 그물조각을 덮씌운 뒤, 멀찌감치 물러나 지켜보고 있다가, 다시 수직 낙하로 돌아온 어미가 막 알을 품은 즈음에 기습적으로 덮친다. 어미는 어리석다. 둥지로 들 때는 그 앞에 내려 늘 다니는 자신의 발자국을 따라가지만 둥지를 날 때는 곧장 위로 솟는다. 동수가 덮치는 찰나, 어미는 허공으로 비상하려다 그물에 걸려 퍼드덕거린다. 그러나 동수의 손에 들어 할딱할딱 공포에 떠는 조그만 어미는 시인 박남수의 「새」에 나오는 죽음의 이미지와는 거리가 멀었다. 동수의 새는 알과 생이별 당한 슬픔의 이미지였다. 마치 그 사과 씨앗 같은 촉촉한 눈처럼.

그해 여름 저녁에는 수녀원이 운동장에서 가끔 '공짜영화'를 상영했다. 철봉대에 스크린을 걸어둔 야외영화. 그날 저녁은 공짜영화가 없었다. 그래도 나는 저녁 8시 라디오 시보에 맞춰 거기로 나갔다. 수녀님의 허락을 받아 잠시만 나오겠다는 고아원 친구. 나는 기다렸다. 좀처럼 그는 나타나지 않았다. 그러나 그 자리엔 그때까지 내가 들어본 적 없었던 아름다운 음악이 흐르고 있었다. 운동장 저편 2층 건물

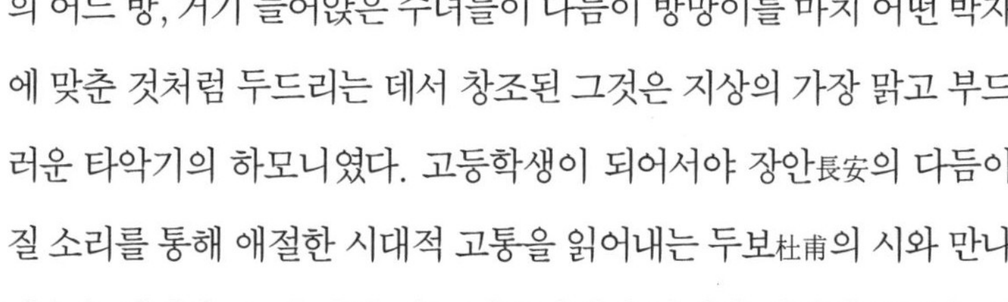

의 어느 방, 거기 늘어앉은 수녀들이 다듬이 방망이를 마치 어떤 박자에 맞춘 것처럼 두드리는 데서 창조된 그것은 지상의 가장 맑고 부드러운 타악기의 하모니였다. 고등학생이 되어서야 장안長安의 다듬이질 소리를 통해 애절한 시대적 고통을 읽어내는 두보杜甫의 시와 만나 가슴을 쳤지만, 그때 어린 귀는 다듬이질 음악에서 시대적 곤궁을 엿듣진 못했다.

대한뉴스와 귀신 잡는 해병 그리고 섬마을 선생

다시 공짜영화를 상영한다는 소문이 돌았다. 내가 등을 기댔던 철봉대에 스크린이 걸렸다. 그러나 나는 베트콩 잡는, 귀신 잡는 해병들이 등장할 '대한뉴스' 조차 기다릴 수 없었다. 동무 셋과 수녀원 건물 뒤의 단감 과수원을 습격할 기회가 닥쳤기 때문이었다. 수녀원의 청

1968년 포항 대송면 소송정동 일대.

년들과 마을 사람들이 영화에 팔려 있는 시간을 우리는 놓칠 수 없었다. 먼저 영화 상영장에 가서 한참 얼쩡대자고 우긴 나의 뇌리에는 일종의 알리바이를 세우려는 잔꾀가 꼼지락댔을 것이다.

그날 저녁, 우리는 이미 알고 있었다. 이 여름이 끝나면 수녀원도 고아원도 무너지고 '갱빈'도 이웃마을도 어디론가 뿔뿔이 헤어져야 한다는 것을.

펑펑한 웃옷을 바지 속에 쑤셔 넣고 허리띠를 바짝 졸라맨 복부가 임산부처럼 불러왔을 때, 우리는 과수원 개구멍을 쏜살처럼 빠져 나와 우리집 뒤의 모래밭에다 노획물을 파묻었다. 큼직한 나무토막으로 표지를 세우는 일도 빼먹지 않았다.

단감이라도 아직은 떫었을 것이다. 좀 떫어도 모래구덩이에서 빨리 삭을 거라고 믿은 우리는 그 상상만으로 입안에 군침을 모으고 단숨에 수녀원 운동장으로 달려갔다. 공짜영화, 그 신기한 것의 일부는 몰라도 절대 전부를 놓칠 수야 없었다. 고맙게도 필름이 돌아가고 있었다. 나는 겹겹이 모래밭에 주저앉은 관객들의 꽁무니에 달라붙었다. 하지만 곧바로 배우를 볼 수 없었다. 내 옆의 수녀부터 살펴야 했다. 검은 수건의 젊은 수녀가 훌짝훌짝 서글피 우는 것을 하얀 수건의 늙은 수녀가 토닥토닥 다독이고 있었다.

영화는 〈섬마을 선생〉. '해당화 피고 지는 섬 마을에 철새 따라 찾아온 총각 선생님'이 '갱빈' 수녀원의 어둔 운동장에서 검은 수건의 젊은 수녀를 울리고 있었다. '갱빈'의 모래밭엔 붉은 해당화가 울타리처럼 길다랗게 피어나고, '갱빈'의 조그만 교정엔 총각 선생님이

유년 시절에 뛰놀던 포항 형산강 일대의 놀이터.

머물렀다. 여름방학을 맞아 별안간 '갱빈'을 하직해 버린 그 멋쟁이 총각 선생님. 어떤 젊은 수녀와 달밤에 손잡고 해당화 따라 걷더라는 소문의 주인공.

여름방학이 끝났다. 기어코 이별의 가을은 오고 말았다. 어느덧 우리집 근처에는 학교 국기 게양대보다 훨씬 더 높다랗고 훨씬 더 튼튼하게 생긴 깃대가 꽂히고, 그 아득한 꼭대기에는 '제선공장'이란 깃발이 펄럭이고 있었다. 나중에 들었지만, 그건 한국 최초의 용광로가 들어설 자리라는 알림이었다. 오랜만에 교실이 열려도 도무지 책 펼칠 분위기가 아니었다. 오늘 떠나는가, 내일 헤어지는가. 우리반 아이들은 곧 울음보를 터뜨릴 만반의 준비를 갖춘 채 전학 서류 꾸미느라 분필 대신 펜 잡은 담임선생님의 눈치만 살펴야 했다.

아슬아슬한 교실에는 슬픈 소식마저 번져 있었다. 수녀원의 장님

아이가 여름방학 기간 중에 형산강 가서 멱 감다가 빠져죽었는데, 화장해서 강물에 뿌렸다는 것. 수녀원에는 우리와 동갑내기인 장님도 있다는 소식이야 숱하게 들었으니 여염집 아이들은 아무도 짓궂은 거짓으로 듣지 않았다. 나는 대뜸 눈시울이 뜨끔했다. 잔뜩 강물을 마시고 커다란 물고기처럼 둑으로 끌려나왔을 동갑내기 눈먼 고아. 이 영상이 미처 나의 망막을 떠나기도 전에 우리집은 이삿짐을 꾸렸다. 포항제철이 터 닦는 공사에 열중하게 된다는 가을…….

스물 살의 어느 가을 저물 무렵, 나는 오랜만에 형산강 강둑을 걸었다. 유년의 추억을 묻은 포항제철 쪽 강둑이 아니라 어린 날에는 밟아본 적 없는 시내 쪽 강둑을 따라 하구로 내려가고 있었다. 한 찰나였다. 갑자기 나는 우뚝 멈췄다. 나의 영혼에는 '아버지가 발견한 강보의 아기'와 '익사한 동갑내기 눈먼 고아'가 동일 인물로 존재한다는 사실을 전광석화처럼 깨달았다. 그 아이의 고운 웃음이 나의 영혼에 영영 시들지 않을 꽃송이로 살고 있다는 사실도 알게 되었다. 나이 차가 클 텐데, 정말 묘한 조화였다. 한참만에 나는 느린 발길을 옮겼다. 어느덧 부르지 않을 수 없는 노래를 부르듯 「눈먼 홍이」란 시를 쓰고 있었다.

남은 생을 끝까지 완주할 수 있을까

형산강 강물에 가루로 뿌려진 장님 고아의 이름을 나는 그저 '홍이'라 지었다. 아주 늦었지만 진혼의 노래를 바치려면 그의 이름을 불러줘야 한다고 생각했다.

오래 잊었다가도 한번 부르기만 하면
괜스레 목 잠기는
이름 하나는

내 좁은 가슴에 못 박혀
인제는 사랑도 노래도 정녕 뽑을 수 없는
그 이름 하나는

내 어릴 적 분교 마을
눈먼 홍이의 앓니 빠진 웃음

베트남 땅 밀림의 폭우 속
마지막 네 이름을 불러본
얼룩무늬 아버지의 찢어진 절규가
부산항 떠나는 날 뱃고동 소리처럼
남녘 바람결에 아스라이 묻어올 적마다

봉숭아꽃 봉오리를 펼치듯
송이송이 피어나는
눈먼 홍이의 앓니 빠진 웃음

첫 닭이 울도록
은행잎 노오란 꿈은
서리 묻은 땅을 덮는데

수녀원 철문 밑에
돌 지난 너를 버려 두고

앙 앙 앙 목 끊어 울어대는 너를
호올로 버려 두고

하얀 신작로 따라 자박자박 잠기어 간
엄마 발자국 소리
꿈결의 물살처럼 다가올 적마다

피멍울음 삭여 삭여
눈물 대신 맺히는
눈먼 홍이의 앞니 빠진 웃음

오오래 잊었다가도
어느 가을 해질 무렵
다시 유년의 강둑에 앉아 소리쳐 불러 보면
갈대꽃은 예처럼 새하얀 갈채로 쏟아지는데
너를 재운 형산강에 불은 붙는데
차마 울음이 되지 못하는 홍아

죽은 네 아비의 눈동자는
강 건너 공장의 한 톨 불빛으로 살아오건만
어딜 갔나 외톨박이
눈이 먼 나의 홍아!

—「눈먼 홍이」 전문

박바가지의 새까만 파리들, 짝꿍 계집애한테 훔치듯 바친 샛노란 은행잎들, 달디단 엿을 빨게 해준 쇠붙이 탄광, 동구 점방 앞에 버려

진 강보의 아기, 종달새 우짖는 소리와 다듬이질 방망이 음악, 영화를 보며 슬피 우는 젊은 수녀, 그리고 익사한 장님 고아와 '용광로' 깃발…….

오늘의 내 안에 무지개가 걸려 있다면 틀림없이 저런 일곱 가지 빛깔로 이루어진 것이다. 어떤 순간에는 그걸 보게도 된다. 병술년 새해에 다가서는 어느 날에도 잠깐 보았다. 그날은 목에 힘 넣어 신문에다 새로 서른 살 먹을 후배들을 향해 흰소리를 떠들었다.

……나를 너무 놀라게 한 것은 억압의 시대에 유년 시절로부터 청소년 시절까지 통과한 그대들의 발랄함 · 경쾌함 · 경박함에서 시대적 상처와 그늘을 발견할 수 없었다는 사실이다. 이것을 긍정적으로 보아 나는 우리의 5천년 역사를 통틀어 최초로 '억압으로부터 해방된 세대'가 등장한 것이라 정리했다. 물론 '독재와 빈곤의 억압'으로부터의 해방을 뜻한다.

이 신기원 세대의 고참들이 드디어 서른 살이 되니, 이제 말하자. 이 땅에는 여전히 인간다운 삶을 해치고 고통을 강요하는 억압이 엄연히 존재한다. 문제는 그대들이 억압을 억압으로 느껴야 한다는 것이다. 뭐가 억압이냐고? 얼른 찍어도 남북분단과 북의 집단주의 광기와 남의 물신숭배와…….

그러므로 서른 살들이여, 공자의 이립而立을 정중히 물리고 루소의 '삼십대여, 쾌락을 경계하라!'는 경고를 영혼에 새기라.

듣는 귀가 있든 없든 공허하게 컹컹 짖는 심야의 수캐처럼, 나는 듣든 말든 저런 소리를 한참 늘어놓았다.

늙기도 전에 '꼰대' 노릇을 하려고 안달 부린 꼴이다. 그러나 스스로의 다짐이었다.

그런 서른 살로 앞으로 남은 생의 날들을 끝까지 완주할 수 있을까? 이건 오십 고개의 목전에 다다른 58 개띠의 인생에서 머잖아 부질없는 욕망으로 전락할지 모른다. 지칠수록 시간의 문제일 것이다. 그래도 나는 내 안에 걸린 무지개를 이따금 바라볼 생각이다.

정병국

내 자신의 운명과 도전하며 살아온 58개띠

1958년 2월 경기 양평에서 태어나다. 서라벌고교, 성균관대 사회학과 및 연세대 행정대학원, 성균관대 정치외교학과 박사과정을 졸업하다. 1993년 최연소 청와대 비서관으로 일하다가 16대 총선에 출마, 국회의원이 되다. 시민단체(국정감사 NGO모니터단)에 의해 '2005년 정기국회 국정감사 우수의원'으로 선정되었다. 현재, 17대 국회의원, 국회문화관광위원회 간사, 새정치수요모임 대표로 일하고 있다. http://www.byounggug.co.kr

남한강변 빈촌 마을 농사꾼의 아들로 태어나다

'58년 개띠'— 태어나는 것은 임의로 정해지는 것이 아니라 운명이라고들 한다. 전쟁 직후 58년에 태어났으니, 내가 오행이 이미 정해 놓은 바대로 개띠가 된 것 또한 운명일 수밖에 없다. 솔직하게 말하자면 우리나라의 풍습이라는 테두리 안에 내 생각들이 갇혀 있어서 그랬는지 모르지만 지금껏 내가 개띠라는 것에 대하여 이렇다 할 큰 염두는 없었다.

개띠는 근면하고, 성실하며, 우직한 경향이 있다는, 스포츠 신문의 중요한 화두인 '오늘의 운세' 따위에 설명되어 있는 상투적인 경향들 외에는 별 관심이 없었던 것이 사실이다. 다만 오십팔 년(1958)과 개띠를 한데 묶어서 발음하는 것(누군가 오팔년 개띠라고 발음하는 것)에 관한 묘한 뉘앙스는 대충 절감하고 있었다.

다소 부정적인 것 같은 부정확성의 숫자 58년에 대하여 누군가 이야기를 시작하면 고개를 주억거리거나 흔드는 따위 정도로 치부했던 것이다.

하지만 그런 뉘앙스에 나의 운명을 결정지은 초등학교 5학년 시절이 아주 뼈저리게 고착되어 있다는 것은 부정할 수 없다. 어느 날 갑자기 중학교 입시제도가 무시험제로 뒤바뀌어 버린 탓으로 겪어야 했던 아버지와의 갈등은 지금껏 회환이 되어 가끔 내 머리를 스치곤 한다.

내 고향은 파란 전경 속에 오묘한 빛으로 발산하는 남한강으로 연상되는 경기도 양평군 개군면 '부리' 라는 빈촌이다. 추읍산이 전봇대 상단부의 까치집처럼 높다랗게 치솟아 있고, 그리고 등이 휘도록 아슬아슬 흘러가는 시퍼런 남한강 줄기들이 언제나 눈동자를 가득 메우는 곳.

학교 가는 길에 친구들의 일차 소집 장소였던 4H 탑 밑으로는 자잘한 개울이 흐르고 있었고, 그곳에 사는 송사리, 어름치, 메기들은 아직도 내 머릿속에 고향을 연상시키는 주된 소재들이다.

가을철이면 연신 쿵쿵 소리를 내며 돌아가는 방앗간의 기계 소음들, 산수유 나무가 즐비하던 동네 어귀, 그 길로도 한참이나 더 가야 하는 학교 길은 코스모스가 열병을 하고 있었고, 더불어 일부러 짜 맞추어 놓은 듯한 군대 초소들과 그 속에서 불쑥불쑥 튀어나오는 군인들은 더할 수 없는 경이로움이었다. 그들의 손목에 들려진 총과 견장 밑에 매달린 수류탄 따위들은 가끔 우리를 경악하게 만들며 발길을

붙들어 매곤 했었다.

학교 뒤로도 손에 잡힐 듯 강물이 흘러가고, 한 학년에 두 개 반인 탓에 1반, 2반 친구들과 긴 막대기를 가지고 전쟁놀이 따위를 즐기던 그 시절, 언제나 한 줌도 안 되는 빈약한 아이들이 내 어린 날 삽화 속에 정겨움으로 가득하다. 투박한 얼굴을 하고서 내 손에 한 아름의 코스모스를 불쑥 안겨줄 것만 같은 친구들.

아버지는 정말 근면한 분이었다. 아직도 아버지 연배의 동네 어른들이 기억하는 당신은 새벽 별빛에 농사를 짓는 부지런함과, 단 한 푼의 돈도 낭비하지 않는 절약이 유난스럽게 기억될 정도이니, 아버지의 생활이 어떠했는지 짐작할 만하다.

"자네 부친은 둘도 없는 농사꾼이었어. 자네도 아버지를 닮았나 보이—."

동네 어른들의 이 말씀은 새벽잠이 없는 나를 아버지의 아들로 기억하는 또 하나의 수식어가 되었을 정도이다. 그렇게 근면하게 농사를 지은 탓인지, 인근에서는 농토가 제법 많은 부농에 속한 편이었다.

아버지의 소망과 나의 욕망 사이에서

아버지는 당시 서울에서 공부를 하고 있는 형을 대신해서 나에게는 항상 농사꾼이 될 것이라는 암시를 주곤 했었다. 나는 구태여 아버지의 그런 뜻을 거역할 까닭은 없었다. 농사꾼이라는 개념이 머릿속에 박혀 있지 않았던 탓도 있었지만 나에게는 먼 장래의 일이라 치부하고 있었기 때문에 무언가 절박할 이유가 없었던 탓도 있었다.

그런데 그 막연한 장래의 일, 절박한 이유가 없었던 고민이 시작된 것은 바로 초등학교 5학년 때였다.

정확하게 기억하자면 무시험 제도로 바뀌어 버린 입시제도, 시골에서 초등학교를 졸업하면 같은 권역권인 시골 중학교밖에 진학할 수 없다는, 어린 내가 보기에도 다소 비합리적인 듯한 제도가 생겨난 것이다. 공부를 잘하건 못하건 다른 지방, 특히 도시의 명문 중학교는 갈 수 없다는 것은 학구열을 떠나서 무언가 불평등하게 여겨졌고, 그로 인해 막연했던 나의 미래에 대한 심각한 딜레마에 빠져들었다.

농부가 된다는 것, 후후 불면 날아갈 것 같은 아버지의 머리카락 사이로 드문드문 던져지듯 달라붙어 있는 검불들, 손바닥의 지문은 온통 굵은 사포로 밀어낸 듯 하여 감히 손을 잡아보면 앞뒤조차 구별되지 않았던 아버지의 손, 그 손에 연상되는 미래는 열망과는 거리가 먼 노동의 안주였던 것이다. 노동은 곧 고통이라는 등식이 사회 전반적으로 경향이었던 당시, 책을 통해서 성공이라는 화두는 도시를 연상하는 단초가 되어 있던 그 시절 나는 심하게 갈등할 수밖에 없었다.

초등학교 졸업식날.

'도시로 가야 한다!'

나는 밤낮없이 나를 세뇌시키듯이 도시로, 도시의 명문 중학교를 가야 한다는 결심을 부채질하였다. 도시로 가서, 명문 중학교, 고등학교, 대학교를 졸업해서 성

공을 하리라 하는 생각도 있었다. 하지만 당장은 갑자기 내 인생을 장애하는 불합리한 교육 제도에 희생양이 되어서는 곤란하다는 심정이 우선이었으리라.

돌이켜 보면 당시엔 그 어떤 일보다도 절박한 느낌이었다. 마치 절벽으로 밀어내는 듯한, 사회 전반을 조종하는 커다란 암수가 존재하여 나 같은 촌뜨기들을 밀어내는 교육제도에 대하여 까닭 모르게 분노가 치밀었다.

몇 날 며칠 고민을 연속하다가 어렵게 아버지에게 나의 결심에 대하여 말했다. 도시로 가서 도시의 명문 중학교에 입학해야겠다는 나의 생각을 말하는 순간, 아버지는 난데없다는 듯 나를 한참 바라보더니, 완강한 얼굴로 아무 말 없이 돌아앉았다. 그리곤 끝이었다. 무언가 상의조차 될 수 없는 생각들을 가지고 내 인생의 미래를 말하기에는 나는 너무 어리고 미숙하여 터무니없다는 식이었다.

아버지는 이미 나를 농사꾼으로 점찍었기에 상투적인 논의조차 없이 다시 농기구를 챙겨들고는 논으로 나가고 말았고, 나는 한동안 낭패해서 앉은자리에서 꼼짝할 수가 없었다. 아버지의 그 냉정하리만큼 무서운 태도에 나는 '앞으로 어떻게 해야 하나' 하는 생각보다는 '아버지도 불합리한 교육제도를 만들어 나를 혼란스럽게 만든 사회의 모순과 똑같은 편이다' 하는 원망이 머리끝까지 치솟았다.

진학을 위해 서울로의 가출을 꿈꾸던 소년

아버지와의 대화가 좌절된 후 나는 일종에 '저항'을 시작했다. 어

차피 농부가 될 미래로 규정되었기에 무엇보다도 공부의 효용성을 믿지 못했고, 그래서 학교 가기가 싫어진 것은 당연했다. 하루 종일 들로, 산으로 아버지를 피해 돌아치다가 저녁 무렵 눈동자만 퀭, 하니 살아 있는 고양이 얼굴을 하고는 집에 들어와 눈치를 살피며 겨우 밥 한술 뜨고 그대로 쓰러져 잠들어 버리곤 했다.

딱히 아버지는 그런 사정을 알고 있는 듯하였지만 '저러다 제 풀에 지치겠지' 하는 눈치였다. 그렇게 시간은 하루 이틀, 내 목을 조이듯 흘러갔다. 서울의 중학교에 입학할 수 있는 법적 전학 시한이 점점 내 미래를 담보로 압박해 오는, 나로서는 감당할 수 없는 불안한 날들이 이어졌다. 집 마당에서 내려다보는, 논과 밭에서 허리조차 펴지 못하고 일을 하고 있는 아버지의 모습, 그런 모습과 대비되는 내 인생의 미래는 참으로 암담하게 느껴졌다.

농촌의 미래, 아마도 나는 지극히 보편타당한 생각들로 사로잡혀 아버지의 깊은 뜻을 헤아리지 못했는지 모른다. 성공이라는 맹목적 추구들이 사회 테두리로 자라나기 시작한 1970년대, 아버지가 땅에서 찾아냈던 '진실'을 이해하기란 초등학교 5학년 삶의 이력은 미력했던 것이다. 나의 갈등은 오로지 불합리한 교육제도로 성공의 선택권조차 차단한 모

박형준 의원과 함께 설악산을 오르며(오른쪽이 필자).

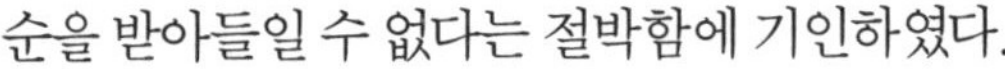
순을 받아들일 수 없다는 절박함에 기인하였다.

아버지의 승낙을 받아낸다는 것이 어렵다는 것을 판단한 나는 여름방학이 끝나갈 무렵 결국 내 스스로 학교에 가서 담임선생을 만나서 내 뜻을 말하고는 전학 서류를 꾸미는 실로 과감(?)한 행위를 감행했다. 어떻게 하든지 도시로 가야 한다는 일념뿐이었다.

돌이켜보자면 왜 그리 무모했는지, 아마도 아버지의 고집도 여간했지만 내 고집도 그리 녹녹치는 않았던 모양이다. 우선 형이 있는 서울로 갈 생각이었다. 그리곤 그곳의 초등학교에 진학한다는 막연한 계획이었다. 법적 전학 시한을 하루 앞두고 나는 이와 같은 가출(?) 아닌 가출을 계획했다. 새벽 무렵 몰래 집을 빠져나갈 생각으로 간단하게 짐을 꾸리고는 잠자리에 들었다.

시민단체에 의해 국정감사 우수 국회의원으로 선정되어 시상식이 있던 날, 축하 꽃다발을 받으며.

마음이 쿵쾅거려 도저히 잠을 이룰 수가 없었다. 12살의 나이, 객지 생활에 대한 두려움보다는 친구들의 모습, 어머니의 모습, 여동생, 내가 뛰어 놀던 자잘한 개울가, 선생님, 그리고 아버지! 아버지! 농투성이 얼굴의 아버지가 한동안 내 눈시울을 적시게 만들었다. 참으로 막연했던 것들이 나의 가출(?)로 점점 구체적인 대상이 되어 송곳날처럼 내 눈동자를 파고드는 것이었다.

아버지가 던져 준 내 인생의 좌표 한 마디

나는 천장을 바라보며 뒤척이다 겨우 잠이 들었고, 눈을 떴을 때는 생각지도 못한 일이 벌어지고 있었다. 아버지가 나를 흔들어 깨우고 있었던 것이다. 어리둥절한 눈빛의 나를 바라보며 아버지는 '빨리 옷을 입어라'고 말했다. 왈칵 쏟아지는 눈물, 아버지는 그런 나를 뒤로 하고는 당신부터 여장을 여미고는 댓돌에서 신발을 꿰었다.

'원덕역에 새벽 4시에 도착하는 서울행 기차를 타려면 서둘러야 한다'며 다시금 재촉을 하였다.

서울행 기차가 멎는 원덕역, 그 역을 가려면 추읍산 무제봉을 넘어야 했다. 굵은 자갈길이었는데, 아직도 그날 새벽 어둠을 헤치며 무제봉을 넘었던 순간이 내 머릿속에 각인된 것을 보면 발바닥이 어지간히 고생했던 것 같다. 그리고 어둠 속의 그 깊은 물길 속, 아버지가 안아 넘겨 주던 그 물길, 그 물길에 바짓가랑이가 다 젖었어도 아버지의 가슴속은 온기로 가득했다.

나는 혼자였다.

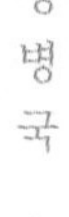

서울에 도착해서 아버지가 처음 마련해준 자취방은 바로 돈암동 산동네였다. 물을 공동하수도에서 길어 먹어야 했고, 연탄을 아끼기 위해 일부러 산

박근혜 대표에게서 임명장을 받던 날.

아래 동네에서 낱개로 연탄을 사오던 기억들, 당시 고3인 형이 하숙을 하고 있었는데, 아버지는 형까지 불러들여 자취를 시키는 바람에 형의 뒤치다꺼리까지 내가 도맡아야 했다.

양은 냄비에 밥을 짓다가 여러 번 태워먹기도 했었고, 그래서 형에게 꾸지람을 들었던 기억과 설움은 현재의 나를 지탱해준 원천이라고 감히 말하리라.

그리고 아버지가 전학 서류와 자취방을 얻어주면서 했던 말은 아직도 내 인생의 좌표가 되어 생생하다.

'이제 너 혼자다. 네가 원했던 것이니 만큼 누구도 원망하지 말아야 한다' 했던 그 말. 나는 내 인생을 통해 모든 결정의 순간에 언제나 혼자였다는 사실을 아직도 잊지 않고 있다. 아버지의 억센 듯하지만 부드러운 손바닥의 온기와 더불어…….

'58년 개띠.'

비단 나 혼자만의 문제는 아니었던 당시 급조된 교육제도는 내 인생의 항로를 완전히 바꾸어 놓은 계기가 되었음을 부인하지 않는다.

부정적이든, 긍정적이든, 현재도 잦은 입시제도의 정책 변경들이 우리들에게 고통이 되고 있다.

일찍이 우리 '58년 개띠' 세대의 문제로 시작해서 아직도 해결되지 않는 교육제도는 결국 피해 당사자인 우리들의 몫이 되었는지 모른다. 교육제도는 개인의 문제를 떠나서 한 가정의 포괄적 문제이기도 하다. 신용을 잃어버린 공교육의 문제, 이제는 부모가 되어버린 우리들이 큰 목소리로 대응해야 하는 것 아니겠는가. 그것이 우리 시대를 사는 58년 개띠들에게 할당된 몫의 일부인 것이다.

인터넷으로 대변되는 지금의 현실에서 나라의 미래를 책임지는 교육제도의 문제는 학부모라는 이해관계로 얽혀 있는 우리들의 문제다. 우리들의 기억들과 경험을 통해 교육이 바로 서는 나라를 우리 58년 개띠들의 문제로 인식해서 한 목소리를 내야 한다. 갑자기 바뀌어버린 교육제도로 학생들에게 미래를 불안하게 만들지 말아야 하는 것이다.

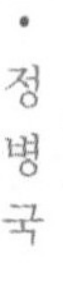

강언덕의 꿈 많던 소년

1958년 12월 전북 완주에서 태어나다. 서울대 의과대학을 졸업하고, 이후 의학박사 학위를 취득하다. 1985년 『창작과비평』으로 등단하다. 주요 시집으로 『어여쁜 꽃씨 하나』 『지금은 깊은 밤인가』 등이 있으며, 수필집으로 『이 세상에 의사로 태어나』, 전기로『전염병을 물리친 빠스뙤르』 『장기려 전기』, 역서로 『히포크라테스』 등이 있다. 인제대 서울백병원 가정의학과 과장, 인도주의실천의사협의회 공동대표 등을 역임하였고, 현재, 민족문학작가회의 이사 · 대한가정의학회 금연연구회 회장 · 대한의사학회 이사 · 국립암센터 암예방검진센터와 금연클리닉 책임의사로 일하고 있다. hongwan@unitel.co.kr

하마터면 이 땅에 태어나지 못할 뻔한 나

나는 1958년 12월 10일 전북 완주군 조촌면 신오산이라는 마을에서 태어났다. 만경강이 동네 앞을 흐르고 이십 리 안에 오십 미터 이상되는 야산조차 없는 드넓은 호남평야에 자리잡고 있었다. 큰형 말에 의하면 그 집에는 큰 뽕나무가 있고 집 뒤로 도랑물이 흘러서 분위기가 참 좋았다고 한다.

문제는 바로 위의 형이 태어난 지 몇 달 되지 않아서 내가 임신이 되자 어머니는 키우기가 힘들다고 판단해 낙태시키려고 생각하셨던 것이다. 당시에 시골에서는 병원 구경도 어려운 판이라, 한 십 리쯤 떨어진 곳에 낙태를 시켜주는 돌팔이 의사가 있어서 큰맘 먹고 날 받아서 찾아 가셨는데 그 사람이 마침 지방자치 선거운동하러 다른 마을에 가버려서 만날 수 없었다고 한다. 허탕치고 돌아오셨는데 곧바

로 보리타작이 시작되어 바쁜 농삿일에 틈을 내지 못하는 사이에 이미 배가 더 불러져서 할 수 없이 그냥 낳기로 하셨다 한다(극적인 소생?).

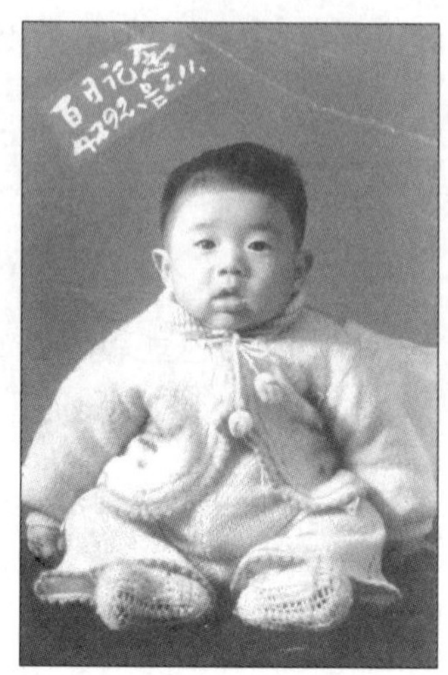

1959년 3월, 내가 세상에 태어나서 백일째 되던 날. 나의 등을 받친 어머니의 손이 보인다.

나를 낳은 날에도 어머니는 무를 묻기 위해 외갓집이 있는 이웃마을로 가셨다가 갑자기 진통이 오기 시작해서 하는 수 없이 집으로 오시다가 배가 아프면 논길에 쪼그리고 앉아 있다가 다시 진통이 그치면 걷고 해서 간신히 집에 와서 나를 낳으셨다고 한다. 부모님은 결국 10명의 자녀를 낳으셨는데 이미 4명이 어릴 때 사망해서 5남 1녀만 자라게 되었고 나는 그 중 4남이었다. 집 앞에는 만경강이 흐르고, 긴 둑에는 늘 소들이 풀을 뜯고 있었고, 먼 길 떠나는 우마차가 방울 소리 울리며 지나다녔다. 내 머릿속의 고향 모습은 바로 그 모습으로 각인되어 있다.

국민교육헌장 선포와 3선개헌 통과

5살 경 전주로 이사 가서 1965년 완산초등학교에 입학했다. 1966년부터 월남전쟁에 한국군이 파병되면서 초등학교 2학년부터 "가시는 곳 월남땅 하늘은 멀지라도……" 하는 맹호부대 노래를 매일 부르며 등하교 했다. 학교 주변은 시장, 버스 터미널 등이 있는 변두리여서

산동네의 가난한 아이들이 많았던 곳이다. 당시에 아버지는 실직하셔서 경제적으로 어려운 시기였다. 아버지가 하루 종일 마루에 파자마 바람으로 앉아서 백조담배를 피시던 모습이 눈에 선하다. 나는 놀거나 숙제하다가도 아버지를 위해 백조 한 갑씩을 사다 드리거나 재떨이를 털어다 드렸다.

1966년 2월, 초등학교 1학년 설날 아침, 전주 다가공원에서 형제가 모여 사진을 찍었다.

어머니는 생계를 위해 시골에 사는 친척 자녀들을 대상으로 하숙을 쳤고, 하루에 도시락을 10개씩 싸셔야 했다. 한편, 시골 친척들을 찾아다니며 봄부터 가을까지 농삿일을 도와주고 배추, 고추, 무, 콩, 고구마 등을 얻어 오셨다. 통계에 잡히지 않는 농업 노동자이셨던 셈이다. 우리 집에는 방이 세 개 있었는데 부모님 방과 남자, 여자 방으로 나뉘어서 좁은 방에 네 대여섯 명씩 바글바글 살았다. 이불이 하나라서 양쪽 끝에 자는 사람은 밀려날까 두려워해서 특히 겨울에는 이불 끝을 돌돌 감아쥐고 자야만 했다.

4학년 겨울 갑자기 종합경기장에 가야 한다는 선생님의 말씀에 우리 모두 한 시간을 걸어 종합경기장에 도착했다. 멀리서 높은(?) 분들이 행사를 진행하는 동안 우리는 영문도 모르고 시멘트 바닥에 앉아

찬바람 속에서 추위를 견뎌야 했다.

그날은 바로 1968년 12월 5일이었고 국민교육헌장이 선포되었던 것이다. 우리는 그 뒤부터 그걸 외우지 않으면 집에 갈 수 없었다. 담임 선생님이 필리핀의 마르코스 대통령이 자기들도 그런 것을 만들고 싶었지만 성공을 못했는데 정말 잘 만들었다고 부러워한다는 말을 전해 주셨다.

5학년 때 박정희는 1969년 대통령을 3번까지 할 수 있도록 허용하는 '삼선개헌'을 야당의원이 불참한 가운데 통과시켰다. 당시 고3으로 사회·정치적인 문제에 민감하던 둘째 형이 이러한 장기집권 획책에 비판적이었던 까닭에 막연하게 비판적인 인식을 가지게 되었다. 형은 고등학생 때 이미 폐간된 『사상계』를 일부러 사 모아 함석헌이니 천관우 씨들의 글을 읽고 있었다.

『사상계』를 사 모으는 일에는 우리 동생들도 적극적으로 협조하여 전주시의 모든 헌책방을 뒤져서 『사상계』 결본을 채워 나갔고 결국 모든 권수의 약 4분의 3 정도를 구할 수 있었다. 아쉽게도 이 『사상계』들은 훗날 형제들이 모두 집을 떠난 뒤 이사하는 과정에서 폐휴지 값으로 팔리고 말았다.

3선개헌 당시의 나의 일기장

6학년 때 당시 중학교 2학년이던 영이 누나가 우리 집에 하숙하러 왔다. 영이 누나의 집은 진안이었다. 6촌 누나였으니 그다지 멀다고 할 수는 없으나 우리 집으로 오기 전까지 그런 누나가 있었다는 것조

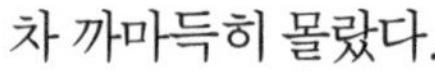

차 까마득히 몰랐다.

여름방학 때 진안으로 초청해서 친누나와 함께 놀러가게 되었는데 병풍처럼 둘러친 산 가운데 자리잡고 있었다. 내가 놀란 것은 누나의 아버지가 다리가 절단된 채 앉은뱅이로 지낸다는 사실이었다. 후에 들으니 6·25 직후의 공비토벌 작전에 차출되었다가 산에서 작전 중에 동상에 걸려서 다리를 자를 수밖에 없었다고 하니 이것도 시대의 아픔이었던 셈이다.

그러나 누나가 우리 집에 온 지 꼭 1년이 되던 1971년 봄에 사건이 벌어졌다. 그리고 그 사건은 엉뚱하게도 우리나라 70년대의 두렵고 암울한 정치적 고난과 궤를 같이하는 사건이었다. 당시 둘째 형은 서울 법대 2학년에 재학 중이었다.

박정희 대통령은 삼선개헌을 바탕으로 장기집권을 향해 한 발 한 발 나아가고 있었고, 이로써 박정권은 영구집권을 향한 기초 작업을 해둔 셈이었다. 당시 대학가는 재야 양심세력과 야당 정치권과 더불어 민주화운동의 선봉격이었다. 그해 대학가에서는 처음에는 교련반대 운동으로 시작했으나 곧 다가오는 대통령선거에 발맞추어 민주화를 요구하는 시위로 발전하기 시작했다.

그러나 곧바로 휴교령이 내려져서 4월 17일에 형은 전주로 내려오게 되었다. 형이 저녁식사를 끝내자 우리는 오랜만에 만난 형에게 무슨 재미있고 신기한 이야기라도 기대하는 표정으로 자연스럽게 모였다. 최루탄 가스가 옷에서 채 가시지 않은 듯한 형은 그날 흥분해 있었다. 그때 형은 박정희 대통령이 영구집권을 모색한다는 것과 민주

화를 부르짖는 학생운동을 무자비하게 탄압한다는 것을 들려주었다. 우리는 모두 숨죽이면서 그 무서운 이야기들을 들었다. 그날의 나의 일기가 보관되어 있는데 중학교 1학년 학생이 당시에 어떻게 느꼈는지를 엿볼 수 있다.

1971년 4월 17일 토요일 날씨 흐림

오늘 저녁은 형에게서 무서운 이야기를 들었다. 형은 학교가 휴강해서 왔는데 그 데모 이야기를 해주었다. 학교에서 몰려 나와서 교련반대를 외치며 스크람을 짜면서 나가는데 모두 정신 없이 나갔단다. 그때 얼굴에 철망 쓰고 머리에 투구를 쓰고 있던 순경들이 몰려나와서 포위하는데 서장이 "돌격!" 하고 외치니까 경찰들이 '와!' 하고 몰려 나왔단다. 모두 몽둥이를 휘두르며 마구 잡아가니까 학생들이 모두 학교로 쫓겨 들어가는데 마침 근처가 공사장이어서 여기저기 막대기, 철근 등이 있는 데서 넘어지고 아수라장이었는데 형도 넘어져서 멍이 들었다고 한다.

형이 도망가는데 순경이 형의 뒷덜미를 잡자 법대 자치회장이 돌을 들고 "야! 이 새끼야!" 하자 놓고 도망갔다고 했다. 그리고 학교에 들어가서 회장(법대 회장 겸 서울대 총학생회장인데 전고 졸업생으로 형의 선배)이 마이크를 잡고 좀 조용히 하라고 소리를 지르는데 순경이 학교까지 들어와서 머리를 방망이로 때려서 머리가 찢어져 피가 낭자하게 적시는데 눈뜨고 볼 수 없는 광경이었다고. 회장은 결국 잡혀가고 부회장도 잡혀갔는데 둘 다 어디로 갔는지 모르는데 말로는 정보과로 갔다가 어디로 갔는지 모른다고 한다. 가슴이 졸여졌다.

그런데 다시 밖으로 나오려고 하는데 14발 정도의 총소리가 들리고 무엇이 올라 가길래 모두 그걸 쳐다보는데 그것에서 고춧가루나 아주 매운 것

이 나와서 눈이 쓰린데 눈물을 흘려야 한다고 해서 엉엉 울었다고 한다. 그리고 학생들이 나오지 못하도록 뿜뿌로 가스 같은 걸 뿜어서 연기 같은 것이 학교에 가득차게 하는데 그 연기 같은 것을 마시면 자꾸 재채기가 나와서 꼼짝을 못했다고 한다. 형의 전고 동창인 이임성은 도망가다가 주민등록증을 떨어뜨려서 주울까 말까 망설이다가 잡혀갔단다. 참으로 무서운 일이다.

아까운 일도 있다. 이런 사실이 모두 사회에 공포되지 않는다. 예를 들면 서울 사대생들이 데모할 때 순경들에게 돌을 던지는데 마침 박대통령이 타고 가던 차에 돌이 맞아서 박대통령이 화가 나서 차에서 내려서 사대 속으로 들어가서 '저놈들을 잡으라'고 소리를 치니까 순경들이 들어가서 잡았는데, 그 내용이 '사대생들이 데모를 하길래 대통령이 그냥 가기가 안돼서 학장을 부르니까 교수가 나왔길래 학습 분위기를 조성하라고 격려했다'고 보도됐다고 한다. 또 군인들 60만 명은 모두 여당을 찍는다고.

1974년 7월, 고1 여름방학 둘째형과 부안 채석강에서. 형은 사법고시에 합격한 뒤 사법연수원을 들어가기 직전이었다. 형이 이틀인가 먼저 가 있었는데 해수욕장에 교복을 입고 가방을 들고 나타난 나를 보고 형이 "너 지금 학교 왔냐?" 하며 황당해했던 기억이 난다.

6촌 누나의 국가전복 음모

그날 나는 순경에게 맞아서 머리가 깨져서 피가 흐르는 학생들과 어디론가 끌려가서 소식도 없다는 학생들에 대한 두려움에 몸을 떨었다. 형은 덧붙이기를 정보부에 끌려가면 몸집이 크고 주먹도 큰 거인처럼 생긴 남자들이 사정없이 구타를 하는데 인정도 없고, 또 때리더라도 흉터는 안 남고 골병만 들도록 교묘하게 때린다는 것이었다. 더구나 한번 정보부에 끌려갔다 온 사람은 똑똑한 사람들도 갑자기 바보처럼 사람이 변해서 남들 앞에 나서지도 않으려고 하고, 아주 폐인처럼 변한다는 것이었다. 우리는 모두 두려움 때문에 우리 방 밖에서 누가 갑자기 덤벼들어서 우리를 모두 잡아갈 것 같은 착각을 일으킬 정도였다.

그런데 갑자기 조용히 듣고 있던 영이 누나가 형에게 질문을 했다. "우리 여학생들이 일어나면 안 돼요?" 그러자 형이 갑자기 피식 웃으면서 "너희들이 일어나면 앉으라고 하겠지 뭐" 하였다. 우리는 모두 웃고 말았다. 그러나 누나가 그날 느낀 의분을 간단히 넘기지 못했다는 걸 아무도 눈치채지 못했다.

형은 며칠 후 다시 서울로 올라갔고, 나는 중학교 1학년 학생으로 영어를 처음 배우고, 노트에 잉크를 엎지르기도 하면서 어설픈 중학생활에 적응하느라 형이 들려준 사건들을 잊고 있었다. 그러나 누나는 혼자 무언가 준비를 하고 있었다. 우리 순수한 청년 학도들이 일어나서 독재정권에 항거하자는 격문을 쓰고 있었던 것이다. 누나는 그 편지를 전주 시내 각 중학교 학생회장들에게 보냈다. 그러나 학교에

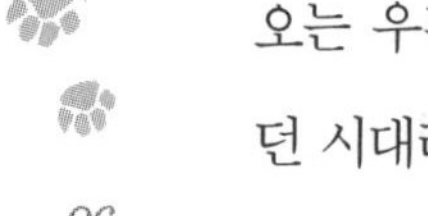

오는 우편물들을 학생주임이 모두 검사하던 시대라 그런 편지들이 학생회장에게 제대로 전달되기를 바라는 것은 무모한 일이었다.

이런 모의가 사전에 발각된 누나는 학교의 징계위원회에 회부되었다. 그리고 어떤 교사도 누나를 변명해 주지 않았다. 당시의 살벌한 분위기에서 결국 퇴학 처분을 받고 말았다. 여중생의 국가 전복 음모가 얼마나 대단했길래 학생에게 치명적인 퇴학을 내려야만 했던가? 아니면 누나가 너무나 위험한 인물이어서 주변 동료 학생들로부터 영원히 격리시킬 필요가 있었단 말인가? 당시 누나는 불과 열네 살이었다. 잠깐의 의분에서 일어난 행동을 아무도 감싸주지 못했고, 그런 결정을 뒤집거나 말릴 수 없었다. 나도 누나를 위로해 주는 말을 하지 못했다. 다만 어느 날 학교에서 돌아왔다가 아버지께서 그날 누나를 데리고 진안으로 데려다 주러 가셨다는 이야기만 전해 들었을 뿐이었다.

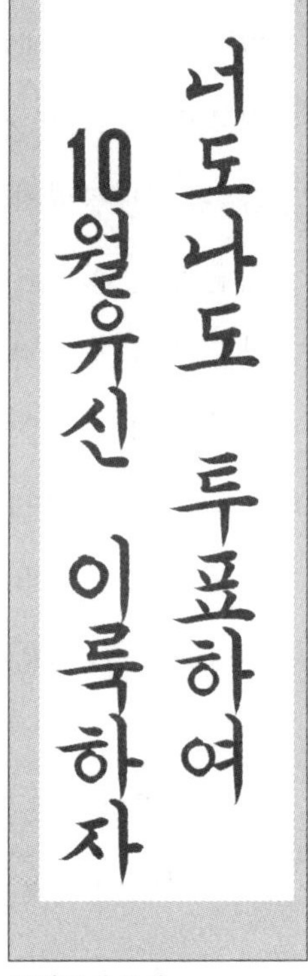

10월유신 표어.

이후로 누나는 결국 학교로 다시는 복귀하지 못했다. 누나는 누구보다도 순수했고, 뜨거운 피를 가지고 있었다는 이유로 어이없이 시대의 폭력 앞에 희생당한 셈이었다. 그 후 누나가 진안에서 어떤 슬픔과 좌절 속에서 십대를 지내야 했던지 나는 짐작할 길조차 없다.

한국적 민주주의와 민청학련 사건

1972년이 되자 드디어 시월유신이 선포되었고, 국회가 해산되었다. 모든 국회의원의 3분의 1을 대통령이 임명하고, 이제 국민들은 대통령을 선거할 수 없게 되었다. 국민투표를 통해 유신헌법을 통과시킨다고 했고, 선생님들은 마을마다 찾아다니면서 마을 사람들을 모아놓고, 10월유신의 당위성을 설명했다.

나는 당시 무너져가는 가정 경제를 떠맡기 위해 군복무를 마치자마자 전주 팔복동에 개업한 큰형의 약국에서 학교를 다니고 있었다. 어느 날 동장이 약국에 선거 표어를 붙이라고 들고 왔다. 읽어보니 "지지하자 10월유신 참여하자 국민투표", "너도나도 투표하여 10월유신 이룩하자", "내 한표 바로 던져 평화통일 앞당기자", "한국적 민주주의 우리 땅에 뿌리박자", "통일 위한 구국영단 너도나도 지지하자" 이러한 내용들이었다.

나는 이 모든 것이 잘못된 것이라고 생각했다. 북한을 비판하면서 그들의 선거 표어이던 "100% 찬성 투표하자"를 비난하는 내용이 교과서에 있었는데 그것과 얼마나 다른가 생각했다. 나는 갑자기 이런 것을 훗날 역사 앞에 증언해야 한다는 생각이 들었다. 그래서 몇 장은 약국에 붙이고 한두 장은 슬며시 빼돌려 일기장에 끼워 넣었다. 다행히 내 일기장은 지금도 보관되어 있다.

고1이 되었다. 입학하자마자 민청학련사건이 벌어졌다. 담임선생님은 장영태 선생님이셨는데 조회 시간마다 수배자들을 신고해야 하며, 이들을 신고하지 않는 것도 법에 걸린다고 말씀하셨다. 그런데 이

1980년 4월, 평화시장 청계피복노조에서 운영하던 새얼회 야학활동을 할 때 모처럼 서오릉으로 야유회를 갔었다(앞줄 왼쪽 끝이 필자).

상했다. 민청학련이 나쁜 조직이라는 것을 강조하는 듯하면서도 묘하게 과장하는 느낌이 들고 뉘앙스가 나의 주목을 끌었다.

그해 말에야 알게 된 사실이지만, 장선생님의 동생이 바로 민청학련사건 주모자의 하나로 나중에 15년형을 언도받게 된 장영달(현 전주시 국회의원) 씨 였던 것이다. 장선생님은 동생 일로 다음 해에 담임을 박탈당하고, 일거수일투족을 학교에서 감시당하는 등 참으로 힘든 시절을 보내셔야만 했다.

혼식 장려와 쌀막걸리 출현

고3 봄에는 엉뚱하게도 '혼식사건'이 벌어졌다. 당시 쌀을 아끼기 위해 보리 혼식을 장려하고 매일 도시락을 검사하도록 교육청에서

지시를 내리고 있었던 모양이었다. 우리도 대개 알고 있었지만 어떻게 혼분식을 다 지키랴. 그러던 어느날 점심 시간에 장학관이 예고 없이 찾아와 각 학년 별로 한 반씩 도시락 검사를 했다. 당연히 제대로 안 되어 있었고, 우연히 걸려든 세 분 선생님은 모두 징계 대상이 되어 담임을 박탈당하거나, 다른 학교로 전출 명령이 내려졌다. 참으로 매서운 징계였다.

그런데 정말 어처구니 없는 일은 그해 겨울에 벌어졌다. 우리나라도 드디어 쌀이 남아도니 쌀막걸리를 만들기로 했다는 것이었다. 그래서 막걸리 좋아한다는 서민 대통령(?)께서 쌀막걸리를 마시는 장면이 온 신문과 텔레비전을 장식했던 것이다. 권위주의 시대의 한 에피소드였으나 그 피해자들은 울분을 쌀막걸리로 풀기나 하셨을는지.

청계천 피복노조 야학교사가 되다

1977년에 대학에 입학했다. 박정희 정권은 소위 긴급조치 시대를 만들어냈고, 독재의 막바지 가파른 길을 걷고 있었다. 대학에 입학해서 4월에 처음으로 데모하는 장면을 보았을 때는 가슴이 콩닥콩닥 뛰었다. 나는 이 시대에 무엇을 해야 하는지? 바람부는 언덕에 서 있다는 느낌을 받았다. 기숙사 친구 방에 갔다가 이영희 교수의 『전환시대의 논리』를 읽다가 너무 감동을 받아 차라리 울고도 싶었다. 마치 뜨거운 세례를 받는 기분이었다.

운 좋게 의대 선배들이 만든 지하 독서서클에 들게 되었다. 판매가 금지된 책들을 읽고 토론하는 모임이었다. 한국근대사, 경제사, 노동

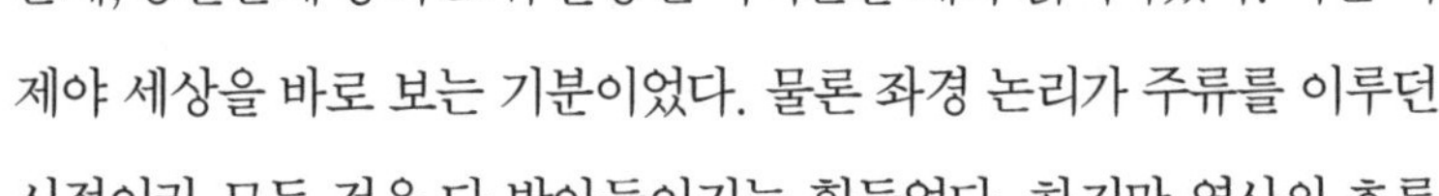

문제, 농촌문제 등의 소위 운동권 서적들을 계속 읽어나갔다. 나는 이제야 세상을 바로 보는 기분이었다. 물론 좌경 논리가 주류를 이루던 시절이라 모든 것을 다 받아들이기는 힘들었다. 하지만 역사의 흐름을 생산력의 관점에서 볼 수 있게 되었다. 예컨대 남북전쟁도 자애로운 링컨이 노예를 해방시킨 사건이 아니라 북부의 공업지대가 남부의 노예 노동력을 이용하려는 의미가 숨어 있다는 것을 알게 되었다.

또한 보도되지 않는 수많은 진실들이 세상에 숨어 있다는 것을 알게 되었고 신문과 방송을 이제부터는 거꾸로 읽는 훈련을 하게 되었다. 심지어는 미술이나 음악이나 문학에도 이데올로기가 숨어 있다는 것을 알게 되었고, 어릴 때 읽은 『걸리버여행기』나 『로빈슨 크루소』에도 정치 · 경제 · 사회적인 의미가 숨어 있다는 것을 알게 되었다. 나는 지금도 바쁜 본과 생활에도 불구하고 수요일마다 교회 골방으로 찾아와 어리던 나를 지도해 수던 의대 선배들을 고맙게 기억한다.

1979년 늦가을, 본과 1학년이던 나는 뒤늦게 세상을 더 알고 싶다는 생각에 야학에 뛰어들었다. 전태일 열사의 정신을 이어 만들어진 청계천 피복노조 소속의 노동야학이었다. 학생들은 모두 미싱 시다였는데 밤 8시부터 10시까지 같이 공부도 하고 토론하는 시간을 가졌다.

사실 나는 사회개혁에 있어서 문제의식도 부족하고, 단련도 안 되어 나이브(naive, 나쁜 의미로 쓸 때는 너무 순진하다는 뜻)하다고 비판받는 부류였다. 그러나 자취방에 찾아가 라면을 끓여 먹으며 고단한 삶과 희망과 미래에 대해 이야기하는 시간은 나에게 소중한 경험이 되었다.

더구나 야학을 하는 기간에 박정희의 사망, 다음해 거대한 용광로 같았던 1980년 봄, 그리고 비극적인 힘을 우리 역사에 길이 남겨준 광주민주화운동을 같이 겪게 되었으니 그리 만만한 세월은 아니었다.

무엇보다 본과 2학년에 겪어야 했던 광주민주화운동과 약 백일에 가까운 휴교령은 나의 대학 시절 엄청난 시련으로 다가왔다. 피범벅이 된 광주를 겪은 뒤 공포정치 앞에서 무기력한 소시민으로 목숨을 부지한다는 자괴감은 너무나 아팠다. 그 긴 휴교령 동안 나의 고민을 일기장에 써 나가다가 갑자기 시를 쓰기 시작했다.

시인과 의사로서의 책임을 다하고자

내가 처음으로 쓴 시는 「흙바닥에서」라는 작품이었다. 첫연은 이렇게 시작한다(후에 등단작품이 됨).

나 이 자리에 앉아 손으로
흙바닥을 쓸고 있다.
모래 같은 것, 진흙 같은 것, 또
콜라병 마개, 못, 지푸라기……
……골고루도 모여 있는
이 흙바닥을 쓸고 있다.

다음해 우연히 신경림 시인을 만나 뵙게 되어 시를 보여드렸더니 시가 좋다는 격려를 해주셨고, 의과대학을 졸업할 무렵 인사차 찾아가 뵈면서 그동안 써 모은 27편의 시를 보여드렸더니 시단에 등단하

라고 말씀해 주셨다.

그냥 아마추어로서 평생 시집 한 권 정도 내어 친지들과 친구들에게 나누어주겠다고 그야말로 '나이브'한 생각만 하던 나로서는 상상도 해보지 못한 것이었다.

1983년 군산 앞바다의 선유도에서 무의촌 근무를 할 때 『마당』지에 민요기행을 연재하던 신경림 시인과 함께.

결국 1985년 『창작과 비평사』에서 신 선생님과 이시영 선생님의 추천으로 등단하는 영광을 입었다.

1987년 서울대학교 병원 레지던트 시절 동료 의사들과 함께 '4·13 호헌반대 의사시국선언'을 이끌어냈고, 그해 11월에는 의사로서 사회적 책임과 도리를 다하자는 취지에서 '인도주의실천의사협의회'(약칭 인의협)를 창립하였다. 인의협에서는 노숙자들을 대상으로 진료를 하기도 하고, 북한 어린이를 돕기 위하여 의약품을 지원하기도 한다.

살아가면서 나를 끊임없이 일으켜 세우는 힘의 밑바닥에는 어린 시절 강변을 바라보며 키우던 고향 마을의 꿈과 청소년과 대학 시절

의 고통과 고뇌가 놓여 있다.

사십대 중반이 넘은 나이에도 불구하고 아직도 배우고 익힐 시간이 남아 있다는 것이 고맙다. 지구상에 아직도 사랑하는 사람들이 살아 있는 한 나는 여전히 고통 속에서도 기쁘게 살아갈 것이다.

비밀장부에 적어 넣은 나의 이십대

1958년 강원 화천에서 태어나다. 중앙대학교 대학원 문예창작학과 박사과정을 수료하다. 1993년 『문학정신』 『동서문학』으로 등단하다. 시집으로 『먼지는 무슨 힘으로 뭉쳐지나』 등이 있다. bokyeoj@hanmail.net

장작처럼 튕겨져 나간 나무조각 같은 삶

어느 곳이든 어느 시대든 군중들의 무리에서 떨어져 있는 소수의 사람들이 있게 마련이다. 이것은 마치 쌓아올려진 땔감나무가 보두 땔감으로 쓰이는 것은 아닌 것과도 같다.

나는 어릴 때 종종 장작 패는 모습을 지켜보던 기억이 있다. 웃통을 벗은 사내가 근육이 불끈 솟은 굵은 팔로 나무를 팰 때면 그 날카롭기도, 튼실하기도 한 도끼날은 햇살을 받아 번쩍 빛났다. 나무 둥치를 쌓아둔 야적장에 쪼그리고 앉아 그때마다 나는 눈을 질끈 감았다 뜨면서 도끼날에서 멀리 튕겨져 나가던 나무의 파편들에게 눈길이 가곤 하였다. 장작 패기가 끝나 장작더미로 묶여나가고 나면 그 자리에는 많은 나무 파편이나 톱밥들이 떨어져 있었다. 나는 며칠 후 이것들을 다시 보러 그 자리에 가보곤 하였는데, 그때면 톱밥들은 어느새 흙

이 되어 버렸고 풀숲이나 자갈 틈으로 튕겨나갔던 나무 파편들은 썩어 있거나 벌써 풀 이끼가 끼어 돌처럼 색이 달라져 있는 모습을 하고 있었다. 발로 툭툭 건드려보던 그 나무 파편들은 무리의 장작과는 멀리 떨어져 그냥 흙이 되어버리거나 햇볕에 말라비틀어져 바스라지는 운명을 갖고 있었던 것이다.

간혹 장작이 되었던 것도 물건을 떠받치고 있을 받침목이나 버팀목으로 빠져나가 다른 역할을 하는 것도 있다. 수많은 장작들이 겪게 되는 아궁이며 따끈한 구들장이며 굴뚝 연기와는 아무 상관없이 그 튕겨져 나간 나무 조각은 무엇 때문에 자신의 삶이 남과는 다른 길을 걷게 되었는지조차 모르는 채 생을 마치는 그런 경우 말이다. 돌이켜보면 그 어린 날 풍경 속의 장작처럼 튕겨져 나간 나무 조각이 바로 내가 아니었나 하는 생각이 든다.

그때 그 도끼날이 무엇이었는지도 모르는 채 아니 그 도끼날의 존재조차도 인식하지 못한 채 나는 1970년대의 한가운데로 슬그머니 사회 초년생의 발을 내딛게 되었으니.

여고 졸업 후 생계를 위해 부산으로 가다

1976년 3월 나는 부산행 고속버스 안에 있었다. 묵직한 가방을 두 개나 짐칸에 얹어두고 미래에 대한 불안과 낯설음을 자꾸 올려다보았다. 나는 연탄재에 섞여 쌓였던 눈더미들이 조금씩 사라지면서 겨울이 가고 있음을 지저분하게 알리고 있던 창신동 골목을 떠나 한번도 가본 적 없었던 부산으로 내려가고 있었다.

부산에 있는 어느 친척집에서 과외를 했던 아이들과 함께.

당시 아버지는 퇴직금으로 시작한 사업이 실패한 후였으니 나의 대학 진학은 이미 불가능해졌고 부모님은 동생들의 학비 때문에 전전긍긍하고 있었다. 맏딸인 나는 하루라도 빨리 돈을 벌어 가장을 도와야만 하는 처지가 되었다.

당시에는 여고 졸업 후 취직을 하려면 기본적으로 주산이나 타자, 부기 능력이 있어야 유리했다. 이 과목들은 모두 상업학교에서만 가르쳤으니 인문계 고등학교를 나온 나는 이런 조건을 아무것도 갖추지 못하고 있었다.

특히 주산은 전자계산기가 일반적으로 쓰이기 전이었기 때문에 유일하고도 중요한 계산 기능이었다. 나는 삼 년 내내 쓸데없는 입시공부에 휩쓸렸으니 취직은 당연히 어려운 일이었다. 이력서를 써들고 여기저기 기웃거리다 생각한 끝에 나는 부산에서 사업에 성공하고 있다는 친척에게 편지를 보냈다.

이러저러하니 일자리를 하나 달라는 내 편지에 곧 답장이 왔으며 집에서도 반대할 이유는 없었다. 취직이 된 것이었다. 내가 그렇게 가족과 헤어져 난데없이 부산으로 내려가야 했던 건 아버지의 사업 실패로 인해 느닷없이 닥친 가난이란 도끼날이었다.

부산에 도착하여 내가 맡은 일은 비밀장부를 쓰는 일이었다. 이모부벌 되는 친척은 그렇게 소문처럼 성공한 사업가는 아니었지만 몇 개의 대리점을 운영하면서 시계 장사를 하는 사람이었다. 처음에는 당시 벽시계의 대명사처럼 불리던 상표인 '라도'에서 나중에는 '카파'라는 상표의 손목시계로 품목을 바꾸었다. 시계의 유형도 괘종시계에서 벽시계로 손목시계로 바뀌더니 기계식이던 아날로그 시계는 점차 전자식 디지털 시계로 바뀌었다.

요즈음이야 전자시계가 대량으로 만들어지면서 시계는 문구용품처럼 흔해졌지만 그때만 해도 시계를 갖고 있는 사람은 그렇게 흔하지 않았다. 당연히 가격도 비쌌으니 시계 하나를 사려 해도 서민들은 이리 재고 저리 재다 큰맘을 먹고서야 할부로 장만하는 경우가 많았다.

비밀장부 속에 유폐된 나의 젊음

친척 회사에는 벽시계나 손목시계를 팔고 다달이 그 할부금을 받은 내역을 기록하는 카드가 있었는데 내가 맡은 일은 그 카드의 내용을 위조하여 새로운 카드를 만드는 일이었다.

가령 6만원에 시계 하나를 팔고 6개월 할부 계약한 것을 5만원에 팔았다고 한다든지, 할부 마지막 잔금을 깎아줬다고 한다든지, 시계를 산 후 이사를 가버려 수금이 불가능하다고 한다든지 등등 어떻게든 시계 원가는 높이고 수익은 최대한 낮추는 것이 목표인 그런 일이었다.

나는 아침마다 각 대리점으로 카드를 걷으러 나갔다. 그리고는 부

산 전 지역을 돌아 영업사원의 땀에 절은 월부 카드를 하나씩 검토해 나갔다. 그런 다음 각 카드마다 적절하게 수정하여 다시 새로운 카드를 만들었다. 이렇게 만들어진 카드는 다음 날 아침 원위치인 각 대리점의 카드함으로 옮겨졌다.

나의 일 중에는 카드가 허름하게 보이도록 일부러 손때를 묻히거나 구겨놓는 것도 중요한 일 중 하나였다. 조금 고치면 될 듯한 것들은 원본 카드를 그대로 사용했는데 나는 살짝 숫자를 긁어내고 다시 바꿔 쓰는 재주도 배웠다. 처음 수백 장이던 카드는 나중에 수천 장을 넘어갔고 그 수많은 가짜 카드는 세무서에서 조사를 나올 때면 매우 당당하게 제시되었다.

사실 이 일은 내가 굳이 편지를 써 보내지 않았어도 나중에 말썽이 없을 꼭 나 같은 일가 친척이 맡아야만 적격인 일이었다. 친척은 마침 적합한 사람을 찾고 있었던 터라 나의 쓰임은 안성맞춤이었던 것이다.

일의 특성이 이렇다 보니 나는 항상 남의 눈에 띄지 않는 곳에서 일을 해야만 했다. 내 근무처는 사장인 친척의 이층 방이었다. 부산 전 지역을 열 몇 개로 나누고 부전동, 당감동, 광복동 등등 각 지역 명칭을 써 붙인 커다란 나무 서랍이 책상 위에 놓여 있었다. 점점 늘어가는 카드 때문에 한때는 친척 아저씨 한 분이 더 동원되기도 하였다. 일본식 집 다다미방에 겨울에는 석유난로를 켜놓고 나는 그렇게 가짜 장부 만드는 일로 근면 성실했다.

나의 이 일은 그땐 미처 깨닫지 못했지만 기업주의 폭리를 동조하

여 유통시장의 불량거래는 물론 노동력의 착취를 촉발시키는 매우 적극적인 참여였던 것이다.

처음 2만 5천원이던 월급은 다행히 해를 더할수록 꼬박꼬박 올랐다. 더불어 나머지 시간은 초등학생이던 조카를 가르쳐 과외 수입도 올릴 수 있었다. 내 수입은 친척집에서 먹고 자고 하면서 한푼도 쓰지 않고 고스란히 서울로 보내졌다. 그것은 일년이면 50만원이 되기도 하였다.

내가 열심히 하는 만큼 친척도 차츰차츰 더 부자가 되었고 물론 우리 집도 아슬아슬한 붕괴의 위험을 넘어 안정을 찾아갈 수 있었다. 서울에서 대학생이 되었거나 재수생이 된 친구들과 처음에는 자주 편지를 주고받았지만 그것도 시간이 지날수록 차츰 뜸해졌다. 친구

직장 생활을 할 무렵 야유회에서(오른쪽에서 두번째가 필자).

들은 새 생활을 계획하고 미래를 향한 설계로 시간을 보내고 있을 때 나의 이십대의 시간들은 다락방 밀실에 있는 비밀장부에 모두 쓰여졌다.

광안리 해수욕장에서 민주화운동 수배자를 만나다

이때 대한민국은 독재정권에 맞선 민주화운동으로 누가 죽고 누가 투옥되고 누가 도망을 다녀야 했으니 거리에는 민족과 국가를 위해 싸우는 젊음들로 들끓었다. 김지하의 「타는 목마름으로」가 자유와 민주를 외치는 애국 청년열사들의 가슴에 불을 질렀다. 이것 또한 나중에 내가 안 일이었다. 그러나 그때 내게는 아무것도 없었다. 민주주의도 없었고 독재도 또한 없었다. 그냥 내 동생들과 부모님과 그리고 영원할 것 같았던 우리 집의 가족애가 전부였다. 그러나 나의 이런 가족애야말로 나를 가둔 감옥이었다. 나는 나의 젊음을 유폐시켰다. 그리고 이성에 대한 사랑조차 하찮은 일로 여겼다. 그러나 그때는 그것이 감옥인지도 모르는 채 나는 오랫동안 믿음직스럽고 장한 맏딸이 되었으며 이것은 나를 모든 것으로부터 견뎌내게 하는 힘이 되었다.

일을 다 마친 후에 나는 바닷가를 찾아다녔다. 해운대도 가고 태종대도 가고 영도다리에도 가보고 하면서 일몰을 보는 재미에 빠졌다. 바닷가에서 해가 지는 모습을 보는 것은 마치 죽는다든가 산다든가 하는 그런 근원적인 문제와 맞닿아 있는 듯 처연했다. 나는 늘 혼자라고 느끼는 공허감을 차라리 흠뻑 맛보자고 작정하였다. 한껏 동그래진 해가 바닷물 속으로 잠겨들 때면 내 심장도 해저 깊이 가라앉는 듯

하였다. 내가 다시 바다 속에 빠졌던 심장을 건져 올릴 때는 그것은 더욱더 청푸르게 고독해져 있곤 하였다. 그러고 나면 불그레하던 하늘은 청빛으로 잿빛으로 몸빛을 바꾸며 순식간에 어두워졌다.

그러던 어느 날 광안리 해수욕장에서 한 남자를 만났다. 해가 막 지고 난 후의 백사장이었는데 해안선을 모자처럼 걸치고 앉아 있던 그의 손에는 카메라가 들려 있었다. 그는 새로 산 카메라로 일몰을 찍으러 바닷가에 나왔다며 내게 말을 걸어왔다. 그리곤 광안리 저녁 갯바위를 배경으로 사진을 몇 장 찍어주었다. 이후 사진을 전해 받으며 우리는 자연스럽게 가까워졌다.

그는 당시 고등학교 미술교사였는데 흥미로운 그림 이야기로 나에게 적극적인 호감을 표현했고 나 역시 그가 좋아졌다. 세월이 흐르면서 우리 둘 사이에는 사랑 같은 것이 싹트는 것도 같았다. 그러나 그

범어사 야유회에서 직장 동료들과 함께.

는 민주화운동에 연루된 사람이었다. 그는 곧 친구의 도피자금을 모아준 혐의로 쫓기는 몸이 되었고 학교도 그만두게 되었다. 매일 거처가 다르게 몸을 숨기는 그의 생활과 신상이 내게는 너무나 낯설고 불안하기만 하였다.

한동안 연락이 끊겼던 그가 어느 날 다급하게 울산이라고 전화를 해왔다. 지금 와달라는 것이었다. 그러나 나는 가지 않았다. 나의 비밀장부 일은 하루라도 쉴 수 없는 일이었다. 회사의 다른 직원들은 한 달에 두 번을 쉬었지만 돌아가면서 쉬는 것이어서 하루하루의 영업은 계속되고 있었다. 그러니 명절을 뺀 일년 내내 나는 하루라도 빠짐없이 가짜 카드를 만들어야만 했다. 이 일은 내게 어떤 선택의 여지가 없었다.

'사랑' 보다 '가족' 을 선택해야 했던 시절

내게서 중요한 것은 그가 아니었다. 나의 일이었고, 내 일에 기대고 있는 가족이었다. 이러니만큼 그의 소용돌이치는 불안에 함께 빠져드는 것이 사실 난 두려웠다. 나는 좀 비겁했지만 슬그머니 그를 떠났다. 그러자 그도 내게서 사라져 주었다. 이렇게 누구나 젊은 날 겪었을 법한 연애의 열병에서도 나는 비켜갔다. 그리고 오랜 후에 불현듯 그때 그의 일이 나의 일처럼 느껴졌지만 수년이 지나서 찾아간 그는 벌써 다른 사람과 함께 있었다.

내가 이십대를 지날 무렵에서야 우리 가족은 윤택해졌고 안정을 찾았다. 그리고 세월이 흘러 내가 그토록 마음을 다했던 나의 동생들

은 뿔뿔이 자신들의 가족을 찾아 떠났다.

나는 내가 꿈꾸던 것을 이루어냈지만 그건 내 것이 아닌 것이 되어 버렸다. 내가 스스로 짊어진 의무가 다 끝나고도 한참 동안 나는 거기에서 벗어날 수 없었다. 다시 무엇을 해야 할지 막막했기 때문이었다. 내 의무가 다 끝났을 때 그건 처음부터 나의 의무도 아닌 것이 되어 있었다. 이후에도 여러 번 나는 빈손을 들고 있었다.

내가 혼신을 다하여 움켜쥔 것은 어쩌면 내 것이 아니었는지도 모른다. 손가락 사이로 빠져나가는 모래알처럼 그것들은 내 곁에 있어 주질 않았다. 내 나름의 법칙을 만들고 그 법을 지키느라고 나는 땀을 뻘뻘 흘렸다. 그러나 그건 너무나 오래 되고 쓸데없어서 남들은 이미 내다버린 그런 세월 같은 것들이었다. 정작 나 자신을 위한 꿈과 희망

인도 여행 중 자이살메르 사막에서.

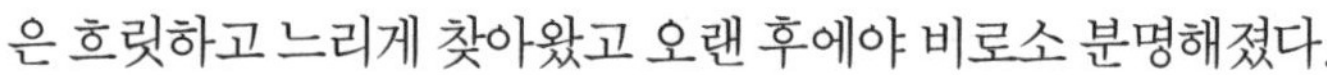

은 흐릿하고 느리게 찾아왔고 오랜 후에야 비로소 분명해졌다.

조국과 민족이 무엇인지 한번도 깊이 생각해본 적 없으니 무엇이 잘못되었으며 무엇을 고쳐야 한다는 말은 내 몫이 아니라고 믿었다. 그러나 암울했던 정치적 회오리를 외면했다고 해서 어찌 역사의 격동기를 넘어오지 않았다고 말할 수 있을까.

나무 둥치에서 튕겨져 나간 나무 파편처럼 다른 시대를 산 듯하지만 그 또한 그 시대의 한 초상인 것을. 가만히 살펴보면 우리 주위에는 나처럼 조용한 군중도 많다. 지금도 많이 달라지진 않았지만, 이제 나는 이 시대에서 내가 살아갈 나무 둥치도 보고 뿌리도 본다. 알맞게 잘려져 어딘가에 쓰일 훌륭한 목재들을 알아보고 또 내가 그것이 되려고도 해본다. 모든 것이 너무 늦어버린 듯한 지금이 바로 시작이지. 이렇게 주문도 걸어보면서. 그러다 다시 나무 둥치에서 어떤 도끼날에 튕겨나가는 조각이 되면 또 어떠랴. 활활 타오른 장작처럼 격동적인 생을 살지는 못했지만 거기 우연치 않게 씨눈이 살아나 기적처럼 싹을 틔울지도 모를 일이지 않은가. 아니 아무도 보지 않는 곳일지라도 이름 없는 풀 한 포기를 위한 거름이 되는 것 또한 내가 할 수 있는 소중한 일이지 않은가.

북한산에 케네디 대통령이 묻혀 있다!

1958년 전남 담양에서 태어나다. 신일고교, 홍익대 미술대를 졸업하고, 이후 대만에서 문학석사 학위를 받다. 동양미술에 관한 번역서로 『동양화의 이해』 『중국 근, 현대 미술』 등이 있다. 현재, 공평아트센터 관장, 중앙대와 상명대 겸임 교수로 일하고 있다. ksx0011@yahoo.co.kr

김상철

여섯살 때 호남선 통일호 타고 상경하다

나의 어린 시절은 북한산을 벗어나지 못하고 있다. 눈을 들면 언제나 쉽게 바라볼 수 있었던 북한산은 나의 어린 시절을 감싸 안는 울타리였던 것이다. 어린 시절 친구들이 은밀하게 들려 준 비밀스러운 이야기가 바로 북한산에 케네디 대통령이 묻혀 있다는 것이다. 인수봉, 백운대, 만경대로 이루어진 북한산 꼭대기는 잘 살펴보면 정말 케네디식 머리를 한 사람이 누워 있는 듯 보이기도 한다. 큰 바위 얼굴 대신 죽은 케네디를 바라보며 나의 어린 시절은 시작되었다.

전남 담양에서 태어나 호남선 통일호의 살인적인 만원 열차를 타고 6살 때 서울로 올라온 나는 서울역의 현란한 네온 불빛에 넋을 잃을 지경이었다. 다이얼 미싱의 움직이는 네온 간판은 지금도 내 머리속에 깊은 인상으로 남아 있다. 청파동 언덕배기에 집을 장만한 부모

님 덕택에 효창공원은 내 놀이터가 되었다. 축대 위에 지어진 집 문간방에서 나의 서울 생활은 시작되었다. 시골집의 넓고 여유로웠던 툇마루 대신 겨우 판자 한 쪽을 올려놓은 마루는 내 책상이자 공부방이었다.

초등학교에 입학하여 흰 손수건을 가슴에 붙이고 맞이하게 된 담임선생님은 키가 크고 얼굴이 하얀 예쁜 여자아이를 내 짝으로 만들어 주셨다. 국어 시간의 끝말 이어가기는 나에게 처음으로 문화적 충격을 준 사건으로 기억되고 있다.

'무'자로 끝난 말에 '무우'를 뜻하는 '무시'라는 전라도 말로 끝을 이었을 때, 친구들은 이 말의 뜻을 이해하지 못하였다. 심지어 선생님조차 이 말을 '무시한다'라는 말로 이해하고 해설해 주셨다. 이때 처음으로 나는 알았던 것이다. 예쁜 내 짝 아이가 나를 경멸하듯이 바라보고 언제나 쌀쌀맞게 말도 붙이지 않으며, 함께 손을 잡고 율동을 할 때에는 늘 날카롭게 신경질을 냈던 이유를……. 나는 처음부터 촌놈으로 서울 아이들 사이에 끼어 든 것이다.

1학년 2학기 하월곡동으로의 이사는 나의 본격적인 서울 생활을 의미한다. 지방 인구의 무작정 상경으로 마구 부풀어 오르던 서울의 팽창은 월곡동 일대의 특징적인 풍경을 이루어 내었다. 개천 건너 동네의 콜타르를 바른 검은 루핑으로 덮인 판잣집들이 만들어 내는 어둡고 우울한 풍경, 골목마다 넘쳐나는 아이들과 하루도 끊이지 않는 생존을 확인하려는 듯 벌어지는 갖가지 눈물 젖은 사연들 그리고 그 속에서 피어나는 아련한 사람 냄새가 어우러진 변두리의 풍경이 바

로 그것이다.

수용소를 연상시키는 세계 최대의 학생 수

우리 집은 집장사들이 지어 판 것으로 정릉천변에 있었다. 둑을 길로 삼아 집을 지었기 때문에 마당이 길보다 낮았다. 이른바 '마당 깊은 집'인 셈이다. 이 집이 마련됨으로 해서 떨어져 있던 할머니를 포함한 4남매가 고향으로부터 상경하여 비로소 이산의 문제를 해결할 수 있었고, 더불어 서울 생활을 시작할 수 있었다.

다른 이들보다 특별히 나을 것도 없었지만 그렇다고 모자라지도 않았던 그 집에서 나는 미아리 삼거리에 있는 숭인초등학교로 전학을 가게 되었다. 숭인초등학교는 가히 세계 최대 학교라 할 만큼 학생 수가 많았다. 한 학년이 거의 20반에 이를 정도였고, 3학년 때는 3부제 수업을 하였으며, 4학년 때까지 2부제 수업을 하였다. 전 학년이 조회를 함께 할 수도 없을 정도로 많은 학생들로 학교는 마치 수용소를 연상시킬 정도였다. 나중에 몇 개의 학교로 쪼개져 학생들을 나누었지만 여전히 붐비기는 마찬가지였다.

미술대회에 나가기 위해 화판 매고 왕자 크레파스 들고, 월곡동 집에서.

학교 뒤쪽 밤나무골에는 도살장이 있어 등교길에 소는 도살장으로, 나는 학교로 동행을 해야만 하는 경

어릴적 뛰놀던 지금의 동덕여대 뒷산에서 동생과 함께.

우가 종종 있었다. 그 소들의 크고 촉촉이 젖어 습기 찬 눈망울은 잊을 수 없다. 어떨 때 송아지가 딸린 어미 소가 끌려 갈 때는 그 울음소리가 참으로 처연하게 들렸고 동네 할머니들은 혀를 차시면서 "아이고……"라는 탄식을 하셨었다.

특별한 놀이시설도 없었지만 날마다 해가 짧을 정도로 재미있게 놀았다. 지금이야 상상도 못할 일이지만 당시 정릉천에는 미꾸라지가 살고 있었고, 큰물이 지면 붕어도 잡을 수 있었다. KIST라는 멋있는 이름의 시설이 들어선 홍릉임업시험장은 담 넘어 몰래 들어가 놀던 '비밀의 정원'이었으며, 그 밑을 지나는 성동역발 춘천행 경춘선 철도는 못을 레일에 올려 납작하게 만들어 칼이나 표창을 만들 수 있는 훌륭한 대장간이었다. 좀 멀리는 한내라고 불리던 중랑천변, 혹은 화랑대 근처까지 가서 붕어나 피라미, 각시붕어를 잡았고, 지금의 동덕여대에는 방치된 4층 건물 골조와 채석장이 있어 총싸움하며 놀기 좋았고, 정릉 청수장 계곡까지 걸어가 가재를 잡기도 하였다.

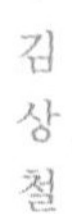

꼬방동네 아이가 화가의 길을 걷다

치열하고 고달팠던 어른들의 삶과는 무관하게 언제나 밝고 건강한

추억이 깃든 그곳이 나중에 이동철의『꼬방동네 사람들』,『어둠의 자식들』이라는 책들의 무대에서 그리 멀지 않다는 사실을 알게 되었다.

초등학교 4학년은 생에 있어서 커다란 갈림길이었다. 평범한 학생으로 그저 날마다 노느라 바쁜 나날을 보내던 어느 날, 학교에 갔더니 전교 미술대회가 있어서 수업을 하지 않는다는 것이었다. 나뿐만 아니라 내 동무들 모두 건성으로 다닌 학교여서 다들 이 사실을 모르고 있었다. 공부를 안 한다는 즐거움에 수도꼭지로 물을 뿌리며 장난을 치고 놀고 있는데 그림을 내지 않으면 교문을 나가지 못하게 한다는 말이 들렸다. 얼굴이 곰보였던 수위 아저씨는 무섭기 짝이 없는 분이었다. 할 수 없이 크레파스를 빌려 교문 옆의 커다란 버드나무와 교실들을 대충 그려 내고 집으로 돌아왔다.

어느 월요일, 2·3부제 수업의 혼돈으로 매일같이 지각을 일삼았던 나는 그날도 늦게 학교에 갔더니 소회들 하고 있었다. 늦게 온 벌로 교문 앞에서 엎드려뻗쳐를 하고 있던 나에게 확성기를 통하여 내 이름을 부르는 소리가 들렸다. 담임 선생님께서 벌을 받고 있는 나를 찾아 단에 올려 보내주시고, 나는 교장 선생님으로부터 상장과 상품을 받았다. 그 많은 학생들 중에서 내가 '최우수상' 을 받은 것이다.

이날 이후 나는 자의건 타의건 간에 이른바 '화가의 길'을 걸을 수밖에 없었다. 미술 시간마다 친구들의 그림을 대신 그려줘야 했고, 틈틈이 황금박쥐, 철인 28호, 아톰 등을 그려 링컨이 그려진 미국 우표와 바꿔 우표첩을 채워 나갔다. 불자동차 그리기, 반공 포스터 그리기 등 미술대회에 나간다는 이유로 가끔씩 찾아오는 조퇴의 기억은 참

으로 달콤한 것이었다.

어느날 소년한국일보 주최로 동대문 운동장에서 전국 어린이 미술대회가 열렸고 나는 전국 최대 규모를 자랑하는 학교의 대표로 당당히 참가하게 되었다. 한 학교에 한 명, 학부모는 동반할 수 없고 도시락을 지참해야 하는 엄격한 규정이 있었다. 그러나 막상 운동장에 도착해서 도화지를 받고 보니 노랗고 파란 제복을 입은 리라, 은석 같은 사립학교 아이들이 학부모는 물론 선생님들까지 대동해서 커다란 무리를 이루며 앉아 있는 것이 아닌가! 그 아이들이 쓰는 크레파스는 낙하산을 타고 총을 쏘며 내려오는 군인이 그려진 2단으로 된 왕자표 48색 크레파스였다. 형과 누나가 쓰던 갖가지 상표로 조합된 토막난 크레파스는 나를 위축시키기에 충분하였을 뿐 아니라 어린 마음에도 밖에서 서서 기다리고 계실 어머니가 생각이 나서 눈물이 났고 알 수 없는 분노가 치밀어 올랐다. 그들의 화려한 원색 제복들은 나로 하여금 한없는 열등감과 어찌할 수 없는 무기력을 실감케 하였다. 나는 새삼 절실하게 느꼈다. 나는 여전히 촌놈이거나 아니면 서울 사람 중에서도 변두리 사람에 불과하다는 것을…….

박지만의 덕인지 중학교를 이른바 뺑뺑이로 배정 받았다. 동네에서 혼자만 성북동 꼭대기에 있는 성북중학교에 배정되었다. 하월곡동에서 약 30분을 걸어 미아리 삼거리까지 가서 20번이나 9번 버스를 타면 삼선교에 내린다. 버스는 언제나 만원이어서 차장 누나는 거의 매달려 가야 할 지경이었다. 내려야 할 곳에서 내리기 위해서는 필사의 노력을 다해야 했다. 어쩔 때는 가방이 빠져 나오지 않아 딸려 가

기도 하였고, 한 번은 끈만 떨어져 나온 적도 있었다. 어렵게 차에서 내려 다시 30분 정도를 비탈길을 타고 올라가면 서울 시내가 한눈에 내려다보이는 학교에 이른다.

최초의 세계 챔피언이었던 김기수를 자랑스러운 선배로 내세우던 그 학교에서 자연스럽게 미술반에 들고 이내 혹독한 미술 수업을 받게 되었다. 공교롭게도 특기생 교육을 자랑으로 하는 학교에 배정을 받은 것이다. 마치 운동선수를 키우듯이 그림을 배웠다. 엄청난 작업량을 소화해야 했으며, 이를 달성하지 못하면 군용 워커를 잘라 만든 신발의 선배 발길질과 매질이 수없이 반복되었다. 창의적인 화가가 아니라 그림을 만들어내는 기능인을 양성하는 식이었다.

텍사스 윤락가에서 신문을 돌리던 사춘기 시절

갖은 곡절을 거쳐 미술반을 탈퇴하고 다시는 그림을 그리지 않겠노라는 다짐을 하며 보통 학생으로 생활하고 있을 2학년 봄소풍 때, 같은 반 친구 하나가 신문 배달을 해보지 않겠냐는 제의를 해왔다. 젊어서 고생은 사서 한다는 식의 영웅심으로 동아일보 정릉 지국에서 배달 일을 시작하게 되었고, 배당 받은 지역이 미아리 고개 꼭대기를 중심으로 속칭 텍사스라 불리는 윤락가 일대였다.

지대가 산동네인데다가 윤락가가 끼어 있어서 배달이 쉽지 않을 뿐 아니라 수금 또한 여의치 않은 사고 구역이었다. 처음부터 일은 쉽지 않았고 수금은 정말 더더욱 어려웠다. 일년 내내 구독료를 내지 않는 집들이 태반이었고, 미수금이 많으면 총무라는 사람의 욕설과 구

타가 있었다.

텍사스의 배달일은 사춘기 소년에게는 묘한 경험이었다. 4시경에 배달을 나가면 군용 담요를 대강 둘러치고 목욕을 하는 여자들이 심심치 않게 있었고 골목마다에는 불량스러운 형들이 한가롭게 진을 치고 날이 어두워지기를 기다리고 있었다. 무료한 이들에게 새로온 어리숙한 신문 배달은 재미있는 장난거리였으며, 이들을 상대로 수금은 엄두도 내지 못할 일이었다.

하루는 한 사람이 채근하는 나를 끌고 가더니 목욕하고 있는 여자의 가슴에 내 손을 얹고는 마구 비벼대었다. 어쩔 줄 몰라 하는 나에게 가슴 한 번 만지는데 천 원씩인데 너는 열 번을 만졌으니 신문 대금은 그것으로 끝났다고 윽박을 질렀다. 배급소 총무에게 이 사실을 말하자 바로 발길질과 주먹이 날아왔다. 따스하고 부드러웠던 가슴의 체온과 느낌이 채 사라지기도 전에 나는 코피를 흘려야 했다.

중학교를 졸업하고 신일고등학교에 배정 받았다. 북한산이 바로 전면에 보이는 수유리에 자리한 신흥 학교였다. 나름대로 신흥 명문을 자부하던 이 학교는 처음부터 추첨을 통해 배정 받은 학생들이 맘에 들지 않았었던 것 같다. 선생님들과 선배들은 추첨에 의한 신입생들을 마뜩해 하지 않았으며, 무시하는 태도를 공공연히 드러내곤 하였다.

학교는 대단히 좋은 시설과 환경을 갖추고 있었지만 기독교 학교라는 것이 문제였다. 주 3시간의 예배 시간과 성경 시간, 그리고 조회 때에도 기도를 해야 했다. 나도 모르는 사이에 농담 삼아 이야기할 때

에도 성경 구절을 인용하게 되고, 입만 열면 절로 찬송가가 나오는 지경이 되었다. 선택하지 않은 종교를 마치 세뇌 같은 방식으로 강요하는 것은 옳지 않다는 작은 영웅심에서 반발하였다. 이른바 '종교의 자유'를 달라는 식이었다.

결과는 근신으로 교목실에서 보름을 지냈다. 목사 선생님은 훌륭한 인격을 지닌 분이셨다. 예수님에 대한 이야기는 한 마디도 없이 매일 탁구도 치고 장기도 두면서 나의 진로에 대해 충고를 해 주셨다. 결국 나에게 화가의 길을 권유하시며, 근신이 끝나는 날 한마디하셨다. 너는 앞으로 분명히 하나님을 믿게 될 것이라고…….

다시 평범한 학생으로 돌아와 그저 그런 날들을 보내고 있을 때 마침 개교 10주년 행사가 열리게 되었다. 학생의 자율권과 민주적인 시

중앙청 경비대에서 전경 생활을 하던 당시(왼쪽에서 네번째가 필자).

민 교육에 많은 관심을 보이던 학교는 대대적인 행사를 기획하였다. 그 중 미술제가 계획되어 작품을 모집한다고 공고가 붙었다. 대부분은 미술 시간에 작품을 뽑았지만 나는 일찍이 그림 기능공으로 키워졌던 재주를 살려 스케치북 4배 크기의 종이에 붉게 물든 북한산을 열심히 그려 내었다. 아마 처음으로 신명을 바쳐 열심히 그리고 즐겁게 그린 그림일 것이다.

결과는 미술 선생님의 무차별한 구타로 돌아왔다. 누군가 다른 사람이 그려 준 것을 가져왔다는 의심에 내가 그린 것이라 항변하는 과정에서 이른바 불경죄를 범하였다는 것이 그 요지이다. 곡절 끝에 그림은 출품할 수 있었지만 그림에 대한 '정 떨어짐'을 다시 확인한 순간이었다.

3학년 2학기에 이르러 모두들 진학 걱정을 할 때에도 나와 몇몇은 별반 걱정도 없이 무지한 용기를 뽐내고 있었다. 그러던 어느 날 짝이었던 친구가 미술학원을 가는데 같이 가 보자고 하였다. 학원에서 일종의 테스트 과정을 거치는데…….

아! 그렇게 싫고 징그러웠던 석고상들이 너무도 반가운 것이었다. 남이 버린 종이를 주워 테스트 받는 친구 곁에서 장난삼아 그림을 그려 보았다. 원장 선생은 의외로 나에게는 학원을 다니라고 하고 친구는 돌아가라고 하는 것이 아닌가. 인생은 여기에서 또 한 번의 그 물굽이를 거세게 튼 것이다. 결국 3달 반의 수험 준비로 홍익대학교 미술대학에 무난히 합격을 하고 본격적인 화가의 길을 추구하게 되었다.

국토순례길에서 지갑을 털리던 사연

대학 입학은 자유와 방종을 보장해 주었다. 입학 후 처음으로 장만한 화구는 예의 48색 왕자표 크레파스였다. 술을 배워 몇 달 뒤에는 소주를 8, 9병 정도는 쉽게 마시게 되었고 담배를 꼬나물고 홍대 앞을 종횡으로 누볐다. 머리도 장발로 기르고 선배들을 따라 '스모르'라는 검게 물들인 군복을 작업복으로 사 입고 나름대로 멋을 부렸다.

그럭저럭 이어 나가던 학교 생활도 권태로워질 즈음 국토순례라는 거창한 계획을 세웠다. 도보로 우리나라 해안선을 일주한다는 계획이었다.

인천 소래 포구에서 출발하여 걷기도 하고 차도 얻어 타고 하면서 만리포, 연포, 몽산포, 대천, 변산을 거쳐 전북의 격포까지 갔다. 무전여행 비슷한 것이어서 고생도 많았지만 추억거리도 적지 않았다. 비가 내려 격포에서 부안으로 나가 모저럼 여인숙에 방을 정하고 빨래도 하고 몸도 쉬어 갈 요량이었는데, 주인 할머니와 손님 받는 아가씨로 보이는 두 사람이 손님도 없으니 고스톱이나 치자고 하였다. 평소 고스톱에 익숙치 않았던 나이지만 이른바 '개발에 땀'이 났는지 점당 10원 하던 판에서 몇천 원을 따게 되었다.

그때 갑자기 아가씨가 자세를 흐트러트리며 허벅지와 은밀한 속옷을 보일 듯 말 듯 드러내기 시작하였다. 대학 1학년의 풋내기는 갑자기 정신이 혼미해져 손에 든 패도 제대로 보지 못하고 순식간에 남은 여비까지 몽땅 털리고 말았다. 유감스럽게도 성스러운 국토 순례는 성스럽지 못한 이유로 그렇게 막을 내려야 했다.

학교 생활도 익숙해져 갈 즈음 군대 간다는 친구를 따라 멋모르고 전투경찰에 지원하게 되었다. 시험도 보고 논산훈련소에서 두 달간 교육도 받고 해서 배치 받은 곳이 중앙청 경비대이다. 매일 옷을 다리고 워커에 구두약을 발라 불을 질러 광을 내고 권총 차고 흰 장갑 끼고 마네킹처럼 광화문 앞에서 뻗치고 서 있어야 했다.

서울의 봄날, 데모진압 훈련을 받다

첫 휴가를 나가 친구 하숙집에서 숙취로 헤매고 있을 때 갑자기 박정희 대통령의 서거 소식이 전해졌다. 급히 귀대해야만 했고 첫 휴가는 그렇게 어그러져 버렸다. 시국이 뒤숭숭하던 어느 날 의장대 같이 멋내기가 일과였던 부대에 갑자기 전투복에 카빈총을 메고 근무를 해야 하는 상황이 왔다.

이른바 서울의 봄, 민주화의 열기가 광화문에 피어오른 것이다. 매일 서울역에 15만 광화문에 10만 하는 식으로 군중들이 모여들었다. 수많은 사람들이 내지르는 구호와 함성은 마치 벌 떼가 웅웅거리는 것과 같이 빌딩의 벽을 타고 보초를 서는 우리들에게 전해졌다. 그것은 참으로 무서운 소리였다. 지휘 체계는 이미 무너지고 식사도 배급되지 못하였으며, 장관이라는 자들은 바리케이트 밑으로 기어 달아나기 바빴다.

4·19가 생각났다. 저것이 역사인가라는 거창한 질문을 던져 보면서 처음으로 탈영이라는 것을 생각해 보게 되었다. 그때 갑자기 수경사에서 약 20명의 병력이 탱크 두 대를 대동하고 나타났다. 양 편에

탱크를 세우고 싸이렌을 배경 음악처럼 요란하게 울려대는 가운데 이들은 V자 형으로 군중 진압대형을 이루고 연속 동작의 진압술을 펼쳐 나아갔다. 막고 찌르고 밀쳐내는 일사분란한 동작은 마치 무용과 같았다.

마스크도 쓰지 않은 채 최루탄을 자신들 앞에 연신 던져 가면서 한 점 흐트러짐 없이 펼치는 이들의 군무는 수만의 군중과 100여 미터를 사이에 두고 그렇게 전개되었다. 마침 안개비가 내리고 퇴근 시간이 되었다. 광화문 양쪽에서 사람들이 쏟아져 나오고 차량들에 의해 시위대와 진압 병력 사이에 일정한 막이 생기게 되었다. 마치 원래 그렇게 각본이 짜여져 있던 것처럼 상황은 종료되었다.

역사의 격동기, 내가 받은 '국난극복기장'

나는 그들을 통해 군인의 아름다움, 시위 현장의 처연한 비장미를

대학 시절 친구들과 광릉에서.

절실하게 느끼고 감동하였다. 그 후 12·12, 5·17, 5·18과 같은 역사적 격동기를 권력의 중심이었던 중앙청에서 고스란히 겪으며 박정희, 최규하, 전두환의 세 대통령을 거쳐 무사히 만기 제대를 하게 되었다. 국가는 나에게 '국난극복기장' 이라는 것을 달아 주었다.

1958년에 태어나 오늘에 이르기까지 나는 언제나 마치 변방에서 타향살이를 하는 것 같은 느낌이다. 탯줄을 묻은 전남 담양에서는 일찍이 서울로 떠나 변변히 동무들과 정을 쌓을 수도 없었고 그들은 나를 서울 아이라 부르며 경원하였다.

서울 생활은 촌놈이라는 괄시와 알 수 없는 열등감이 나를 주눅 들게 하였다. 특히 빈부의 격차가 심하였던 당시의 상황은 없는 쪽에 선 나를 더욱 위축되게 하였다. 중학교, 고등학교에서 선배들은 이른바 뺑뺑이 세대라는 이유로 같은 줄의 말단에 서는 것조차 쉽게 용인해 주지 않았다. 돌반과 우반을 가름에 있어 언제나 돌반에 가까웠던 나는 선생님들의 차별과 우반 친구들로부터 일정한 거리감을 감내 할 수밖에 없었다.

대학에 들어서는 운동권 친구들의 치열한 사회의식과 진보적인 사고에 대하여 변변히 말 한마디 못 할 정도로 구닥다리 사고에 젖어 토론의 변방으로 밀려나거나 어색한 침묵으로 그 긴 시간을 대신했어야 했다.

군대에서는 구타당하는 군번에서 구타 금지 당하는 계급으로 지내야 했다. 사회에 나와서는 도전적인 후배들에게 기성세대로 치부되며 대접은커녕 그 비판의 예봉을 고스란히 맞아야 했으며, 언제나 권

위와 위엄으로 무장한 선배 세대들에게 눌려 영원한 후배로 남아 있어야 했다. 그러나 비록 흰 머리가 늘고 삶을 위한 직장 생활에서 어쩔 수 없이 순치되어가는 야성을 날마다 확인하며 이미 두 아이의 아버지가 되어 버린 지금에도 나는 여전히 꿈을 꾼다. 눈 내리는 날 흰 눈밭을 마음껏 뛰어 다니는 검둥 강아지의 늑대 울음을…….

임영태

나를 긍정하고 내 세월을 긍정한다

1958년 2월경기 연천에서 태어나다. 서울 북공업 고등학교를 졸업하다. 1992년 〈문화일보〉 신춘문예에 중편소설 당선으로 등단하다. 1994년 장편소설 『우리는 사람이 아니었어』로 '오늘의 작가상'을 수상하다. 소설집으로 『비가 와도 젖은 자는 다시 젖는다』 『문밖의 신화』 『비디오를 보는 남자』 『달빛이 있었다』 『여기부터 천국입니다』 등이 있다. 현재, 소설가인 아내와 함께 농사를 지으면서 창작에 전념하고 있다. lyt-0201@hanmail.net

의미심장한 미소를 안겨주는 '58개띠'라는 말

"아, 오팔 년 개띠요!"

58년생들이 나이와 관련해 가장 많이 듣는 말이다. 통성명을 하며 나이를 주고받을 때, 나는 그저 58년이라는 생년만 말하는데도 상대가 먼저 생년 뒤에 띠를 붙여준다. 뭔가 알고 있다는 듯한 의미심장하고 애매한 미소와 함께 내가 개띠라는 걸 새삼 확인시켜 준다.

인터뷰나 탐방 기사 같은 게 나올 때도 마찬가지다. 다른 생년은 순수하게(?) 나이만 소개하는데 58년생은 그 앞에 꼭 '흔히 말하는' '이른바' '그 유명한' 등등의 수식어를 앞장세운다. 올해 노벨문학상을 수상한 임영태 씨는 이른바 '58년 개띠'인 마흔여섯 살로서…… 이런 식이다. 외국인이 처음 들으면 '58년 개띠'라는 이름의 무슨 조직이나 대형 사건이 있었던 줄 알지 모른다.

이렇게 말하다 보니 문득, 지금 이 글의 주제와는 관계없지만 십여 년 전 가끔 듣던 어떤 연설 하나가 생각난다. 본 적들 있을 것이다. 험상궂은 인상의 남자가 볼펜이나 껌 같은 걸 들고 버스에 올라와서는 그걸 승객들에게 강매하기 전에 먼저 착 가라앉은 목소리로 이런 신상 고백을 한다. 저는 그 유명한 쌍칠년도 룸살롱 살인 사건으로 복역하다 엊그제 출소한 전과자로서 이제 어두운 과거를 씻고 새사람으로 살아보고자…… 운운. 아, 물론 '그 유명한' 쌍칠년도 룸살롱 살인 사건과 '그 유명한' 58년 개띠와는 아무 관계도 없다.

아무튼 이렇듯 평생을 '58년 개띠'라는 이상한 고유명사를 달고 살아왔건만, 그러나 막상 이것을 주제로 한 무슨 애환이나 특별한 에피소드 같은 것을 말해보라 하니 딱히 떠오르는 게 없다. 한두 가지 생각나는 건 있지만, 모두 콩트감도 못 되는 밋밋한 에피소드일 뿐 내가 살아온 삶과 세월의 분위기를 담아낼 만한 의미 있는 이야기들은 아니다.

그래도 무언가 좀 말하고 싶다. 밤새 뒤척인 어수선한 꿈자리처럼, 딱히 기억나는 건 없지만 아주 많은 일들이 있은 듯하다는 기분이다.

나는 어쩌면 정통 '58년 개띠'가 아닐지 모른다. 일곱 살에 초등학교에 들어갔기 때문이다. 나이로 한 세대를 특정화할 때는 대개 그 나이 또래의 공통적인 경험들, 곧 그 나이들만이 공유하고 함께 만들어온 문화적, 사회적 코드를 공통분모로 하여 거기에 세대 의식을 부여하는 것인데, 그 공통분모의 가장 중요한 것 중의 하나가 같은 해에 같은 학년으로 학교를 다녔다는 점이기 때문이다.

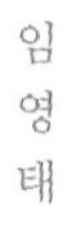

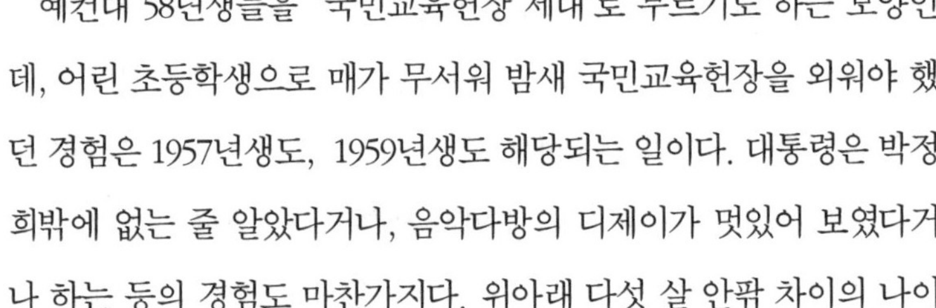

예컨대 58년생들을 '국민교육헌장 세대'로 부르기도 하는 모양인데, 어린 초등학생으로 매가 무서워 밤새 국민교육헌장을 외워야 했던 경험은 1957년생도, 1959년생도 해당되는 일이다. 대통령은 박정희밖에 없는 줄 알았다거나, 음악다방의 디제이가 멋있어 보였다거나 하는 등의 경험도 마찬가지다. 위아래 다섯 살 안팎 차이의 나이 또래라면 다 비슷하게 겪은 일들 아니던가.

57년 닭띠와 지낸 58년 개띠

유독 1958년이라는 출생년도를 거론해야 한다면 가장 특징적인 공유 경험은 역시 같은 해에 같은 학년이라는 점이다. 학생회장이었느냐 학도호국단장이었느냐, 입학시험을 보았느냐 뺑뺑이를 돌렸느냐, 너나들이하며 함께 당구장을 드나들고 도색잡지를 빌려보던 친구들이 주로 한 살 위였느냐 같은 나이였느냐 하는 것. 이런 것들이 한 개인의 삶에 끼친 영향은 미세한 듯하면서도 매우 폭넓은 것이고, 때문에 같은 학년의 급우로 치른 경험들이야말로 그 나이의 가장 핵심적인 공통분모, 곧 58년 개띠만의 사회적, 문화적 코드인 것이다.

그렇게 보면 나는 분명 정통 '58년 개띠'는 아니다. 감성 풍부한 이십 대 이전까지의 나의 학창 시절 코드는 57년 닭띠에 맞추어져 있는 것이다. 물론 그밖에 일반적인 경험의 범위는 58년생의 그것에 일치한다. 자 이 간극, 거창하게 '괴리'라고 할 것까진 없지만, 58년생으로 57년생 학교 생활을 보낸 내 경우의 인생 역정(?)에 대해서 조금 말해보고 싶다.

예전에 가끔 그런 생각을 해 보았다. 여덟 살에 학교에 들어갔다면 어떻게 되었을까? 우선 키 순 번호가 조금이나마 뒤였을 것이다. 일 학년 아래의 아이들과 어울리는 만큼(물론 그게 실제로 내 동년배지만) 체격과 키와 힘이 일곱 살 입학의 경우보다는 약간이나마 우월한 입장에 있으므로 해서 적어도 급우들 간의 싸움 서열에서 내가 이기는 놈이 지는 놈보다 몇 명이라도 더 많지 않았을까? 얻어맞는 날보다 때리는 날이 조금 더 많아 나의 학창 시절은 좀더 상쾌하지 않았을까?

웃자고 하는 이야기다. 이런 시시한 공상 즐기자고 여덟 살 입학을 가정해 보았던 건 물론 아니다. 문득 그런 생각이 떠오르곤 했던 건 역시 상급학교 진학 문제, '58년 개띠'의 핵심 코드의 하나인 '뺑뺑이' 문제와 관련해서였다. 알다시피 58년생은 중학교와 고등학교를 무시험 '뺑뺑이'로 진학하였고, 학동이 가장 많은 베이비붐 세대답게 58년생의 대학 예비고사는 고교평준화 정책과 맞물려 역대 최고의 경쟁률 속에 치러졌다. 그러나 말했다시피 나의 학년은 57년 학년이었다. 그래서 생각해 보는 것이다. 내가 나의 몫을 찾아 '뺑뺑이'로 중고교를 올라갔다면 나의 인생은 어찌 달라졌을까, 하고 말이다.

중학 무시험을 위해 서울로 전학오다

역사에 가정이 없듯 개인사에도 가정이란 부질없는 짓이지만, 이 대단한 학벌주의 사회에서 적잖은 편견과 차별을 받아온 나로서는 가끔 여덟 살 입학을 가정해 보며 그 경우 내 인생이 어떻게 달라졌을까를 상상해보곤 했던 것이다.

중학교 무시험이 최초로 실시된 것은 1969년이다. 이 첫 해에는 서울에서만 시범적으로 실시되었고, 이듬해 1970년에 10개 대도시로 확장되고, 전국적으로 실시된 것은 58년생이 6학년이던 1971년도부터였다. 그러니까 내가 초등학교 6학년이던 1970년에는 아직 주요 대도시만 무시험 진학이었고 내가 살던 면소재지는 여전히 시험을 보고 중학교에 가야만 했다.

나는 그해 1970년에 서울로 전학을 가게 된다. 무시험 혜택을 받기 위해서는 아니었다. 당시 내 학교 성적은 반에서 최상급에 속했다. 그때도 석차를 매겼는지 어땠는지 기억나지 않는데, 등수는 모르겠지만 매번 학기말에 나오는 성적 통지표에는 어쩌다 한두 과목 '우' 가 끼어있을 뿐 거의 '수'로 도배되어 있었다. 입학시험을 걱정할 일은 없었다.

서울로 전학간 것은 서울 소재의 중학교에 들어가기 위해서였다. 부모님은 나를 서울의 중학교에 넣고 싶어하셨는데, 그렇게 하려면 서울의 초등학교에 다니고 있어야 하므로 아직 이사도 안 한 상태에서 나를 서울 외할머니 댁에 맡기며 수색의 한 초등학교로 전학시킨 것이었다. 이학기까지만 기다려도 집이 이사할 수 있는데 일학기에 서둘러 전학시킨 것은 당시 떠돌던 소문 때문이었다. 정말 그랬는지는 알 수 없지만, 지방 학생들이 무시험 진학을 위해 서울로 전학 오는 걸 막기 위해 이학기부터는 서울 전학을 금지한다는 소문이 한창 나돌고 있었던 것이다.

나의 경우 중학교 진학 문제는 그러니까 일곱 살에 학교 들어간 일

이 특별히 유리하게도 불리하게도 작용하지 않았다. 나는 57년 학동이면서도 58년처럼 무시험 '뺑뺑이'로 중학교에 올라갔으니 말이다. 아니, 여덟 살에 들어가 1971년에 6학년이었다면 어떻게 되었을지 알 수 없는 일이기는 하다. 무시험이 전국적으로 실시되었으니 전학금지 소문 따위는 없었을 것이고, 이사하게 되면 그때 전학 가자는 생각으로 그냥 시골 중학교에 진학했을 수도 있다. 그랬다면 나는 아마 초등학교 시절의 상위권 성적을 유지했을 것이고, 내 인생의 방향은 달라지기 시작했을 것이다.

곤두박질치던 성적 그리고 엉뚱한 오기심

혼자 집을 떠나 서울이라는 대도시에서 낯선 학교를 다니게 되자 내 학교 성적은 급격히 떨어지기 시작했다. 내성적인 성격이라 친구를 잘 사귀지 못해 동네에도 학교에도 친구가 거의 없다 보니 외로움만 꾹꾹 씹어 삼킬 뿐 차분히 공부에 매달릴 수가 없었다.

시골과 서울의 교과 진도가 크게 달랐던 것도 물론 원인이었다. 서울에 올라온 후의 첫 시험 성적이 지금도 기억난다. 54등이었다. 60명 중에 54등. 이상하고 못난 애들이나 받는 등수로 생각했던 50등 이하의 석차에 내가 끼다니, 나는 스스로도 믿을 수가 없었다. 참담하기보다 차라리 어처구니없어 54라는 숫자를 읽고 또 읽었던 기억이 지금도 생생하다.

한번 그렇게 떨어진 성적은 중학교에 올라가서도 회복되지 못했다. 집이 예정대로 서울로 이사하지 못해 주변 상황이 안정되지 못한

데다 급격한 석차 변화로 공부에 왠지 주눅이 들어 버려 중학 생활 내내 중위권 성적만 겨우 유지할 수 있었다. 딱 한번 12등을 했던 게 기억난다. 거의 고정적으로 25등 안팎에서만 오르내리다 보니 그때는 그 12등을 또 믿을 수가 없어 한참이나 성적표를 들여다보았었다.

어쨌거나 그렇게 중학 시절을 보냈다. 이제 고등학교를 갈 때가 되었다. 알다시피 58년생은 고등학교를 최초로 무시험 진학하게 되지만 나는 한 해 빠르게 들어간 57년 학동이었다. 고등학교 시험을 치르는 마지막 학년이었던 것이다. 거기에서 내 인생이 다시 갈라진다. 실력이 중위권이었던 나는 고등학교 커트라인에 맞춰 학교를 골라야 했는데, 아직도 초등학교 때의 최우수 모범학생 추억에 사로잡혀 있던 나는 내 성적으로 갈 수 있는 학교가 죄다 시시한 학교뿐이라는 것에 자존심이 몹시 상했다. 당시의 명문 1류 고등학교들인 경기고, 경복고, 용산고를 나는 가고 싶었고, 그게 아니면 최소한 양정, 배재, 휘문, 중앙, 중동, 서울사대부고 정도라도 가고 싶었다(30년 전의 일인데 앉은자리에서 이렇듯 주르르 당시의 학교 이름들이 기억난다는 게 신기하다. 58년 후배(?) 아이들은 모르겠지만 당시의 선배들은 이처럼 서울 모든 고등학교의 커트라인에 따른 학교 순위를 줄줄 외우고 있었다).

나는 결국 어떤 선택을 했던가. 인문계 고등학교의 중하위권, 내 실력으로 갈 수 있는 '똥통 학교'에(그래도 중위권은 되었는데 내 꼴난 자존심에 모두 똥통으로 보였다) 가고 싶지 않았던 나는 차라리 실업계 학교를 지망하고 만다. 그 이상한 오기를 지금도 설명하기가 힘들다. 물론 그 시점에서 대학 진학도 포기해 버렸다. 대학 꼭 가야 돼? 포기가 아니

라 스스로 차 버렸다.

이방인으로 끝난 고교시절의 비극

아아 그리하여 나의 고등학교 생활 3년은 어떠했던가. 입학한 지 딱 한 달 만에 나는 실업계가 내 적성이 아니라는 것을 뼈저리게 깨닫는다. 실습 시간마다 나는 죽을 맛이었다. 재미도 없고 손재주도 없는 실습 시간, 남들은 비교적 수월하게 마치는 과제물을 나는 매번 시간 초과하면서도 엉성하게 겨우 끝내거나 아니면 중도포기해야 했다. 급우 중에는 이 아이는 천성이 기술자로구나 싶은 학생들도 많았다. 용돈 생기면 테스터기나 납땜인두, 전기드라이버 같은 공구를 사 모으기 좋아하고, 고장난 트랜지스터 라디오 정도는 한 시간이면 뚝딱 고쳐내는 타고난 기술자. 그러나 나는 분명 아니었다. 『전기통론』이니 『전자역학』이니 하는 필수 전공서적은 아무리 읽어도 이해되지 않았고, 대신 별 중요하게 취급되지도 않는 국어니 국사니 하는 과목에서는 곧잘 만점이 나오고는 했다.

그리하여 내 고등학교 3년은 철저하게 이방인의 생활이었다. 꿈이 없는 생활, 미래를 설계할 수 없는 생활, 급우들의 뛰어난 손재주에 찬탄하지만 막상 그것을 부러워하지는 않는 생활, 내 길이 아닌 세계에 들어와 있다는 더 없이 초조하고 우울한 기분. 졸작 『우리는 사람이 아니었어』에 나의 그런 무기력한 심사가 얼마간 들어 있다. 그 소설은 단순히 3류 인생의 비애가 아니라 자기 적성이 아닌 길을 가고 있는 자의 당황과 한숨이다. 단순히 좋은 직업이나 신분상승을 꿈꾸

는 게 아니라, 스스로 흥미를 느낄 수 있는 일, 자기 가치를 느낄 수 있는 일, 돈 한푼 못 벌더라도 제발 자기 재능이 먹힐 수 있는 분야에서 일을 하고 싶다고 하는 바람이 그 소설 주인공들의 간절한 욕망이었다.

내가 가끔 여덟 살에 학교 들어가 58년 학동으로 살았다면 하고 가정해 보았던 게 그 때문이다. 고등학교를 '뺑뺑이'로 가게 되었다면 진학할 학교의 커트라인에 신경 쓰지 않았을 것이고, 명문이니 똥통이니 하는 구분도 하지 않았을 것이며, 대다수의 반 아이들 따라 자연스럽게 인문계 아무 학교나 들어갔을 것이다.

그리고 그렇게 고등학생이 되었다면, 차츰 사회 돌아가는 것에 어렴풋이 철이 들고 내 적성도 자각하게 되면서 공부에 다시 전념하게 되었을지 모른다. 그리 되면 대학도 아마 국문과나 철학과나 사학과 등을 지원했을 터. 그리하여 나는 청년기가 시작되는 대학 생활부터 내 적성에 맞는 길을 걸어가, 어쩌면 이십대 초중반에 등단했을 것이고, 아니면 대학원에서 박사 과정까지 마쳐 삼십대 초반에 교수가 돼 있었을지 모른다. 조금 건방진 말 같지만 적어도 인문학 쪽이라면 나는 그 정도의 머리와 재능은 갖고 있었다고 생각한다.

무엇보다 아쉬운 점은, 인문 분야로 나갔다면 십대 후반부터 이미 비슷한 길을 걷게 될 친구들을 조금이나마 사귈 수 있었을지 않을까 하는 점이다. 나는 삼십 세 이전까지 나와 비슷한 정서와 욕망을 가진 친구들을 한 사람도 만나지 못했다.

나는 사유하고, 토론하고, 기획하는 것을 좋아하는데 내가 노는 물

에서는 그런 게 필요하지 않았고, 존재와 역사와 진리에 대해 대화하고 싶은데 그런 개똥철학에 함께 폼 잡으며 맞장구쳐 오는 상대가 별로 없었다. 고등학교 2학년 때 처음 소설을 써보았는데 주변엔 문학에 관심 있는 친구들이 하나도 없었고, 3학년 때는 선풍기 만드는 공장에 실습생으로 나가 혼자 도스토예프스키와 칸트 등을 읽었다.

그러나 현재의 나를 사랑한다

타고난 문청 기질도 그 시절엔 약점으로만 작용했다. 나는 단계적으로 현실을 극복할 차분한 계획은 세우지 못한 채 홀로 서리서리 칼 같은 자존심이나 세우며 달콤한 자학과 위악에만 빠져 지냈다. 그리하여 스무 살 넘어서는 내내 이게 아닌데 하는 조바심 속에서 막연히 인문계통의 진로를 동경하며 실업 고등학교 출신 이력서 하나에 의지해 온갖 허드레 직업을 전전했다. 워낙 활동적이지 못한 성격 탓도 있지만, 글을 써도 신춘문예 하나 말고는 문학에 대한 다른 정보나 통로를 알지 못했다. 무슨 너절한 학맥이나 인맥의 문제가 아니라, 서로 비슷한 고민과 꿈을 나누면서 위로하고, 격려하고, 함께 미래를 설계하는 도반이 없었다는 것, 이것이 내 인생의 가장 아쉬운 점이었던 것이다.

이제는 다 지난 이야기다. 마흔 전까지만 해도 일이 뜻대로 안 풀리거나 이런저런 소외를 경험할 때마다 정말 안타까운 마음으로 그런 상상에 빠져보곤 했다. 그러나 서서히 그런 부질없는 가정은 하지 않게 되었다. 바꿀 수 없는 것이기도 하지만, 바뀌어졌을지도 모르는 그

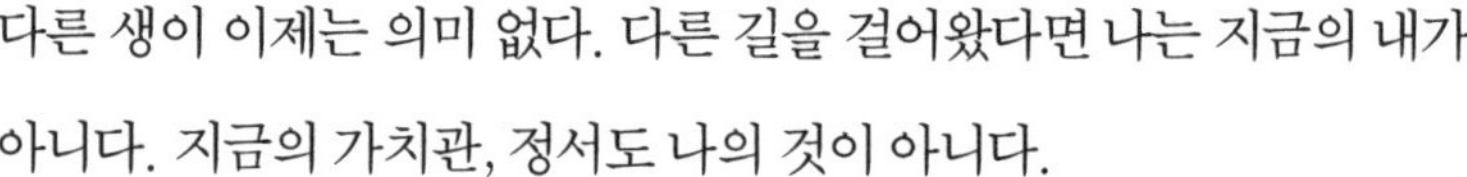

다른 생이 이제는 의미 없다. 다른 길을 걸어왔다면 나는 지금의 내가 아니다. 지금의 가치관, 정서도 나의 것이 아니다.

나는 현재의 나를 사랑한다. 지금의 나를 긍정할 수 있다면 그것으로 과거는 함께 긍정된다. 어느 수필처럼 가보지 않은 길에 대한 애틋한 동경은 누구나 품게 마련이지만, 지나온 세월이 고단했다면 더욱 그러하겠지만, 그러나 지금은 현재의 내 모든 상황을 긍정한다. 나를 긍정하고 내 세월을 긍정한다. 그것이 내가 아는 유일한 생이기 때문이다. 내가 아는 유일한 나이기 때문이다.

나를 견디게 한 문학, 내가 배신하지 않을 문학

1958년 전남 진도에서 태어나다. 광주동신고교, 전남대 상대를 졸업하다. 1990년 『한길문학』에 시를, 『동양문학』에 희곡을 발표하며 등단하다. 1996년 '문학의 해 기념 불교문학상(희곡 부문)' 수상하다. 시집으로 『진도아리랑』 『배고픈 웃음』 『하늘산 땅골 이야기』, 장편소설로『봄바람』 『나는 아름답다』 『밥이 끓는 시간』, 희곡집으로『풍경소리』, 동화책으로『바람으로 남은 엄마』 『까치학교』 『미리 쓰는 방학일기』 『구멍 속 나라』 『어른들만 사는 나라』 『벌거숭이 나라』 『내 고추는 천연기념물』 『개밥상과 시인 아저씨』 등을 펴냈다. 현재, 숭의여대 겸임교수로 일하고 있다. moosanin@hanmail.net

책보는 끄를 새도 없이
툇마루에 던져 놓고
소득 증대 그런 말
알기도 전에
동네 앞산 돌이란 돌은
선부 뒤집었지
지네야 나와라 구렁이야 나와라
지네발보다 더 부지런히
뱀의 혓바닥보다 더 독하게
동금산 허리를 들쑤셨지
공부는 뒷전 월사금은 앞전
대처에서 오신 선생님
우리들 머리통 쥐어박을 때
구렁이만 한 마리 잡으면
그까짓 월사금이야……
우리는
자신 있었다.

어린 농부로 '밥값'을 하던 어린 시절

첫 시집 『진도아리랑』에 소박하게 그려 넣은 내 어린 시절 풍경 한 자락을 그린 「어린날 1」이란 시이다. 그때는 그랬다. 학교에 갔다 오면 책보는 끄를 새도 없었다. 부지깽이도 거들어야 하는 농사철엔 제 숟가락 쳐들고 밥 먹을 정도만 되면 누구든 논으로 밭으로 불려나가 한 사람의 몫을 해야 했기 때문이다.

물론 농사철 아닌 때도 책보는 끄를 새가 없었다. 그때는 또 또래들과 산에 몰려가 대나무를 쪼개 만든 집게로 지네를 잡거나 구렁이를 잡아서 가용에 보탤 수 있게 해야 했기 때문이다.

어린 시절을 떠올리면 쉴 새 없이 일만 한 기억이 가장 먼저다. 우리 또래이면서 시골에서 자란 사람이라면 누구나 비슷한 처지였을 것이다.

초등학교 3학년 때 바닷가로 봄소풍을 가서(오른쪽은 내가 다니던 학교의 교사였던 아버지, 가운데는 누나, 왼쪽은 나, 앞은 동생).

내 어렸을 때 사내 아이인 경우 열 살 무렵이 되면 다른 무엇보다 자기 지게가 생긴다. 나도 내 좁다란 등짝에 짝 달라붙게 맞추어진 지게가 생기자 바로 재 너머 밭에서 보릿단을 두세 뭇씩 지고 져 나르기 시작했다.

지게질 할 무렵에 같이 배워야 하는 건 낫질이었다. 나는 낫질을

배우면서 손가락 두 개를 베이었는데 지금도 흉이 크게 남아 있고 손톱이 보기 싫게 나온다. 왼손의 새끼손가락은 초등학교 3학년 가을에 둠벙 배미 논에서 벼 베다가, 그 옆 손가락은 4 학년 봄, 농번기 방학 때 창팟들 너 마지기 논에서 보리를 베다가 그만 같이 베이고 말았다. 지금 보면 적어도 다섯 바늘에서 열 바늘 정도씩 꿰매야 하는 중상(?)인데도 그때는 마땅한 약도 없어 그저 논바닥의 움푹 패인 발자국에 오줌을 싸서 그 오줌물에 피나는 손가락을 담갔다가 어머니 옷고름으로 친친 동여매 놓고 만 게 치료의 전부였다.

그런 통과의례(?)를 거치고 난 뒤부터 나도 비로소 밥값을 하는 사람 대접을 받게 되었다. 지게질과 낫질, 이건 소 풀 뜯기는 일 정도와는 차원이 전혀 다른, 이른바 '노동'이었다. 소 풀 뜯기는 일은 이미 학교 들어가기 전부터 하는 아이들이 많을 정도로 힘든 일이 아니기 때문이었다.

요즘 아이들 같으면 컴퓨터의 부드러운 자판이나 피아노의 하얀 건반을 두드릴 손이다. 또 인라인스케이트를 타서 일부러 땀이나 뺄 몸이다. 그러나 나를 비롯한 우리 또래는 너무 일찍 밥값을 해야 하는 일꾼이 되는 손을 가져야 했고 몸을 만들어야 했다. 이렇게 해서 쟁기질까지 배우면 상일꾼이 되는데 나는 고등학교를 도회로 가는 바람에 쟁기질은 배우다 그만두고 말았다.

'개떼'처럼 떼몰려 다니던 비운의 '58 개띠들'

마을에서 우리 또래는 위 아래 어느 나이대보다 머릿수가 많았다.

그래서 지네를 잡으러 가든 구렁이를 잡으러 가든 까치집을 털러 가든 닭서리 수박서리를 하든 소 풀 뜯기러 가든 개떼 몰려다니듯 우르르 떼를 지어 몰려 다녔다. 그렇게 노는 일에만 몰려다닌 게 아니라 서로 품앗이 하는 일에도 곧잘 몰려다녔다.

특히 모내기철 같은 때 우리 또래들은 어린 나이에 어울리지 않게 또래 집을 돌아가며 모춤 내는 일 같은 걸 맡아 놓고 해서 어른들의 품을 덜어주곤 했다. 그런 우리들을 어른들은 무척 기특하게 여겼다. 그러나 하룻밤 새에 뉘 집 닭이 몽땅 사라져버리기라도 하면 금세 우리들을 바라보는 눈빛은 달라지고 만다. 우리 또래의 소행이 아니더라도 어른들은 '개떼 같은 고놈들 짓일 것이다.'라며 미리 못박아버리는 것이다.

어쨌든 우리 또래는 안 받아도 될 눈총을 받고 쓰지 않아도 될 누명을 쓰기 일쑤였다. 물론 그런 눈총을 받거나 누명을 쓰는 건 오로지 또래 머릿수가 많은 까닭이다. 머릿수가 많다 보니 부잡한 일이 벌어질 때마다 이리저리 얽히지 않을 수 없게 된 것이다.

중학교 때 동생과 함께.

58년 개띠의 비운

우리 또래는 곧잘 '58년 개띠'라고 불린다.(사실, 우리가 태어난 해는 단기로 4291년이었다. 5·16쿠데타가 일어나기 전이라 단기를 쓸 때였으니까!)

다른 어떤 나이대도 우리 나이처럼 태어난 해와 띠가 같이 묶여 불리지 않는다. 오로지 서기 1958년도 출생자만 태어난 해와 띠가 같이 묶여 불린다.

그럼 이처럼 태어난 해와 띠가 하나의 상징처럼 불리게 된 까닭은 무엇일까? 그건 뭐니뭐니 해도 머릿수가 많아서일 것이고, 이어 늘 시대의 한복판을 뚫고나오며 자란 세대이기 때문일 것이다.

실제로 통계청 인구 자료에 1958년생이 유독 많이 올라 있는지 어쩐지는 모르겠다. 그러나 당장 초등학교 때를 떠올려 보면 우리 65학번의 수가 가장 많아서 위로 한 학년은 물론 두 학년 정도까지도 우리 학년한테 기를 못 폈던 걸로 기억된다. 그럼 어째서 58년생은 그렇게 수가 많을까? (아니면, 수가 많은 걸로 여겨질까?)

58년 개띠를 맏이나 둘째로 두게 된 아버지들은 대개 1930년을 앞뒤로 해서 태어났다. 그때 태어났다는 것은 6·25가 일어난 해에 마침 징집 연령이 되었다는 것을 뜻한다. 하필 전쟁이 터진 1950년에 스무살 안팎이 된 것이다. 그 세대들은 6·25가 난 뒤 몇 달 간격으로 차례차례 전선으로 불려갔다. 그들의 복무 기간은 길었다.

휴전이 된 뒤에도 곧장 돌아오지 못하고 짧게는 4년에서 길게는 6, 7년에 걸쳐 군대 생활을 했다. 어쩌다 휴가 나왔을 때 서둘러 결혼한 사람들도 있었지만, 대부분은 제대한 뒤에 결혼을 했다. 그러다 보니

마을에선 1956년에서 1957년에 걸쳐 잔치가 많이 벌어졌다. 그런 시대적 상황 속에서 58년 개띠들은 자연스레(?) 많이 태어났다! 그것도 맏이 아니면 둘째로.

고 3때 친구들과 함께(오른쪽이 필자).

앞에서 시대의 한복판을 뚫고 나오며 자란 세대라는 말을 했는데, 초등학교 65학번인 우리들은 각급 학교를 다니는 일부터 순조롭지 않았다. 중학교 올라 갈 때는 중학교라곤 둘밖에 없는 시골 읍까지 갑작스레 은행알을 돌려 자신이 다닐 학교를 뽑게 하더니, 고등학교 올라 갈 때는 시골 출신은 아예 서울의 고등학교로 진학하지 못하도록 새로운 입시 제도를 통해 막고 말았다. 하필 독재자 대통령의 아들이 우리랑 동갑이어서 입시 제도가 때맞춰 바뀌기도 한 모양이었다.

우리는 초등학교 때는 국민교육헌장을 달달 외워야 했고, 중학교 때는 새로 공포한 유신헌법의 내용을 외워야 하는 건 물론 학생과 교직원 전원이 참여하는 민방위 훈련을 수업 제쳐가며 받아야 했고, 고등학교 때는 요대에 각반까지 두른 교련복 차림에 플라스틱 총을 들고 군사 교육을 받아야 했다. 대학 때도 군사 교육은 이어졌는데(그것도 1주일에 네 시간씩이나! 그리고 고등학교 때와는 달리 실제 총까지 들고서), 1학년 때는 머리까지 짧게 깎고 아예 훈련소에 들어가서 실탄이 들어 있는 진짜 총을 쏘며 열흘씩 군사 훈련을 받아야 했다. 그러고 보니 58

년 개띠들은 지적으로나 육체적으로나 한창 예민하고 성장하는 시기인 중학교 이후부터 대학 때까지 유신 시대의 한복판을 그대로 살아낸 셈이다.

평범한 상대생이 '불온한' 책들과 만나다

나는 어려서부터 늘 글 쓰는 사람을 꿈꾸었지만 대학은 상과대학으로 진학했다. 아마도 시골 촌놈에다 장남이라서 취직을 좋은 데로 해 동생들 하나라도 책임져야 한다는 것 때문이었으리라.

처음엔 전공을 살려 괜찮은 직장을 가거나 평생 써먹을 경제 관련 자격증이나 하나 따서 살아 볼까 하는 생각을 했으나 내가 다닌 전남대학교의 분위기는 그토록 한가한 생각을 하도록 내버려두지 않았다.

그래서 나처럼 평범한 상대생에게도 판매금지 서적 목록과 불온(?) 유인물이 전해지기 시작했다. 나는 특히 녹두서점 같은 데서 나온 도서목록을 참고하여 학교에서 가르치지 않는, 학점 없는 과목을 공부해 나갔다.

대학졸업식 때 어머니와 함께.

대학 졸업한 지 20년이 넘는 지금도 그때 참고했던 도서목록 하나를 가지고 있다. 누런 시험지에다 등사를 해서 묶은 것인데 요즘도 가끔 꺼내 보며, 그야말로 불온했던 시대의 대학생활을 떠올린다.

상과대학에 적을 두고 있는 형편과는 달리 나는 뭔가 은밀한 반란을 꿈꾸는 문학청년이었다. 그런 까닭에 1학년 1학기가 중간쯤 지나갈 무렵부터는 『창작과비평』 과월호를 읽으며 문학과 현실의 관계를 조금씩 들여다보기 시작했다. 더불어 경제학원론이나 경영학원론보다 더 구체적으로 삶의 바탕을 드러내 보이는 책들을 읽기 시작했다.

바로 그때 리영희를 알았고, 송기숙과 이문구와 김수영을 알았고, 함석헌을 다시 보았다. 여기서 함석헌을 '다시 보았다'라고 말한 건 다른 분들의 이름은 대학 들어가서 처음 들었지만 함석헌은 고향집 서가에 그가 쓴 『뜻으로 본 한국역사』가 꽂혀 있어 어려서부터 이름만큼은 익히 알고 있었기 때문이다. 『뜻으로 본 한국역사』는 중학교 때 읽었는데 학교에서 배운 것과는 다른 시각이 들어 있어 놀랍기도 하고 뜻밖이기도 했었다. 그러나 함석헌이 『씨올의 소리』 등을 통해 소위 '재야' 활동을 하는 분이라는 건 대학 들어가서야 알았다. 그래서 굳이 '다시 보았다'라고 한 것이다. 이러한 인연이 있어 나중에 '함석헌 읽기 모임'을 만들어 다양한 성향의 회원들과 함께 함석헌의 저작물을 3년여에 걸쳐 한 줄 한 줄 다 읽어내기도 했다.

고등학교 과목 재탕인 1학년 때만 겨우 학기를 채웠을 뿐 그 다음 학년 때부터는 제대로 수업을 채우지 않아도 되는 대학 생활이었다. 당시 학교 사정을 볼작시면 2학년 때는 소위 '교육지표사건'으로 휴

교, 3학년 때는 박정희 대통령의 죽음으로 휴교, 4학년 때는 5 · 18로 휴교였다. 그래서 우리 학번은 대학 4년을 남들 보기에는 소위 '먹고 대학생' 내지는 '나이롱 대학생'으로 마치고 말았다.

내 인생의 물길을 바꾼 '5 · 18 광주'

혹자는 내가 상과대학을 다닌 걸 떠올리며 어떻게 문학을 전공으로 하지 않고도 글 쓰는 사람이 되었느냐고 의아해 한다. 그러나 내 처지에서 보면 글 쓰는 사람이 되는 데 있어 상과대학을 다녔든 문과대학을 다녔든 어차피 전공을 따질 필요는 없는 일이었다. 어느 학과가 되었든 강의실에서 수업이 제대로 이루어지지 않았는데 전공이 무슨 소용인가!

어쩌면 글을 쓰고 사는 데에 있어서는 문학 관련 학과보다는 문학과는 거리가 좀 있어 보이는 학과를 다니는 게 더 나을 수도 있다. 이건 내가 문예창작과 선생 노릇을 하다 보니 더욱 굳어진 생각이기도 하다.

사람의 일이란 게 가끔은 엉뚱하기도 해서 나는 나의 출신 성분과 어울리지 않게 팔자에 없는(팔자에 있나?) 문예창작과 선생 노릇을 십여 년 하고 있다. 문예창작과 수업이란 건 아무래도 글을 쓰는 요령과 작품 분석 하는 것 위주로 진행되게 마련이다. 그러다 보니 세상을 폭넓게 보는 안목이나 삶에 대해 깊은 성찰을 갖추기보다는 우선 글 쓰는 재주를 익히기 바쁘다. 그래서 나는 문예창작과 학생들이 그저 글이나 이리저리 잘 꿰맞추는 기술자가 되지 않도록 다양한 수업 방식과

과제물을 통해 신경을 쓴다.

사실 문학은 학교에서 배우는 게 아니고 스스로 엮어나가는 삶과 자기 단련을 통해 익혀가는 것이지만 말이다.

대학을 다니는 동안 시대의 소용돌이 속에 있어 그때 학교에서 벌인 시위에는 거의 빠지지 않고 참여하긴 했다. 그러나 남 앞에 나서는 적극적인 현실 참여자는 결코 아니었다. 그 시대 대학생이라면 누구나 하는 정도의 차원이었다. 이건 아마도 내 성격이 남 앞에 나서기를 좋아하지 않는 탓도 컸으리라. 그런데도 대학 생활을 마칠 때인 4학년 때 일어난 5 · 18은 내 인생의 물길을 바꾸고 말았다. 5 · 18이 없었다면 마음에 있든 없든 그럭저럭 은행원이나 무난하게 되어 하얀 와이셔츠에 넥타이 단정하게 매고 기껏해야 일처리가 깐깐하다는 소리

2005년 '백령도 문학축전' 행사에서 문인들과 함께(오른쪽 부터 차주일 시인, 필자, 구중서 평론가, 홍일선 시인).

나 들으며 살았을지 모른다. 아니면 평생 우려먹을 자격증이나 따서 밥벌이 걱정 않고 살고 있었던가.

나에게 5 · 18은 그 자체의 의미도 의미지만 개인의 삶 역시 시대의 흐름과 무관할 수 없다는 걸 여실히 느끼게 된 엄청난 큰 사건이었다.

나는 여느 친구들과 마찬가지로 열흘 동안 도청과 금남로를 누비며 삶과 죽음의 경계를 보고, 겪었다. 그리고 그 다음 해에 학교에서 억지로 쥐어주는 대학 졸업장을 들고 광주를 도망치듯 빠져나왔다.

도저히 그 도시의 햇빛과 바람을 견뎌낼 자신이 없어서였다. 몸은 그 도시를 빠져나왔지만 나는 1980년대 내내 광주光州의 빛 '광光' 자만 봐도 가슴이 방망이질 하고 손이 떨리고 잠을 못 이루는 사람이 되고 말았다.

맹견 진돗개를 꿈꾸며

그러던 어느 해 봄, 서울대 앞 한 서점에서(국회의원이자 국무총리인 이아무개 씨가 경영하던) 우연히 '오월시 동인' 들이 펴낸 동인지를 만났다. 낯익은 풍경들이 거기에 활자로 살아나 있었다. 눈물이 쏟아졌다. 남이 보는지 어쩌는지 의식할 새도 없이 손등으로 눈물을 훔쳐가며 책장을 한 장 한 장 넘겼다. 시집을 사가지고 가서 저녁 내내 골방에 처박혀 몇 번이고 뒤적였다. 슬픔에 더해, 그때까지 애써 묻어두었던 욕구가 일렁거렸다. 내가 한 시대를 살다 가면서 가장 잘 할 수 있는 게 뭘까 생각해 보았다. 망설일 것 없이 금세 결론이 났다. 그렇게 시작始作되었다. 나의 시작詩作은.

문학을 함으로써 나는 시대에서 얻은 울화병을 어느 정도 가라앉혔다고 생각했다. 그러나 그게 아니었다. 그렇게들 호들갑스럽게 떠들어쌓던 〈모래시계〉를 보지 못하고 〈꽃잎〉을 보지 못하고 〈박하사탕〉을 보지 못한 사람이나 아닌가!

백령도에서 문학평론가 임헌영 선생과 함께.

나는 문학을 통해 거창한 것을 꿈꾸지 않는다. 일단은 나 자신을 위해서 문학을 한다. 한없이 괴롭고 외로울 때 문학은 나를 견디게 했고 세상과 소통하게 했다. 문학은 지금까지 나를 배신하지 않았다. 나 역시 앞으로 죽는 날까지 문학을 배신하지 않을 것이다. 그래서 나는 늘 마루장 밑에 웅크리고 있는 개처럼 고독해진다. 내가 하는 작업은 남이 결코 대신해 줄 수 없고 오로지 내 스스로 해야 하기 때문이다. 그러면서도 어울려 살기를 꿈꾼다. 그런 면에서 한데 어울려 잘 쏘다니는 '개떼'의 한 마리가 되기를 주저하지 않는다. 아, 그러나 나는 보통 똥개이기는 거부한다. 진도 출신이므로 당연히 명견 진돗개이다.

58개띠에게 축배를!

1958년 대구에서 태어나다. 대구 효성여고, 영남대학교 미대 및 동국대 대학원을 졸업하다. 1978년 『시문학』으로 등단한 이후 『동서문학』 신인상에 중편소설 당선으로 등단하다. 장편소설로 『그리운 것은 아무것도 돌아오지 않는다』 『그리운 눈나라』 『무소새의 눈물』 『슬픈 잠』 『아프로디테의 숲』 등이 있다. 2006년 창작집으로 『낮술』을 출간할 예정이다. 현재, '영희역학연구원'을 운영하며 글을 쓰고 있다. lala21kr@yahoo.co.kr

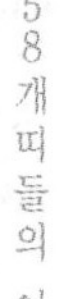

2번이나 고교 입시를 치른 '대구 58개띠'

해풍에게—

해풍, 지금 서울에는 진눈깨비가 내리고 있습니다. 비와 눈이 섞여 내리는 걸 진눈깨비라고 하지요 아마. 이런 날은 고등학교 시험 치러 가던 때가 생각납니다. 제 학년부터 중학교는 '뺑뺑이'를 돌려 무시험으로 입학을 하였고, 고등학교는 제 학년까지 시험을 보았습니다. 물론 그때 서울과 일부 대도시에선 이미 고등학교도 무시험 제도를 시행할 때였지요. 일명 '박지만 세대'라는 명칭으로 우리 '58개띠' 들은 가슴에 노란별을 붙인 유태인(?)처럼 분류되었답니다.

대구에서 태어나 자란 저는 고등학교 시험을 두 번이나 쳤습니다. 사지 선다형의 정답이 모두 삐딱하게 인쇄되어 있었지요. 그 희대의 입시 부정 사건으로 아마 교육감이 자살을 한 걸로 기억됩니다. 해풍,

입시 추위라고 아시지요. 멀쩡하던 날씨도 입시날만 되면 동장군이 적군처럼 쳐들어오곤 하지 않습니까. 그 시절은 또 왜 그리 추웠는지. 그런 강추위 속에서 두 번씩이나 입학시험을 쳤으니, '대구 58개띠'가 아마 전국에서 가장 팔자가 세지 않나 생각됩니다.

재시험을 치러 가는 날, 버스에서 내렸을 때입니다. 길바닥에는 진눈깨비가 녹아 흙탕 얼음물이 흥건하게 고여 있었습니다. 그 얼음물에 발목까지 빠진 채 시험을 치러 갔습니다.

그날 일은 정말 생각하기도 싫습니다. 그때부터 아마 제 삶이 순탄하지 않을 것 같은 불길한 예감이 들었던 것 같습니다. 마치 진눈깨비처럼 질척이는 삶 말입니다.

진눈깨비처럼 질척이던 허무주의자들

그러나 지금 서울의 진눈깨비는 그 예전의 진눈깨비처럼 질척이진

1978년 『시문학』 지에 당선될 때의 시상식(왼쪽이 필자).

않을 것 같습니다. 천천히 땅을 적시다, 이윽고 하얗게 쌓이고 있답니다. 어쨌든 눈이 내리면 설레입니다. 누군가에게서 전화가 올 것 같고, 혹은 전화를 해야 할 것 같지 않습니까? 그 누군가는 첫사랑이었던 사람이면 제격이겠지요. 첫눈처럼 막연한 그리움과 설레임을 남기고 떠난 첫사랑 말입니다. 아아, 이런 센치함도 없다면 다 산 거겠지요.

4·19, 5·16, 월남전, 10·26, 12·12, 5·18……. 숫자만 나열해도 속이 울렁입니다. 하도 격동적인 세월의 파도를 타다보니 제 주위의 58개띠들은 '허무주의자' 가 아닌 친구가 없습니다. 그 중 봄이면 화들짝 핀 철쭉과 밤새 대작을 하는 도연명 같은 친구도 있습니다. 생生의 비밀을 아는 자만이 자연과 대화를 나눌 수 있지 않겠습니까. 생이라는 단어에는 어쩐지 비극의 냄새가 배여 있습니다. 그 친구는 어줍잖은 민주화 운동을 하나 지리산으로 도밍을 갔는데, 피이골에서 잡혀 그대로 군에 갔다고 하더군요. 얼마나 존재감에 시달렸으면 그 친구의 아이디는 'beman' 입니다.

그 친구가 가르쳐 준 이태리산 흰 포도주 '모스카토'를 한 잔 가득 담아 왔습니다. 아주 감미로운 술입니다. 차가운 모스카토가 제 가슴을 따뜻하게 합니다. 해풍, 저는 지금 창밖의 오동나무에 쌓이는 눈을 슬쩍 훔쳐보며 이 글을 적고 있습니다.

고행을 삭히는 수도자의 만행처럼

해풍, 잘 지내시지요? 저는 봄에 낼 작품집 원고 정리를 막 끝냈습

니다. 사랑과 강물은 길을 잃지 않는다고 제가 일전에 한 말 생각나는지요. 언젠가 제게 문학의 신이 있다면 이렇게 문학을 사랑하는 너를 정말 예뻐할 것 같다고 해풍이 한 말 혹 기억하시는지요. 그때 전 눈앞이 펑 붉어져 한동안 아무 말도 할 수 없었답니다.

사랑이 길을 잃는 법은 결코 없지요. 물리적인 방해 요인이 강하면 강할수록 더욱 파랗게 타오르는 게 사랑의 속성 아닙니까. 또한 강물이 제 길을 잃어버리는 법도 없답니다. 전 늘 모든 사람들이 강물 같다는 생각을 하곤 하지요. 아무리 물꼬를 다른 곳으로 돌려도 물은 제 갈 길 찾아 거친 벌판을 지나 혹은 사막을 지나 이윽고 바다에 이르지 않습니까. 그래서 말없이 고요히 흐르는 강물을 바라보는 일은 눈물겹고 경건하지요. 그들은 호들갑스럽게 힘들다고 파도를 일렁이지도 않으며, 속으로 고행을 삭히는 수도자들의 만행처럼 조금씩 조금씩 앞으로 나아가고 있기 때문입니다.

이십대 초반, 전 제가 가지고 있는 잣대에 세계가 맞지 않는다고 분노하고, 적의를 드러내곤 했었지요. 그러나 세계는 누구의 잣대에도 맞지 않는다는 것, 자신이 가진 그 잣대만큼 세계를 바라볼 뿐이라는 것을 알기에는 미욱하게도 오랜 시간이 걸렸습니다. 그리고 이젠 분노를 담은 발톱을 감출 줄도 알게 되었답니다. 그러면서 생각합니다. 분노와 적의를 드러내던 시절, 전 어리석게도 문학이 세계를 변화시킬 수 있으리라 맹신했습니다. 그러나 문학은 사회를 절대 변화시킬 수 없다는 것을 깨달았지요. 왜냐하면 문학은 사회에 아무것도 기여할 수 없기 때문입니다. 다만, 인간을 약간 변화시킬 수는 있을는지

요. 그 변화란 것도 쓸데없이 번뇌에 휩싸이게 만들고 질문하게 합니다. '왜?'라고 질문하기 시작하면서 인간은 고뇌에 빠지게 되고, 이윽고 늙은이의 눈으로 변해 세상살이가 시들하게 느껴지는 니힐리스트나 아나키스트로 이끌리게 되지요. 그러므로 결국 문학은 사회에 기여하는 것이 아무것도 없고, 따라서 변화시킬 수도 없는 것입니다. 문학이 수치심을 일깨우고 인간에게 부끄러움을 가르친다고요? 그러기에 인간은 너무 약아 버렸습니다. 다만 고뇌하는 인간은 스스로 우월감을 가지게 되겠지요.

'국민교육헌장'을 못 외워 벌 받던 친구

저는 초등학교 때 외운 국민교육헌장을 지금도 달달 외울 수 있습니다. 왜냐하면 그것을 한 자도 틀리지 않고 외워야지만 조개탄을 넣은 난로 가에 앉을 수가 있었으니까요. 그 헌장을 다 외우지 못한 순이는 추운 겨울 날, 그걸 외울 때까지 바람이 숭숭 들어오는 목조 건물에 남아 청소를 해야 했습니다. 순이는 안타깝게도 끝까지 그 헌장을 못 외웠고, 선생님은 끝까지 순이에게 벌을 내렸습니다. 나중에 안 일이지만 순이는 축농증기가 있어 기억력이 떨어지는 아이였습니다. 그 순이는 고등학교 땐가 자살을 하고 말았습니다. 같은 동네 살았기 때문에 어머니가 전해 주었습니다. 어머니 말에 의하면 축농증기가 뇌로 들어가 정신병력까지 오게 되었답니다. 과학적인 근거가 있는 말인지 알 수 없으나, 가끔 영화 〈길〉의 젤소미나처럼 눈이 큼직하던 순이가 생각납니다. 그 눈에는 언제나 세상에 대한 두려움과 공포가

어려 있었지요. 지금 생각하면 아마 순이는 고등학교 때 입시의 압박감을 견디지 못해 우울증이 왔지 않나 생각됩니다. 한때 나와 같은 시간과 공간을 공유했던 순이에게 새삼 명복을 빕니다.

사람에 따라 외우는 것을 잘 못할 수도 있지 않습니까. 그런데 획일적으로 그 국민교육헌장을 악착같이 다 외우게 한다는 건 어쩐지 부당하다는 느낌이 들었습니다. 아마 그때부터 제게 반항의 눈이 생겼는지 모릅니다. 중학교 때는 한자 교육을 폐지해 글쟁이가 된 지금 저는 엄청난 불편을 겪고 있습니다. 고등학교 때는 개구리처럼 얼룩덜룩한 교련복을 입고, 키가 큰 저는 기수로 차출이 되어 로봇처럼 행진을 했습니다. 얼마나 수치심에 떨었는지 아십니까?

대학에 들어가자, 유신계엄령으로 도대체 공부를 제대로 한 기억이 별로 없습니다. 대학 3학년 때인 1979년, 박정희 대통령이 비극적 종말을 맞았고, 4학년인 1980년 5월에 저는 교생실습을 하고 있었습니다. 바람이 전하는 무서운 소문이 진실이 아니길 바랐습니다.

1980년 5월, 제일합섬 부설 중·고등학교 교생실습 때 (뒷줄 왼쪽 세번째가 필자).

그리고 5, 6공 군사정권

을 거치는 동안 저는 심한 자괴감과 죄책감으로 명치끝에 무거운 추를 달아 놓은 것 같았습니다. 움직일 때마다 그 추의 진동으로 얼마나 가슴이 아팠는지 아십니까? 살아남은 것을 부끄럽게 여겨야 하는 시간들이 이어졌습니다. 결혼을 막 한 저는 그때 아들을 업고 서성이며 민주화에 몸을 던지는 친구들을 바라보며 제가 할 수 있는 일이 아무것도 없다는 데 절망하고 또 절망했습니다. 몸에 신나를 뿌리고 이십층 도서관에서 꽃잎처럼 떨어져 죽어 가는 친구들의 소식을 전해 들었을 때 바퀴벌레처럼 방안에 웅크리고 밖으로 나가지 않았습니다. 환한 햇살을 볼 자신이 없었지요.

아마 그때부터였을 것입니다. 크로바 수동 타자기로 '글자'를 찍기 시작한 것이. 감히 펜으로 세상을 제패하려 들다니, 참으로 가소롭기 짝이 없는 일이었습니다. 그러나 글자라도 찍고 있지 않으면 불안

1991년 여름, 소설가 이문열 씨의 경기 이천 자택 방문길에 강남고속버스터미널에서 (위 오른쪽부터 시계 반대 방향으로 소설가 신경숙, 엄창석, 심상대, 최용운, 필자, 박상우).

해서 견딜 수가 없었습니다. 그 불안은 문민정부에서 국민의 정부로 다시 참여정부로 이어지는 지금까지도 제 등에 들러붙어 절 불편하게 만들고 있습니다.

1980년 졸업미전 당시 어머니와 함께.

이제 조금 허리를 펴고 불안이 저만큼 물러갔나 하고 한숨 돌리는 사이, IMF라는 거대한 파도가 58개띠들을 덮쳤습니다. 우리들의 나이 사십세 때 일입니다. 그때 또 다시 엎어진 친구들은 지금 '살면 살아지는 게 인생'이라는 자조적인 허무의 노래를 부르며 소주를 마십니다.

부평초 혹은 '중팔자'로서의 여자 58개띠

해풍, 골짜기 세대라는 말을 들어 보셨지요. 단위를 크게 나누기도 하지만 전 아주 작게 나누고 싶습니다. 물론 예외는 언제나 있게 마련이지만, 제가 보기에는 이렇습니다. 56년생(오빠가 56년생인데 오빠의 사고는 저와 열 살은 차이가 나는 것 같습니다. 아버지처럼 보수적이고 약간의 권위적인 면도 있어 두 살 터울인데도 요즘은 아버지보다 오빠가 더 무섭습니다)은 아버지 세대와 비슷한 사고를 하고, 60년생부터는 386세대라는 묶음으로 분류됩니다. 386세대의 묶음에 비해 58개띠라는 매듭은 참으로 초라하기 그지없습니다. 그들은 민주화를 이끈 주역으로 인정받으며 언론의 주목을 받습니다. 언론에서 386세대에 관한 기사를 가끔 전면에 다룰 때마다, 우리 58개띠들은 묘한 소외감을 느끼고는 합니다. 아버

지 세대와 386세대 사이에 끼인 58년생들은 골짜기처럼 어디에도 소속될 수 없어 부평초처럼 떠돕니다. 그 당시 유달리 심했던 교육 제도와 행정의 희생자들이기 때문이라 저는 생각합니다. 58개띠들과 소주를 나누어 먹고 노래방을 한번 가 보셨는지요. 그들이 부르는 노래와 소주 먹는 모습을 눈여겨보십시오, 얼마나 눈물겨운지. 한 인간, 한 인간이 한 삶 살아내는 일이 고행 아닌 일이 어디 있겠습니까마는, 끝없는 파도에 말려 숨 돌릴 틈도 없이 격동의 세월을 견딘 그들이야말로 가장 구도자 같은 모습입니다.

어느 역술가가 그랬다지요. 우리나라 58개띠들은 다 '중팔자'라고. 제 운명이 하도 궁금해 물어보러 다니다가 결국 명리학 공부를 좀 했습니다. 이젠 아르바이트 삼아 '역학 연구원'을 운영하고 있습니다(실은 거의 생업 수준입니다).

명리학으로 보면 무술戊戌생은 모두 괴강살을 받고 태어났습니다. 괴강살은 자기주장이 강하고 성격이 강폭하고 맹렬하며 권위와 위엄이 당당한 살을 말하는데, 사주가 양호하고 일주에 괴강살이 있으면 대권을 잡을 수도 있습니다.

특히 여성의 경우 문제가 되는데, 전생에 온갖 못된 짓을 한 남자가 여자로 태어나는 살이라고도 합니다. 그래서 여자 58개띠는 남자보다 더 팔자가 사납다고 볼 수 있습니다(물론 사주 여덟 글자를 다 풀이해야 운명이 나오지만요). 특히 58개띠 술戌(9월)달생은 여자든 남자든 하기 좋은 말로 '불제자 사주'라고 하고, 달리 얘기하면 '중팔자'라고도 합니다. 지지地地에 술술戌戌이 겹쳐지기 때문이지요. 개띠들은 희생정신

이 강하고 술戌달은 조상에게 제사를 지내는 달이니 주술사적 기질이 있다고 보는 거지요. 제가 음력 9월생이거든요. 머리 깎고 비구니가 되어야 할 사주로 이 속세에서 인연을 맺고 살아가자니 참 고단합니다. 뭐, 물론 소설가도 저는 구도자의 길이라 생각합니다마는. 늘 벽을 향해 면벽하고 글을 쓰니까요.

바람처럼 살고 싶었던 인생

철쭉과 대작하는 도연명 같은 친구도 말하는 폼이 한 도 닦은 듯해 얼치기 중 같고, 살면 살아지는 게 인생이라며 노래에 허무의 냄새를 피우는 친구도 머지않아 머리를 깎을 거라고 엄포를 놓더군요. 저 또한 히트작도 없이 직업병인 견비통만 얻었습니다. 책을 낼 때마다 왜 그렇게 큰 사건들은 터지는지, 제 책 광고나 기사는 거대한 늪 속으로

1986년 10월, 중편소설 『무무당의 새』가 동서문학 신인상에 당선될 때의 시상식장 (오른쪽이 필자).

스며들어 버리는 한 점 먼지처럼 스러지고는 합니다(물론 자기변명인 줄 압니다). 무슨 놈의 인생이 어떻게 행복했던 기억이 하나도 없다고 엄살을 피우자, 해풍이 제게 그러셨지요. 바람처럼 살라고요.

해풍, 이미 바람처럼 살아가고 있습니다. 그렇지 않다면 어떻게 지금 제가 이 글이라도 쓸 수 있었겠습니까. 그러나 간혹 기댈 나무를 만나면 엄살을 피우기도 하고, 응석도 부려보고, 징징 울어도 봅니다. 위로받고 싶어서 말입니다. 거리의 나무들이 바람에 출렁이는 모습을 볼 때면, 아, 바람이 나무에게 위로받고 싶어 잠시 머무르는구나, 하고 생각합니다. 바람인들 힘들지 않겠습니까? 우리가 알 수 없는 엄청난 회한과 멍을 껴안고 있을 것 같습니다. 아름다운 장미와 금빛 밀밭을 만나 오래도록 그들과 사랑하며 살고 싶은데, 바람이니 떠날 수밖에 없는 자신의 숙명을 얼마나 슬퍼했겠습니까. 바람이 우는 소리를 들어 보셨는지요. 그런 밤은 저도 하얗게 뜬눈으로 지새웁니다. 바람에게 아무것도 해줄 수 없으니, 그 울음소리라도 들어주어야 할 것 같아서요. 그러니, 58개띠들이 가끔 술에 취해 변명을 늘어놓으면 그들에게 아무것도 해줄 수 없는 이 사회는 혹은 다른 세대들은 좀 들어 주어야 한다고 생각합니다.

간간이 창밖을 보면 한 쪽으로 눈이 쌓인 오동나무가 묵묵히 제 옆에 서 있습니다. 나무는 생명을 가장 안쪽으로 밀어 넣고 봄을 기다립니다. 그들은 죽은 듯이 가만히 서 있지만 가장 안쪽에 푸른 불꽃 같은 생명이 타오르고 있답니다. 그렇게 그들은 한겨울을 납니다. 강가에 서 있는 겨울나무를 본 적이 있지요. 모든 탐욕을 다 벗어버리고

앙상한 가지인 채로 그들은 씽씽 찬바람 속에 의연하게 서 있습니다. 마치 이 나라의 58개띠들 이미지 같지 않습니까?

해풍, 눈발이 점점 더 자심해지고 있습니다. 참으로 오랜만에 긴긴 편지를 써 봅니다. 마음이 평온합니다. 간신히 아무도 그립지도 외롭지도 않는 것 같습니다. 이 고요함이 얼마나 갈지 모르지만, 지금 이 시간, 눈이 평화롭게 내리는 이 시간, 이 나라의 58개띠들의 생을 돌아보는 이 시간, 잠시 행복합니다. 해풍, 잘 지내세요. 저도 시간을 잘 견디고 있겠습니다. 그리고 자, 인고의 시간을 견뎌온 58개띠들에게 축배를!

오민석

개 같은 날들의 기억, 여섯

1958년 충남 공주에서 태어나다. 고려고교, 단국대 영문과와 동 대학원을 졸업하고, 박사 학위를 받다. 1990년 월간 『한길문학』(시)과 1993년 〈동아일보〉 신춘문예(문학평론)으로 등단하다. 시집으로 『기차는 오늘밤 멈추어 있는 것이 아니다』, 비평집으로 『정치적 비평의 미래를 위하여』, 인물이야기로 『세상을 지도 안에, 김정호』 등을 펴냈다. 현재, 단국대 영문과 교수로 일하고 있다.
omslit@dankook.ac.kr

기억1 — 상암동 산동네에서 보낸 유년시절

정릉 산동네, 대문도 없는 집, 방 두 칸에 부부와 5남매가 살았다. 시멘트 벽, 여기저기에 굵세 금이 가 있었고, 그 틈 사이로 거미줄이 덕지덕지 엉겨 있는 모습을 보면서 나는 이를 갈았다. '나중에 커서 집을 지으면 반드시 빨간 벽돌집을 지어야지. 벽에 절대 금이 가는 일이 없도록…….'

우리 집과 앞집 사이에는 작은 시궁창이 흐르고 있었고, 시궁창에는 더러운 음식 찌꺼기들과 누군가 밤새 쏟아 놓은 회충들이 허옇게 죽은 채 떠 있었다. 구슬치기라도 하다가 구슬이 그곳에 빠질라치면 소매를 걷고 그 더러운 오물들을 휘저어야만 했다.

삼양동으로 넘어가는 집 앞 언덕 옆에는 피마자 숲이 있었고, 어린 우리들은 종종 그 안에 잠복해 있었다. 종이를 딱딱하게 말아 접어 고

무줄 사이에 끼어 주로 미니스커트를 입은 처녀들의 종아리로 날리기 위해서였다. 그 처녀들은 지금 생각하면 주로 공장에 다니는 여공들이었거나 아니면 술집 아가씨들이었던 것 같다. 어린 생각에도 허옇게 다리를 내놓고 껌을 찍찍 씹으며 올라 다니는 모습들이 왠지 꼴불견이었던 것이다. 한번은 표적이 되었던 여자 옆에 놈팽이가 있다는 사실을 모르고 고무줄 총을 날렸다가 눈물이 찔끔 나도록 귓방맹이를 얻어터진 적도 있다.

하루 일을 끝낸 노가다 우리 아버지가 품삯이라도 받았는지 술에 취하신 채 뽕짝을 부르며 올라오시던 그 언덕. 그 언덕 밑으로 길게 하수구가 묻혀 있었고, 우리는 무슨 1960년대판 해리포터라도 되는 양, 찢어진 고무신에 불을 붙여 소위 동굴 탐험이랍시고 긴 하수구 맨홀 속을 새카맣게 헤매고 다녔다. 우리는 그 하수구 속에서 쥐새끼도 아닌, 다름 아닌 사람이 살고 있는 흔적을 종종 발견했다. 시궁창 냄새를 풍기며 집으로 오면 사람들이 쑤군거리고 있었다. 폐교가 된 경일중 · 고등학교 밑 치마바위에서 누군가 또 몸을 던진 것이었다.

그 언덕, 개들이 아무 때나 교미하고, 타다 만 연탄재가 이리저리 굴러다니던 그 언덕, 그 언덕을 한 3일에 한번씩 술만 취하면 상습적으로 자신의 성기를 온 동네에 커밍아웃 시킨 채 고래고래 소리 지르며 올라오던 삼양동 박씨는 지금 어디 있을까.

헬리콥터가 '자수하여 광명 찾자'며 은빛 삐라를 하늘 가득 뿌려대면, 그것을 주으러 현기증이 나도록 쫓아다니던 그 언덕, 그 산동네로 1960년대 후반, 개들의 유년은 제트기처럼 후딱 지나갔다.

기억 2 — 데미안과 지적 속물의 사이에서

돈암동, 태극당 건너편 중국집 2층 끝방에 까까머리, 검은 교복의 고등학생들 몇이 앉아 담배들을 꼬나물고 있다. 찌그러진 알루미늄 재떨이가 꽁초로 수북하다. 배갈병이 벌써 여럿 쓰러져 있고, 먹다 만 야끼만두에서 새어 나온 기름이 접시 위에 지저분한 지도를 그리고 있다.

"야, 너 전혜린의 『그리고 아무말도 하지 않았다』 읽어 봤어?"

"그래."

"너, 정말로 작가가 될 거야?"

가출한 친구 B는 지금 작가의 꿈을 버리고 목사가 되어 미국의 한 작은 교회에서 시무를 하고 있다. 그는 너무나도 아름답고 서정적인 거짓말로 여자들을 여럿 울렸고 그들과 잠을 잤다. 학교에서는 요즘 말로 '짱'이어서 그의 주먹에 남아날 자가 없었다. 그러나 엄청난 독서량으로 우리를 늘 기죽였던 그. 그는 우리들의 데미안이었다. 하루는 그가 우리 집을 찾아왔고 우리는 쥐오줌으로 얼룩진 골방에서 밤새 작은 맥스웰 커피 한 통을 다 마셔대며 문학 이야기를 나누었다.

그로부터 근 5년이 지난 후, 그러니까 고등학교를 졸업하고 재수를 거쳐 대학 졸업반이 될 무렵에야 나는 그를 다시 만날 수 있었다. 명륜동의 한 학사주점에서 만난 그에게 문학은 이미 없었다.

그는 대학 대신 헬스클럽을 선택했고 그곳의 관장이 되어 있었으며 미스터 코리아처럼 우람한 체구의 운동선수로 변해 있었다.

대학에 와서 무수한 책과 토론을 거치며 지적인 속물이 되어 있었

던 내 앞에서 그는 무참히 깨졌다. 그는 더 이상 우리의 데미안이 아니었던 것이다. 술기운이 오르자 나는 묘한 배신감에 그에게 시비를 걸었고, 그날 밤 우리는 길거리에서 개처럼 으르렁거리며 서로의 턱주가리를 향해 주먹을 날렸다. 물론 이 2라운드에서 내가 무참히 깨진 것은 두 말할 나위가 없다.

기억 3— 부랑아 신세 혹은 독재타도의 낙서들

대학 시절을 생각하면, 학생처에 불려와 뜻도 모를 각서에 손도장을 찍던 어머니가 생각난다. 두려움에 새파랗게 질린 어머니는 심하게 손을 떨었다. 어머니의 등 뒤에서 그걸 바라보던 21살의 어린 아들은 수치감과 분노와 죄의식을 견디다 못해 달아오른 얼굴을 자꾸 문질러댔다.

1986년 단국대 영문과 조교 시절 학교 MT.

광대뼈가 불거진 얼굴(그래, 나는 49킬로그램이었다), 숏다리(아, 나는 그때나 지금이나 키가 163센티미터밖에 되지 않았다), 다듬지도 빗지도 감지도 않은, 어깨까지 내려오는 긴 머리, 잔뜩 굽은 허리에 멋대가리라고는 손톱만큼도 찾아볼 수 없는 교련복 차림의 나를 남기고, 어머니는 플라타너스의 커다란 잎이 뚝뚝 지는 가을 교정을 천천히, 아주 천천히 빠져 나가셨다. 졸지에 버림 받은 부랑아 신세가 되어버린 나는 족제비 수염을 쥐어뜯으며 바보처럼 훌쩍거렸다. 어제 마신 막걸리 냄새가 채 가시기도 전에 또 술 마실 거리가 생긴 것이 다행이라면 다행이었다. 그 전날 신문에는 어떤 여자대학의 학생이 화장실에 '독재타도' 라고 낙서했다가 필체 추적을 당해 구속되었다는 기사가 실려 있었다.

다음날, 철딱서니 없는 나는 노가다를 하는 아버지를 거의 구걸하다시피 조른 끝에 단돈 몇천 원을 들고 광화문 뒷골목의 '논장서적'을 찾아갔다. 그곳에 가면 게오르그 루카치의 『소설의 이론』 원전을 살 수 있다는 소문을 들었기 때문이다. '논장서적'은 당시에 온갖 '불온한' 성격의 인문사회과학 서적, 그것도 불법 해적판 원전들의 총본산지였다. 먹물 냄새가 풀풀 나는 책방 주인이 검은 뿔테 안경 너머로 나를 의심스레 뜯어보았다. 내가 짭새인지 아닌지 살펴보자는 것이었다. 나는 개의치 않고 물었다.

"루카치의 『씨오리 오브 더 나블』 있어요?"

"자네, 『헤겔 미학』은 읽었나?"

"아니요."

"그럼, 그 책을 먼저 읽고 다시 오게."

단 두 마디씩의 대화가 오고 간 후 나는 책방에서 쫓겨났다. 자존심을 완전히 구긴 나는 또 다시 거리의 부랑아 신세가 되었다. 누구랄 것도 없이 더럽고 치사한 기분이 되어 종로를 지나 인사동 입구까지 터벅터벅 걸었다. 피죽도 얻어먹지 못한, 혹은 비루먹은 개 같은 몰골이었다. 길가 여기저기에서 전경들이 담벼락에 몸을 기댄 채 하품을 하고 있었다.

그로부터 한 일주일이 지난 1979년 10월 26일, 박정희가, 드디어, 죽었다.

기억 4— 녹화사업 그리고 프락치 논쟁

뒤늦게 군대에 갔다가 휴가를 나온 나는 모처럼 대학 시절 함께 사회과학팀에서 공부를 했던 친구 W를 만났다. 그는 한 비합법 재야단체에서 열심히 민주화운동을 하던 친구였다. 나는 내가 군대 간 사이 세상이 아주 많이 변하고 있음을 알았다. 말하자면 민주화운동이 상승세를 타고 있었고, 수많은 사회과학 패러다임들이 난무하고 있었던 것이다.

나는 군바리였지만 정말이지 돌아가는 정세를 제대로, 빨리 알고 싶었다. 사이비 제도언론을 통해서는 이 세상에 대해 아무것도 알 수 없었기에, 나는 그에게 그들끼리 비밀리에 돌려 읽는 문건을 빌려 달라고 부탁했다. 통닭 기름 냄새로 머리가 띵한 생맥주집에서 그가 화를 벌컥 내며 500cc 맥주잔을 바닥에 집어 던졌다.

아, 그는 나를 의심하고 있었던 것이다. 소위 '녹화綠化사업'을 통

해 군대에 갔다가 운동권에서 군사정권의 스파이로 뒤바뀐, 말하자면 '빨갱이'에서 새마을 운동(?!)의 열렬한 지지자로 녹화된, 슬프게도 공작기관의 협박과 회유 앞에서 어찌할 수 없이 변절자의 길을 갈 수밖에 없었던 친구들이 꽤 있던 시절이었다.

나는 또 바보처럼 질질 짰다. 졸지에 변절자가 된 나는, 눈물로 나의 진심을 호소하는 수밖에 없었던 것이었다. 나의 눈물 앞에 마음이 약해진 그는 그럴 수밖에 없는 자신의 입장을 다시 찬찬히 설명했지만, 내가 원했던 문건들을 넘겨주지 않음으로써 조직의 비밀을 끝까지 지켰다.

지금은 한 제약회사의 노조위원장을 거쳐 영업부장이 되어 있는 그와 그때의 이야기를 하다 보면, 웃다가도 눈물이 핑 돈다. 그는 얼마 전 내게 새로 개발한 강장제 음료의 광고 카피를 부탁했다. 수고료 한 푼 주지 않으면서 아주 혁명적인 마케팅 선략을 나 보고 짜내라니, 완존히 도둑놈 심보다. 나는 체 게바라를 상업적으로 이용한, 내딴에는 그야말로 혁명적인 카피를 제안했지만, 무슨 일인지 채택되지 않았다. 나는 개띠이고 재수를 하지 않은 그는 돼지띠이다. 우리 개, 돼지들은 그러나 지금도 아주 절친하다.

기억 5— 정치적 입장 때문에 금간 우정

그날도 우리 세 부부는 L형의 집에 모였다. 턴테이블에 에릭 사티의 음반을 걸고, 술을 마셨다. 음악과 문학과 사진과 미술에 대해 이야기를 나누면서 빽하면 밤을 새우던 시절이었다.

같은 대학의 선후배 사이인 우리들 옆에 출신이 다른 세 여자가 각기 마누라의 이름으로 항상 자리를 함께 했다. 우리는 긴 대화의 시간만큼 서로 간에 신뢰를 축적해갔으며, 어느 때는 세 부부가 설악산으로 함께 3박 4일씩 산행을 하기도 하면서 우정을 과시했다.

문제는 정치적 입장이 달랐다는 것이었다. 언젠가는 1 · 4 후퇴 때 월남한 사람들이 화제에 오른 적이 있었다. 나는 당시에 그들이 그럴 수밖에 없었던 이유에 대해 나름대로 설명을 했다. 월남민들에 대한 나의 설명은 상당히 부정적인 것이었다. 물론 있을 수 있는 수많은 개인적, 예외적 사정들을 전제하고 말한 것이었지만.

그런데 나의 거친 일반화에 L형은 상처를 받고 말았다. 그의 부친이 월남 출신이었던 것이다. 물론 이것이 계기가 되었는지 아니면 사람 관계에 미숙한 내가 다른 어떤 실수를 했던 것인지는 지금도 정확히 모른다.

어찌됐든, 며칠이 지나 L형은 우리 집으로 전화를 했고, 내가 마침 없는 사이에 내 마누라에게 나에 관하여 온갖 독설과 욕을 퍼부었다. 이렇게 해서 나는 그로부터 인간 말종이 된 채 절교를 당했다. 나는 근 10여 일 밤잠을 설치면서 끙끙 앓았다. 절교의 이유가 바로 그 대화 때문이었다는 것도 10여 일간의 고민 끝에 내린 결론이었다.

그로부터 수년이 지난 어느날 L형의 아버지가 노환으로 돌아가셨다는 소식을 우연히 들었다. 나는 오랜 망설임 끝에 그래도 예의를 갖추어야겠다는 생각에 장례식장을 찾았다. 문상을 끝내고 앉은 자리에서 그는 여전히 화난 얼굴로 말했다.

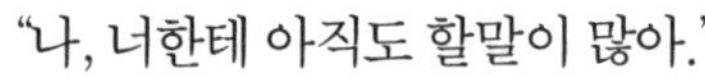

"나, 너한테 아직도 할말이 많아."

나는 요즘도 가끔 생각을 한다. 그 시절 우리에게 정치적 이념은 과연 무엇이었던가. 무엇이 오랜 우정을 금가게 할 정도로 우리에게 심각한 과제였던가. 그리고 그 무엇이 오랜 세월이 지난 후에도 L형의 분노를 삭이지 못하게 했던가. 만일 그때 나의 이야기를 L형이 자신의 부친에 대한 직접적인 비난으로 받아들였다면, 이 자리를 빌려 깊이 사과하고 싶다.

그렇지만, 내가 그의 부친을 비난할 하등의 이유가 없었던 만큼 그도 나의 결백을 알아주었으면 좋겠다. 굳이 내가 아니더라도 우리 58개띠들은 정치적 입장이 다르다는 이유로 오랜 우정을 나눈 친구들과 헤어진 경험을 가진 사람들이 꽤 있을 것이다. 청춘을 온통 우울하게 물들였던 그놈의 군부독재 때문에, 우리는 요즘 젊은이들처럼 그렇게 밝고 가볍고 명랑하게 살지 못했다. 생각하면 정말이지 개판이었다.

기억 6— 개 같지 않은 날을 꿈꾸며

내 마누라는 돼지띠이다. 벌써 결혼 생활 20년을 눈앞에 두고 있는 우리는 연애 시절 단 한번도 싸우지 않았다. 할 짓 다하면서도 서로 점잔을 빼며 온갖 고상을 떨었기 때문이다. 우리는 무려 10번의 이사 끝에 얼마 후면 우리 소유(물론 빚투성이지만)의 아파트로 들어간다.

신혼 시절 내 학비를 대기 위해 결혼 패물을 팔러 나가면서 질질 짜던 마누라도 이젠 제법 배짱도 부릴 줄 아는 중년의 아줌마로 변했다.

연애 시절 나의 어설픈 지성에 반했던 마누라는 이제 더 이상 나를 존경하지 않는다. 우리는 그냥 살 뿐이다. 연인이라기보다는 친구 사이인 우리는 이제 피차간에 더 이상 폼 잡고 숨길 아무것도 가지고 있지 않다. '빼이 쳐도 국방부 시계는 돌아간다'고, 아이들도 시간의 흐름에 따라 무럭무럭 잘 자라주고 있다. 이 평화가 때로 너무 신기하고 고맙다.

아직도 인사동 거리에서 몇 박 며칠씩 술 마시고 돌아다니는 문단의 개띠 친구들도 있지만, 나는 이제 술도 그렇게 세게 마시지 않는다. 그놈의 담배를 여전히 끊지 못하고 있지만, 그것도 이제 곧 그만둘 생각이다.

시인 황지우가 그랬던가. "생生, 지리멸렬해지다"라고. 그러나 이제 40 중반을 훌쩍 넘겨 버린 개들의 삶이 꼭 지리멸렬한 것만은 아니라고 생각한다.

우리는 지난날을 회고하면서 시간을 보낼 만큼 아직 늙지도 않았고, 또 우리 앞 세대에 비하면 회고할 사건이 그렇게 많지도 않다. 오히려 해야 할 일이 산적해 있어서 지리멸렬할 틈도 없다. 머리에 벌써 희뜩희뜩 서리가 내려앉고 있지만, 늙은 부모님 모시는 일과 끝없는 요구들로 다가오는 아이들 키우는 일도 보통일이 아니다. IMF 시절, 중간에 끼어 개피 본 친구들은 그걸 복구하느라 또 죽을 지경일 것이다.

그러니, 개들이여, 개 같은 세상에서, 우리가 만날 개 같지 않을 날들은 언제쯤 올 것인가? 아니면 마침내 오지 않을 것인가?

김완하

모성이 지배하는 마을 공동체

1958년 2월 경기 안성에서 태어나다. 평택고교, 한남대 국문과 대학원을 졸업하고 이후 문학 박사가 되다. 1987년 『문학사상』 신인상으로 등단하여 시집으로 『길은 마을에 닿는다』 『그리움 없인 저 별 내 가슴에 닿지 못한다』 『네가 밟고 가는 바다』가 있고, 비평집으로 『한국 현대시의 지평과 심층』 『중부의 시학』 『한국 현대시와 시정신』 등이 있다. 2005년 소월시 문학상을 수상하였다. 현재, 한남대 문예창작과 학과장 · 『시와정신』 편집주간으로 일하고 있다.

kimwanha@hannam.ac.kr

친구도 없이 홀로 마을을 떠돌던 유년 시절

어린 날의 고향으로 돌아가면 그곳에는 언제나 맑게 고여 있는 작은 우물 하나가 놓여 있다. 채송화, 봉숭아 등의 꽃을 피우던 황토 꽃밭 옆의 작은 우물, 그것은 솔방울 만한 크기의 별들이 솟아오르던 별들의 고향이기도 하였다. 뒤돌아 보면 작은 '꽃밭'과 '우물'이 간직되어 있던 곳으로부터 나의 삶은 얼마나 멀리 떠나와 있는 것인가.

그것은 나만이 아니라 우리 1958년 개띠 세대들이 갖고 있는 공통된 자화상이 아닐까?

초등학교 저학년 시절, 학교에 갔다오면 집은 텅 비어 있었다. 부모님은 들에 일을 하러 가셔서 오지 않으셨고, 누나와 형도 안성에 있는 중학교, 고등학교에 가서 아직 오지 않아 대문은 굳게 잠겨 있었다. 나는 대문 밑으로 기어 들어가 책가방을 던져 놓고 이웃집 친구들을

찾아가 놀려고 해도 몇 안 되는 친구들도 어디를 갔는지 집에 없었다. 나는 선생님이 내준 숙제를 하고 다시 친구들을 찾아 마을을 돌아다니지만 놀아줄 상대가 없었다.

저녁이 되면서 우리집과 인접해 있는 비포장도로의 먼지가 자욱히 날리며 안성읍 쪽으로 버스 한 대가 달려가고 있었다. 한길로 나와서 면 코스모스가 한들거리는 길을 따라서 하얀 칼라의 교복을 입고 자주색 책가방을 든 채 양 갈래머리를 땋아 늘어뜨린 누나들이 그 길을 따라서 삼삼오오 집으로 걸어오고 있었다.

마을에서 안성읍까지 4킬로미터는 족히 되었는데, 누나들은 비가 오는 날을 제외하고는 매일 걸어서 학교를 오고갔다. 털털거리며 차가 지날 때마다 뿌옇게 날리는 먼지 속으로 누나들의 모습이 사라졌

1966년 가족사진(첫 줄 맨 오른쪽이 필자).

다가 한참이나 지나서야 드러나곤 하였다.

항상 우물가에 서 계시던 유년의 어머니

마을 전체의 고요가 집으로 돌아오는 가족들로 하여 점점 생동감으로 살아나면서 서서히 땅거미가 깔리기 시작하였다. 바로 그때서야 어머니는 집 뒤의 콩밭에서 하루종일 밭을 매시다가 호미와 고무신을 들고 맨발로 집으로 돌아오시는 것이었다. 그리고 아버지께서도 어깨에 삽을 메고 논에서 돌아오셨다. 비로소 집안은 모든 가족들이 함께 모여 활기를 되찾곤 하였다. 그때 집집마다 등불이 하나 둘씩 깨어나는 것이었다.

나는 우물가로 따라가서 어머니께 물을 길어드렸다. 작은 우물 한가운데로 두레박을 드리우면 우물 속 어둠이 일렁거리며 두레박에 물이 가득 차고 그것을 들어올려 세숫대야에 부었다. 어머니는 하루의 노동으로 배인 땀을 헹구며 얼굴을 씻으신 후에 고무신을 닦으셨다. 어머니가 황토 흙이 묻은 고무신을 짚으로 문지르면 어머니의 흰 고무신은 뽀얗게 빛을 띠며 살아났다. 어둠이 고일수록 어머니의 고무신은 희게 빛을 발하며 빨랫돌 위에 앉아 한밤의 심장 속에 오롯하게 떠있었다. 우물 안을 들여다보면 그곳에는 솔방울 만한 별들이 툭툭 솟아오르고 있었다. 그곳으로 두레박줄을 드리우면 별들이 두레박에 길어 올려져 왔다. 그때 우물 옆의 아주 작은 황토 꽃밭에서는 채송화와 봉숭아가 어둠 속에서 꽃잎을 사리는 소리가 들리곤 하였다.

늦은 저녁이 되어서야 우리 가족들은 모두 밥상에 둘러앉아 하나의 식구食口로 하루를 마무리하는 것이었다. 사기그릇에 달그락거리며 수저가 닿으면서 내는 소리들이 선명해지면서 희미한 호롱불빛으로 밝히는 밤의 시간 속에서도 하늘의 별들은 유난히 초롱초롱 빛나고 있었다. 그런 밤이면 내 상상의 세계는 더 넓게 펼쳐져 우주 끝까지 확장되어 가곤 했다.

지금도 여전히 어머니는 내 유년의 우물가에 항상 서 계신다. 우물을 중심으로 나에게는 작은 꽃밭, 채송화, 봉숭아, 빨랫돌, 흰 고무신, 별 등의 이미지들이 풍요롭게 연대하고 있다. 나는 그 가운데 어느 것 하나로도 즉시 이상의 모든 것들을 연상해 내곤 한다. 내 유년의 한가운데는 찰랑찰랑거리며 우물이 고여 있고 그 우물에서 길어 올려진 물들이 서서히 주변으로 흘러가면서 내 잠든 유년의 사건들을 하나

초등학교 졸업식날 담임선생님과 함께(맨 오른쪽이 필자).

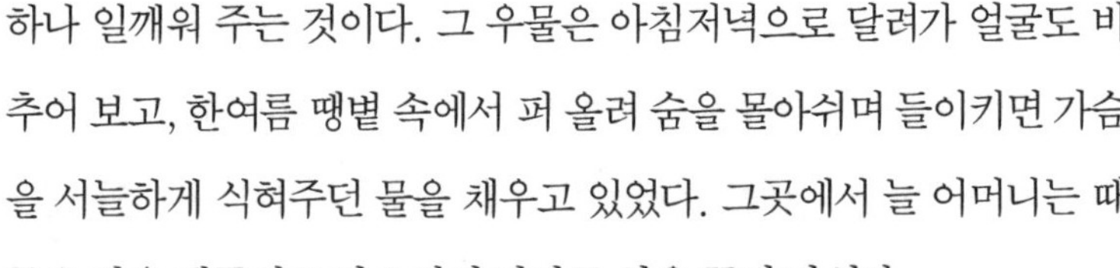

하나 일깨워 주는 것이다. 그 우물은 아침저녁으로 달려가 얼굴도 비추어 보고, 한여름 땡볕 속에서 퍼 올려 숨을 몰아쉬며 들이키면 가슴을 서늘하게 식혀주던 물을 채우고 있었다. 그곳에서 늘 어머니는 때 묻은 삶을 헹구시고 닦으시며 가파른 삶을 꾸려 가셨다.

나는 요즈음도 내 상상력과 감수성의 샘이 고갈되면 고향집에 가 제일 먼저 뒤곁으로 간다. 그리고 우물이 있던 그 자리에 서서 한동안 어머님의 빨랫돌과 흰 고무신을 되새겨 보곤 한다. 어린 날 저녁 뒷산 솔바람 소리와 우물 안에서 솟아나던 솔방울별들, 그리고 살포시 꽃잎을 접던 채송화며 봉숭아를 떠올려 보는 것이다. 그러면 내 메마른 가슴 밑으로 아직 식지 않은 꿈의 우물이 잘박대며 차오른다. 어느새 어머니의 따스한 손길이 다가와 나의 어깨에 닿는 것을 느낀다. 이렇듯 내 기억 속의 하루하루가 지나갈수록 어머니의 고무신은 더 희게 빛을 토해내고 있다.

당제삿날의 우리 마을의 풍경들

어린 날 정월대보름이면 우리는 할머니를 따라서 뒷산으로 올라가 달을 맞았다. 한낮에 묶어놓은 짚단을 들고 그날 저녁이면 큰집 할머니에게 달려갔다. 달뜨기 전 뒷동산으로 올라가 불을 피우며 기다리면 그날따라 달도 더디게 떠올랐다. 이윽고, 보름달이 건너편 산 위로 이마를 빼면 우리는 서둘러 짚에 불을 붙여 두 손으로 모아 쥐고 소원을 빌면서 절을 하였다. 거듭 거듭 한 해의 기원을 되새기며 달을 향해 소원을 되뇌었다.

할머니는 우리들 친손자와 손녀 열둘을 좌우에 둘러 세우시고 앞서서 기원하는 자세와 성의를 보이셨다. 금세 사방은 조용해지고 짚 타는 소리와 우리들 입술 달싹이는 소리만 들렸다. 그날 밤 뒷동산은 온통 사람들이 오르내리는 발길로 북적대고 있었다. 그때 껑충 뛰어오른 달이 건너편 들마을까지 훤히 비추면, 우리는 집으로 돌아와 요에 지도를 그리며 모두들 어른이 되는 꿈을 꾸기도 하였다.

해마다 정월 보름날 마을에는 당제사가 있었다. 그날 하루 마을 사람들은 행동을 조심하고 허투루 웃지도 않았다. 어느 해인가 제주祭主인 뒷집 종수 아버지는 한달 전부터 나들이도 줄이고 그 집으로는 마을 사람들이 삽도 빌리러 가지 않았다. 그림을 잘 그리는 종수는 뒷산 당집에 말 탄 사람을 그려 걸고 둥그런 달이 떠오르자 당집엔 등불이 훤히 내걸렸다. 일찍 저녁을 끝낸 우리들은 숟가락 놓기가 바쁘게 달려 나와 종수네 마당으로 모여들었다. 마을 어른들께서는 먼저 윗동네와 아랫동네 공동 우물에서 한 해의 풍요를 비는 제를 올렸다. 떡시루가 놓이고 제상 가득 과일과 음식이 차려지면 우리들 시선이야 모두 그리로 가는 것이었다. 그해 따라 가뭄 끝에 우물 바닥이 보이기도 하였다.

당집으로 가면 마을 사람들은 빙 둘러서서 모두 가슴을 졸였다. 종수 아버지는 마을 한 집씩 호명하며 한 해를 기원하고 소지燒紙를 사르는데, 불탄 종이 재가 높이 올라가는 집은 그해의 운수가 좋고 그렇지 않으면 재앙이 든다고 하여 모두들 자기 집 차례가 될 때면 좌중의 떠드는 소리도 죽이려 애를 썼다.

그날 밤에 우리는 달빛 퍼붓는 마당에 모여 아주머니들이 주먹처럼 뭉쳐 주는 떡을 먹었다. 사탕이며 사과 몇 조각을 얻으려 줄을 서서도 우리는 하늘의 달을 보고 빌고 또 빌었다. 올해는 우리 집에 좋은 일만 일어나게 해주고 나도 학교에서 회장에 당선이 되었으면 좋겠다고 진심으로 기원하였던 것이다. 그래서인지 4학년 때부터 학급 자치회 회장이 되어 6학년 때에는 전교 회장을 맡기도 했다.

천렵으로 온통 흥겨운 마을

농사철로 바쁜 때야 부지깽이도 뛴다고 하지만 바쁜 중에도 마을 사람들이 함께하는 휴식시간은 있었다. 그때는 두레와 품앗이에 의해서 이루어지는 농사일과 마을 공동체의 푸근하고 넉넉한 삶이 살아 있었다. 농사일로 바쁘다가도 모내기가 다 끝난 다음날이면 어김

1974년 중학교 졸업 기념사진(윗줄 왼쪽에서 두 번째가 필자).

없이 온 동네 사람들이 대동 천렵을 벌였다. 윗동네 아랫동네 사람들 빠짐없이 모여 뒷산에는 커다란 차일遮日을 치고 덩그라니 가마솥 두 개가 걸렸다. 마을 아낙들은 하얀 쌀밥을 지으며 올해의 농사는 풍년이 들 거라며 즐거워했다. 한쪽 가마솥엔 고깃국이 끓고 솥뚜껑 사이로는 억센 김이 치솟았다. 이웃 마을 사람들까지 달려와 그간의 안부를 나누며, 한솥밥을 먹고 한 솥의 국을 마시며 얼큰하게 취하면 상쇠가 쇠를 치고, 장구, 북, 징이 어울려 산은 온통 춤판으로 들썩였다.

온 마을 사람들이 함께 얼크러지고 풍악은 골짜기 차고 나가 쩌렁쩌렁하게 차령산맥을 울렸다. 흥이 난 마을 남정네들은 한천으로 몰려가 씨름으로 한판 힘을 겨루고 흠뻑 젖은 몸으로 시냇물에 뛰어들었다. 냇물에 검게 그을린 팔과 다리를 적시면 아낙들은 멀리서 제 사내를 바라보며 가슴이 더워져 흐뭇해하기도 했다.

그렇게 하루를 된통스럽게 놀고 난 밤은 뒷동산이 먼저 취해 잠으로 떨어졌다. 그날은 마을이 온통 코고는 소리로 들썩였다. 그때 동구 밖의 느티나무 위로 새어 나온 달이 환히 웃고 있었다. 들판에서는 밤새워 개구리들이 육자배기를 뽑았다. 그 밤에 들판의 모들은 은밀하게 뿌리를 세워 땅 냄새를 맡고 있었다.

그 겨울의 추위와 화롯불 그리고 흰 고무신 한 켤레

겨울에 우리 집 방안 윗목에 마시다 둔 냉수 사발은 자고 일어나면 얼어 터져 있었다. 새벽녘에 구들장은 사람 신세를 지기도 하였다. 두꺼운 요와 쌀가마처럼 무거운 이불 속에서도 울타리를 쓸고 가는 바

람 소리는 또 얼마나 무서웠는지 모른다. 아침에 세수를 하고 물 묻은 손으로 문고리를 잡으면 자석에 쇠못 달라붙듯이 손가락이 쩍쩍 감겼다. 초가집 추녀 밑으로는 고드름이 발을 치고, 갈증이 날 때 꺾어 먹던 투명한 고드름 사이로 비치는 아침 햇살은 눈이 부셨다. 하루 종일 방안에는 화롯불이 몸을 녹여 주었다. 나는 화로 속에 묻어둔 알밤도 없이 방을 들며 나며 불 속을 뒤적이곤 하였다.

어느 날 안성 장날 밤에 사나운 바람 몰려와 울타리 수숫대가 심하게 흔들리고 있었다. 어머니는 마지막 버스로 새로 산 내 흰 고무신을 가슴에 품고 돌아오셨다. 나는 기다리다가 그만 잠이 들고 어머니의 따스한 온기가 배어 있는 고무신만 내 품에 안겨서 홀로 호롱불에 희게 빛이 나고 있었다 한다. 그날 밤 나는 새 고무신을 신고 벌판을 치달려 가는 꿈을 꾸기도 하였다.

다음날 아침 가로수들은 추위에 무우처럼 갈라 터지고, 밤새 퍼부은 눈 짐을 감당 못해 뒷산 소나무 가지는 서너 개나 부러져 있었다. 이따금 뒤란의 울타리 팽나무에서는 눈덩이 떨어져 내리는 소리가 쿵, 쿵, 쿵, 쿵 가슴을 치고는 하였다. 간밤 눈발 속을 뚫고 들길을 질러가던 이웃 마을 사람들, 새벽이면 구부러진 둑길

1975년 9월 고등학교 수학여행 때 낙산사에서(왼쪽에서 두 번째가 필자).

1977년 어느날 대학 시절 친구들과 내장사 엠티에서(맨 왼쪽이 필자).

을 따라서 그들의 반쯤 지워진 발자국만이 건넛마을로 가고 있었다. 아침 들녘 먼 마을에는 굴뚝마다 연기가 피어올랐다. 그때 어디선가 한 떼의 참새들이 날아와 우리 집 울타리를 덮었다. 그 참새들의 반짝반짝거리는 소리에 나는 잠을 깨곤 하였다.

마정리 느티나무에 얽힌 추억들

내 어린 날의 기억 속에는 또 늘 큰 느티나무 한 그루가 솟아오르곤 한다. 우리 마을 마정리馬井里 언덕에는 커다란 느티나무 한 그루가 서 있었다. 깊이 내린 뿌리로는 땅 속으로 흐르는 강물에 발을 적시고, 머리로는 둥그런 하늘을 인 채 마을 전체를 그 가슴 안에 품고 있었다. 봄이면 가지마다 초록 이파리를 새 부리처럼 내밀어 온 하늘로 휘파람을 불어 올려 오고 가는 새들이 날아와 앉았다. 여름이면 들판의 바람이 놀러와 나뭇가지 사이에서 쉬었다 가곤 하였다. 마을 어른들이 나무 아래에서 장기나 바둑을 둘 때면 무성한 줄기로 서늘한 바

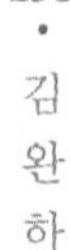

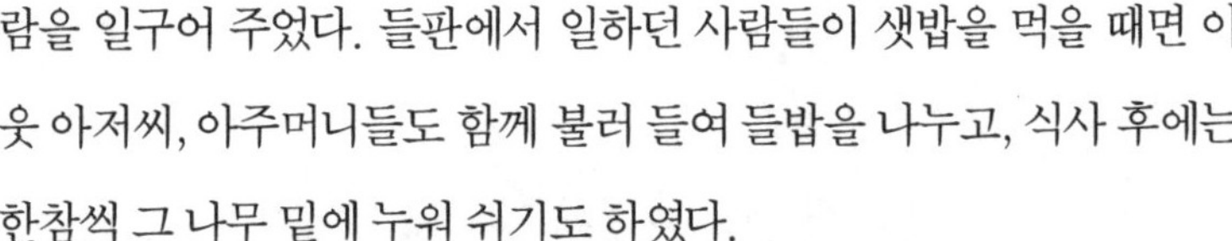

람을 일구어 주었다. 들판에서 일하던 사람들이 샛밥을 먹을 때면 이웃 아저씨, 아주머니들도 함께 불러 들여 들밥을 나누고, 식사 후에는 한참씩 그 나무 밑에 누워 쉬기도 하였다.

그 나무는 때로 맨발로 기어오르는 아이들 하나하나 무동을 태워 하늘 끝에 닿게도 했다. 우리들은 나무의 등줄기를 타고 올라가 푸른 하늘의 향기에 젖어 있곤 하였다. 그때 나뭇가지 사이에서 신비롭게 하늘의 노래 불러 주는 매미를 잡기도 하고, 그러다가 더러는 나무 밑으로 떨어지기도 하였다. 저무는 가을 마당에 나와 서면 하늘을 떠받친 울창한 가지 사이로 저녁 노을이 온몸 붉게 저녁 노을이 타오르고 있었다. 그 나무는 그 큰 둥치로 무너지는 가을을 통째로 받아내고 있었다.

어느 해 겨울에는 사흘이나 밤새 눈이 퍼부은 뒤, 몇십 가마니 눈짐을 지고서 큰 가지 하나가 부러져도 그 나무는 끄떡없었다. 살며시 다가가 나무 둥치에 설레는 가슴으로 귀를 대면 차갑게 볼을 쓸고 가는 칼바람 속에서도 내 영혼을 흔드는 맑은 숨소리가 흐르곤 하였다.

그 나무 둘레는 내 양손을 다 펴서도 다섯 아름이나 두르고서야 둥치를 잴 수 있었다. 그 육중한 나무 둥치를 안고서 그 속에는 무엇이 들어 있을까, 밤이면 가지 끝마다 별들이 주렁주렁 열릴 때 나무와 별들은 무슨 이야기를 나눌까 생각하다가 나는 문득, 이 세상을 살아가며 내가 끌어안아야 할 일들을 어렴풋이 깨닫기도 하였다.

요즈음, 저녁이면 지친 걸음으로 한 꾸러미의 붕어빵을 껴안고 어둔 골목길을 들어설 때, 내 무겁게 기운 어깨 기댈 곳 없어 자꾸만 헛

디딜 때, 컴컴한 골목 속에서 갑자기 그 느티나무가 불쑥 솟아오른다. 다가와 나의 처진 어깨를 받쳐 주고 잔잔한 이파리 부채로 내 가슴을 식혀 주곤 한다. 어느새 그 큰 나무 둘레에는 총총하게 별들이 열리고 어둔 밤 내 발길 이끌어 나를 포근하게 품어주곤 한다.

나는 시를 쓸 때마다 내 유년의 체험 속으로 회귀하여 시상을 길어 올리곤 한다. 나는 내가 쓰는 시가 우리 마을의 느티나무를 닮았으면 하고 생각해 본다. 이 세상 만물이 다 그 품안에 둥지를 틀 수 있는 그 느티나무처럼, 삶에 지친 사람들에게 다가가 조금이라도 활력을 주고 삶의 이치와 지혜를 일깨워 줄 수 있는 시, 그러한 따뜻한 시를 쓸 수 있기를 간절히 바라는 것이다.

이재무

생의 변방에서

1958년 충남 부여에서 태어나다. 한남대 국어국문학과 졸업, 동국대 국어국문학과 석사과정을 수료하다. 1983년 「삶의문학」과 이후 「실천문학」 등에 시를 발표하며 등단하다. 시집으로 「섣달 그믐」 「온다던 사람 오지 않고」 「벌초」 「몸에 피는 꽃」 「시간의 그물」 「위대한 식사」 「푸른 고집」, 산문집으로 「생의 변방에서」, 시평집 「사람들 사이에 꽃이 핀다며」, 공저로 「우리시대의 시인 신경림을 찾아서」, 편저로 「대표시, 대표평론 I·II」가 있다. 난고문학상, 편운문학상 수상하였다. 현재, 시 전문지 계간 「시작」의 편집주간으로 있으며, 한남대 문예창작과 등에 출강하고 있다.

poet8635@dreamwiz.coma

58개띠 초등 동창회에 참석하던 날

초등학교 동창회가 있다 해서 꼭 두 번, 모임에 참석했다.

나이가 마흔 줄에 접어들자 그간 소식이 두절됐던 친구들로부터 간간이 안부를 묻는 전화가 걸려오더니 마침내 동창회 모임 일시가 박힌 안내장이 날아들었다. 우선 반가웠다. 그리고 궁금했다. 코흘리개 녀석들이 성장해 이제 어엿한 중년의 찌든 몰골을 하고 있을 것을 상상하고 있자니 웃음이 나오기도 하고 마냥 호기심이 일기도 했다. 그래서 당일 열 일 제치고 모임에 참석하였던 것이다.

만나자마자 녀석들은 인사로 욕설부터 안겼다. 호들갑이 여간 유난스러운 게 아니었다. 성토가 쏟아지기 시작했다. 어쩌자고 그간 소식이 깜깜 무소식이었냐는 거였다. 변명의 여지가 없었다.

격세지감隔世之感이라는 말이 실감으로 다가왔다. 시간처럼 무섭고

고등학교 시절.

정직한 것이 또 어디 있으랴. 무자비한 세월이 다녀간 흔적들이 마치 썰물 뒤의 개펄처럼 추레한 얼굴에 고스란히 남아 있는 녀석들을 대하자니 만감이 교차했다. 급하게 술잔을 엎으며 우리는 흉허물 없이 어제의 철부지로 돌아가 마냥 즐거웠다.

순서도 없이 누군가 불쑥 내미는 추억의 맨얼굴에 서로 약속이나 한 듯 배꼽을 잡고 웃었으며, 또 까닭 없이 감상에 젖어 서로의 젖은 눈을 물끄러미 바라보고는 하였다. 엉망진창으로 취해 차수를 변경한 끝에 노래방까지 가서는 음정 박자와 상관없는 노래를 고래고래 불러젖혔다는 것만 기억날 뿐인 동창회.

어린 시절에 내가 먹던 온갖 주전부리들

내가 태어나 자란 곳은 부여 읍내에서 20리 정도 떨어진 면 단위의 아주 조그만 산촌 마을이다. 삼면이 산으로 둘러싸여 있고 마을의 정중앙을 가로지르며 저수지가 발원지인 시냇물이 흐르는 그 마을에서 나는 두 벌 옷만으로 네 계절의 변덕이 심한 날씨를 보내곤 하였다. 작은 마을에도 어김없이 계절이 찾아와 옷을 갈아입고, 온갖 사람살이의 풍상과 환희가 찾아와 생에 문양을 수놓곤 하였다.

할머니를 비롯해서 위로 부모님, 아래로 다섯 동생 도합 아홉 식구가 산 밑의 움막 같은 집에 모여 살았다.

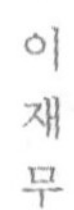

척박한 농지밖에 달리 더 기댈 데가 없는 인근의 마을 사람들은 호구지책을 위해 바지런히 몸을 부려야 했다. 우리 또래들은 아래를 가릴 때부터 가사에 엄연한 일원으로 참여하였다.

꼴베기, 콩밭매기는 기본이고, 모심는 날 못줄을 잡고, 키에 어울리지 않게 지게를 지고 산으로 가 나무를 해 허청에 부려야 했던 것이다. 그 당시 우리들은 늘 허기에 시달려야 했다. 세 끼 감자밥으론 왕성한 식욕을 달래기가 힘에 부쳤다. 주전부리로 우리는 감꽃을 따먹고, 떨어진 땡감을 소금물에 우려먹고, 삘기를 뽑아먹고, 개구리 뒷다리를 구워먹었다. 오디, 메뚜기, 송홧가루, 멍게, 마山藥, 밀 이삭, 보리 이삭 등등 눈에 띄는 대로 잡아먹고 훑어먹고 따먹고 캐먹고 뽑아먹었다. 겨울이면 칡을 캐다 먹기도 했는데 주전부리치곤 고급에 속했다.

당시 놀이로는 자치기, 집빳기놀이, 못치기, 딱지치기, 연날리기 등속이 있었는데 우리는 그 놀이를 거의 생활로 알았다.

아, 생각난다. 겨울날 땅거미가 한 장의 커다란 홑이불이 되어 마을을 덮어오면 집집의 굴뚝마다 시커먼 연기가 피어오르고, 밥을 다 지은 엄니들이 사립에 나와 자식들의 이름을 호명하던 그 저물녘의 장관이 눈에 잡힐 듯 선하다.

맬더스의 인구론으로 볼 때 '항아리' 도표의 한가운데를 차지하는 세대가 바로 우리들이다. 그런 만큼 생존을 위한 치열한 경쟁이 그 어느 세대에 비해 우심했던 게 사실이었다.

이승복과 옥수수국과 닐 암스프롱의 달 착륙

초등학교 시절 이승복 어린이의 죽음은 우리 또래의 아이들에게 '반공'이라는 이데올로기를 세뇌시켰고, "나는 공산당이 싫어요"라는 그의 절규는 반공 웅변대회의 단골 메뉴가 되기도 하였다. 그 여파로 동무와 함께 쓰던 책상의 한가운데는 간혹 분단선이 굵고 선명하게 그어져 있기도 했다. 조개탄 난로에 도시락을 올려놓고 때 이르게 점심 시간을 기다렸던 나날들……. 가난 때문에 몰래 교실문을 빠져나와 수돗물로 배를 채우던 친구들도 여럿 있었다.

당시 학교에서는 미국의 원조 물자로 옥수수죽과 옥수수빵이 배급되었는데, 가재골에 사는 오재이라는 친구는 칡뿌리를 캐어와 동무들 몫으로 배급된 죽과 빵으로 교환하여 집으로 가져가기도 하였다. 학교에만 있는 유일한 흑백 TV에서는 닐 암스트롱의 달 착륙을 알리는 방송이 있었는데 이는 실로 경이 그 자체였다. 우리는 더 이상 달 속의 신화를 믿지 않게 되었다.

레슬링의 영웅 김일의 박치기, 배삼룡의 코미디가 우리의 고달픈 하루를 위무해 주던 그 시절 학교는 교과 이외의 과제물로 우리를 괴롭혔다. 꼴 베어오기, 송충이 잡아오기, 채변 봉투, 신작로에 자갈 붓기……. 겨울 폭설이 내리면 눈을 치우면서도 우리는 즐거웠는데 그런 날은 마을 장정들이 산에 올라 덫에 걸린 토끼를 집어오기도 했다. 또, 학교에서도 소집이 있었는데 다름 아닌 전교생 동원의 토끼몰이 때문이었다. 그 수확물은 언제나 선생님들 차지였지만 이의를 다는 아이는 없었다.

하학 길, 당시에는 마을마다 부락반장이 있어 토요일 반장의 인솔하에 대통령이 직접 작사했다는 새마을 노래를 부르고 구령에 맞춰 구호도 외치는 진풍경을 연출하기도 하였다.

어찌어찌 해서 6년을 마치고 졸업을 하는 날, "빛나는 졸업장을 타신 언니께……"로 시작되는 졸업가를 부를 때는 까닭 없이 눈물이 나서 혼났다.

처녀 선생을 연모하던 중학생

일명 박지만 세대인 우리는 무시험으로 중학에 갈 수 있었지만, 그로 인해 선배들의 경멸과 조소를 감당해야만 했다. 사실 나는 읍내의 전통에 빛나는 학교에 가는 게 소원이었지만, 3개 면을 단위로 세워진 신설 중학교에 들어가는 것만이 허용이 되어서 여간 속상했던 게

1981년 동경사 57연대 제4대대 군 내무반(중앙에 앉아있는 사람이 필자).

아니었다.

일본식 교복을 단정히 입고 교가를 부르며, 국민교육헌장을 암송해야 했던 그 시절 학교에서 우리는 공부보다 작업에 더 많은 시간을 보냈다. 신설 학교는 달랑 건물 두어 채만 지어진 상태여서 우리의 일손을 거듭 필요로 했기 때문이었다. 어쩌다, 지금은 이제 장년으로 자라 있는 그 모교를 지날 때 왠지 까닭 모를 설움 같은 게 치밀어 오르기도 하는데 아무래도 당시의 노고가 눈에 밟혀오기 때문이리라.

등하교시엔 오른손, 왼손에 번갈아 단어장을 올려놓고 열심히 외웠던 생각도 난다. 우락부락한 영어 선생은 회화보다 독해를 강조했다. 무엇보다 문법을 강조했다. 그리고 누구보다 무서웠다.

당시 사범학교를 갓 졸업한 여선생 한 분이 우리 동네에서 자취한 적이 있었다. 나는 그 처녀 선생을 남몰래 연모했었다. 다음해 이민 간 애인을 따라 바다 건너로 그녀가 생의 거처를 옮긴다는 소식을 듣고는 나는 우주를 잃은 것인 양 절망했다.

중학교를 졸업한 후 나는 대전의 큰 도시로 나가 학교를 다녔다. 처음 보는 대처는 무엇이나 낯설고 생소했다. 이 두렵고 어려운 미지의 도시가 나를 냉소하는 것만 같았다. 누군가 이런 나를 보았다면 영락없이 그는, 장날 팔리러 나온 장닭을 연상했을 것이다. 한 예로 시골에서는 어쩌다 생각나면 들리는 금남여객의 경우, 우리는 오는 버스를 향해 손만 번쩍 치켜들면 버스를 세울 수 있었는데 대처에서는 이런 원시적 방법이 전혀 먹혀들지 않았다. 달려가면 달아나고, 달려가면 내빼는 버스가 일부러 나를 골탕 먹이기 위해 그러는 것만 같았다.

아아, 그들과 우리는 전혀 다른 문화권의 주민이었던 것이다.

나의 그 길고 긴 자취와 하숙 생활은 이렇게 시작이 되었다. 리어카에 때문은 이불과 책 몇 권을 싣고 일년이면 몇 차례씩 보다 값이 헐한 집을 찾아 모종과 유랑을 거듭했던 날들…….

'깔치' '꼰대' '망치' '구름과자' 등의 속어들

촌놈들은 척 보면 서로를 알아보게 되어 있다. 어딘가 주눅이 든 표정으로 의기소침해 있는 것이 바로 촌놈들인 것이다. 당시 우리들은 밤이면 하숙을 빠져나와 자주 어울리곤 했는데, 어른들 몰래 술을 마시고 더러는 때 이르게 담배를 꼬나물기도 했다. 가난한 집안의 기대를 온몸에 짊어진 놈들은 지지리도 못나게시리 탈선의 방식으로 자신들의 재능의 한계에 절망하고는 하였던 것이다. 당시 유행 패션은 나팔이었다. 나팔바지를 입고 우리는 틈만 나면 다이아몬드(삼각)춤

대학시절 야유회.

을 추어대곤 했다. 몇 년 전 TV 개그 프로에서 개그맨 임하룡 씨가 열연했던 〈추억의 책가방〉은 바로 우리 세대에 대한 풍속도라 해도 과언이 아닐 것이다.

1980년대 중반 광주 무등산에서 문인들과 함께(맨 오른쪽이 필자, 그 옆은 59년 돼지띠 고규태 시인).

청소년들은 윗세대와 차별화하기 위한 자신들만의 방언이며, 은밀한 규약 같은 게 있게 마련이다. 당시 우리들은 여자 친구를 '깔치', 아버지를 '꼰대', 성냥을 '망치', 담배를 '구름과자' 등의 속어로 대신해 불렀다. 또 "중들이 모여 사는 호젓한 절간에 개다리 걸어놓고 염불을 하는데 염불이 끝나면 개다리 뜯겠지" 하는 출처도 모르는 유행가를 불러대곤 했는데 지금 생각해도 도시 이해가 안 가는 대목이다. 그밖에 우리는 이종용의 〈너〉라든가 이장희의 〈그건 너〉, 산울림 등의 노래를 부르며 입시에의 강박을 잊으려 했다.

고교 시절 참으로 징글징글했던 것은 교련이었다. 고교생들을 대상으로 당시엔 교련실기대회라는 게 있었다. 그 기간이 돌아오면 학사 일정이 예사로 바뀌곤 했다. 한참 감수성이 예민한 여학생들도 예외가 아니었다. 하긴, 국기 하강식이 있는 오후 다섯 시면 아무리 바쁜 걸음도 멈춰 서서 국기를 향해 경례를 해야 하는 시절이었으니 말

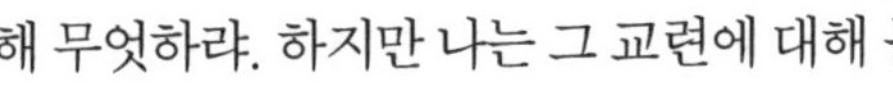

해 무엇하랴. 하지만 나는 그 교련에 대해 불만이 많았다.

한번은 그 부당함을 참지 못하고 담임인 윤리 선생께 대들었다. 하지만 돌아온 것은 매질이었다. 나는 아이들을 선동했다.

다음날 과반수 이상이 결석하는 사태가 벌어졌다. 선생께서 나의 하숙방을 급습하고 나는 팔려 가는 개꼴이 되어 교무실로 끌려가 견디기 힘든 모욕과 경멸과 매질을 당해야만 했다. 또 그 시절 잊지 못할 사건이 있다. 월요일마다 전교생 조례가 운동장에서 있었다. 키가 큰 학생 순으로 줄을 서게 되어 있었다. 교장 선생의 훈화 말씀은 늘 장황하고 지루하고 상투적이며 짜증이 나게 길었다. 아무리 그래도 부동자세를 풀면 안되었다. 그것은 권위에 대한 도전이요, 항명이었으므로. 한데도 내 앞에 서 있던 친구가 참지 못하고 선 자세로 졸고 있었던 모양이다.

먼 곳에서 이를 지켜보넌 체육 선생은 그 친구를 니로 잘못 안고는 조례가 끝남과 동시에 나를 불러내어 전교생이 지켜보는 가운데 인정사정 가리지 않고 조져대기 시작했다. 태 · 상 · 풍, 이름도 거창한 그 무지막지한 선생의 폭력. 제자에게 사랑보다는 폭력으로 기억되는 선생은 불쌍하다. 하지만 나는 어느새 그때의 그 선생보다 훨씬 더 많은 나이를 살고 있다.

'새마을 열차'에 얽힌 추억 하나

일년이면 서너 번씩 이사를 다니고 있었다. 8촌도 넘는 먼 아저씨댁과 외삼촌 댁에 얹혀살기도 했고, 친구 집에 쌀말이나 얹어주고 눈

대학 엠티(맨 오른쪽이 필자).

칫밥을 먹기도 했다. 내 기억으로 당시의 하숙비는 달에 8천원이었는데 우리 집 형편에 그 값은 큰 짐이요, 부담이 아닐 수 없었다. 당시 교복을 입고 학생 입장 불가不可였던 신성일, 안인숙 주연의 영화 〈별들의 고향〉과 외화 〈콜걸〉 등을 보는 것은 스릴 그 자체였다.

고교 얄개의 시절이 끝나자마자 작부 집으로 달려가 연상의 누이들에게 동정을 바쳤던 놈들도 있었다. 재수를 거쳐 대학에 들어갔으나 그렇게 기대했던 낭만은 없었다.

수업 시간보다 술집에서 보내는 시간이 더 많았다. 장발을 하고 담배를 꼬나물고는 통행금지 시간이 가깝도록 거리를 배회했다. 또, 음악다방 구석에 몸을 부리고 앉아 뜻도 모르는 팝송을 들으며 영양가 없는 잡담으로 시간을 죽여대었다.

그 시절 나는 같은 학과 여학생과 사랑에 빠졌다. 그 학생은 나보다 두 살 아래였는데 팝송에 일가견이 있어 비록 두 달에 지나지 않았지만 음악다방 디제이를 하기도 했다. 한번은 그녀의 생일날 같이 내장산에 놀러가기도 했는데 가기 전날 친구들에게 자랑하자 한결같이 놈들은 마지막 열차를 놓쳐야 그 사랑이 오래 간다는 거였다.

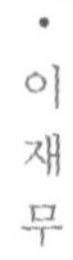

그러나 나는 그들의 충고와 격려를 끝내 지켜내지 못했다. 마지막 열차를 놓치긴 했는데 그 열차 다음에 새마을호 열차가 있었던 것이다. 당시 내 가난한 호주머니는 새마을호 열차(당시엔 특권 신분들만 애용하는 열차)를 열차의 범주로 인식하지 못했다. 그러니까 나는 무궁화호 열차의 마지막을 모든 열차의 마지막으로 알았던 것이고 따라서 그 열차만 놓치면 그만이라는 생각을 가졌던 것이다. 하지만 그녀는 달랐다. 그녀가 생각하는 기차의 범주엔 당연히 새마을호가 들어가 있었다. 이렇게 해서 분수에 넘치게 생전 처음으로 새마을호를 타고, 오이 꼭지처럼 쓴 표정을 감춘 채 쓸쓸히 귀가할 수밖에 없었던 것이다. 도회지에서 나고 자란 그녀와 나는 이처럼 사물과 세계에 대한 인식과 이해의 태도가 달랐다.

부끄럽지만 나는 조국과 민족의 가혹한 운명 때문에 밥을 굶어야 한다는 생각은 갖지 않았지만 그녀가 주는 실연으로 꼬박 사흘을 내리 굶은 적은 있다. 그녀가 생사를 관장하던 그해 겨울, 눈이 자주 내려 벌판을 백지로 만들곤 해서 나는 가 닿을 수 없는 그리움을 수놓고는 했는데 아시다시피 눈은 나흘 이상을 살아내기 어렵다.

그해 시해 당한 대통령 때문에 휴교령이 내려지고 통행금지도 2시간 앞당겨졌다.

정동진역에 쌓여가던 숱한 그리움들

나는 예정보다 빨리 군의 부름을 받았다. 망설이던 끝에 그녀를 불러내어 밥과 술을 사주고 화원에 들러 화분을 하나 사서 그녀의 품에

안겨 주었다.

음악다방에 들러 최백호의 〈입영전야〉를 청해 듣고 나와 으슥한 골목을 돌아 어린이 놀이터에 갔다. 놀이터엔 빈 그네가 있었는데 작고 여리게 몸을 흔들며 때마침 내리기 시작한, 자꾸 칭얼대며 달라붙는 눈발을 털어내고 있었다. 나는 그녀가 걸터앉은 그네를 열심히 밀어주었다. 밥사발같이 둥근 그녀의 등이 내 가슴에 부딪쳐 오는 동안 나는 질 나쁜 연탄처럼 자주 꺼지곤 하던 우리의 사랑을 떠올렸다. 탁구공같이 경쾌한 그녀의 웃음이 차고 단단해진 밤 공기를 가르며 개천바닥 진흙에 몸을 문질러댔다. 내 몸 속에서 불꽃이 피어 올랐다. 자꾸 나쁜 생각이 나서 얼굴에 땀이 솟았다. 눈은 어느새 그쳐 있었고 바람은 제법 사나워졌다. 나는 구두에 달라붙는 흙을 털어내면서 집으로 왔다.

군軍은 유배지였다. 나는 아직도 군번을 잊지 않고 있다.

13047203이 내 군번이다. 이 땅을 사는 동안 부모님과 아내의 생일날은 더러 잊어도 군번을 잊어서는 안 된다.

유배지에 갇혀 지내는 동안 그녀에게서 온 몇 번의 편지는 나를 매번 감동시켰다. 면회 온다던 날에 소포로 날아온 동화책 『갈매기의 꿈』은 제대 일까지 내내 관물대에 놓여 있었다. 그녀는 높이 나는 새가 되어 나를 떠났다.

그날 이후 마음의 배가 고파오면 나는 그네를 떠올린다. 누군가를 열심히 밀어주는 동안이 사랑이라고 나는 생각한다. 그러나 미는 동안 쉽게 몸이 달아오지 않기를 나는 바란다. 뜨거워지면 벌써 떠날 채

비를 하는 것이 사랑이기 때문이다.

내가 근무한 정동진역은 당시만 해도 아주 조그마한 시골 간이역이었다. 밤이면 얼마나 많은 그리움과 기다림을 눈 쌓인 대관령 팔부능선과 지평선 끝으로 사라지는 오징어잡이 배의 칸델라 불빛에 수놓았는지 모른다. 사격에 젬병인 나는 군 생활 동안 내내 여간 고생이 아니었다. 한마디로 고문관이었던 것이다. 1980년은 광주항쟁이 있던 해이라서인지 매일같이 사격이었다. '좆퉁수는 불어도 시간은 간다' 라는 군대의 속담이 있는데 과연 그랬다. 시간의 물리적 보폭은 냉혹하리만큼 일정하다.

제대 후 복학을 했지만 막막하긴 이전과 다를 게 없었다. 복학 다음해 어머니는 마흔아홉을 넘기시지 못하고 돌아가셨다. 그리고 그후 4년 뒤 연년생이었던 동생 재식이가 장가도 못간 채 교통사고로 비명횡사하게 되었다.

1980년대 어느날 문우들과 함께(맨 왼쪽이 필자).

복학 기간 동안 처음 시라는 것을 쓰게 되었다. 당시는 무크지(부정기 간행물) 시대였다. 대전 지역에서도 문학운동을 표방한 『삶의 문학』을 무크지 형태로 발간하게 되었다. 이 책의 동인들은 대개가 학교 선배들이었다. 나는 이들과 만나면서 본격적으로 시를 공부하게 되었다. 시는 내게 위안과 절망을 동시에 안겨주었다.

나의 이십대는 무모한 소비였으나 아름다운 열정의 시간이기도 했다. 하지만 나는 이십대를 인생의 긴 도정을 위한 숙성의 시간으로 만들지 못했다. 천형과 형극이 되어 가위눌리게 했던 가난으로부터 도망가는 것만이 소원이어서 얼른 세월을 건너뛰어 노인이 되고 싶었을 뿐이다.

따라서 준비 없이 맞은 30대가 빛나게 전개될 리는 없었다. 20대와 30대는 회색빛 우울이 생의 거처를 내내 떠나지 않았던 것이다.

생의 변방에서 생의 중심을 향하여

대학 4년 졸업을 앞두고 『민중교육』 지에 르포 「교사 임용 이대로 좋은가?」를 발표하여 교사에의 꿈이 좌절을 겪게 된다. 교사 임용시 돈을 주고받는 사례를 조사하여 고발하는 글이었는데 이 때문에 그렇게 소원하던 교사에의 길에 이르지 못하게 되었던 것이다. 당시 '『민중교육』 지 사건'은 신문 1면을 차지하는 톱뉴스로서 여론의 반향이 컸다. 이 사건이 결국 전교조 운동의 발단이 되었다 해도 크게 틀린 말이 아닐 것이다.

졸업 후 취직이 어려운 나는 아버지의 농사일을 거들며 읍내에서

교사를 하는 선배들을 찾아가 술과 밥을 얻어먹는 생활을 하게 된다. 까닭 없이 적의로 세상을 대했고 이웃의 선의를 곡해했던 시절이었다.

일년의 세월을 허송한 후 선배의 소개로 서울 역삼동에 위치한 도서출판 '어문각'에 취직하게 되나 일년을 채우지 못하고 낙향하여 동가식서가숙東家食西家宿의 건달 생활로 아까운 시간만 축내고 있었다.

'어문각'에 근무할 때의 일이다. 처음 월급을 받은 날 나는 직장 상사와 함께 술을 마시고 여자를 샀다. 그녀에게 나는 동정을 바쳤다. 그런데 재수 없게시리 그만 성병에 걸리고 말았다. 신고식을 톡톡히 치른 셈이다. 일주일 통원 치료 끝에 다시 기념으로 여자를 샀는데 그만 또 성병에 걸리고 말았다. 그 뒤로 나는 여자를 사는 것을 아주 삼가고 꺼리게 되었다.

낙향 후 나는 얼마간 배회와 방황을 일삼다가 정수와 대전에서 입

1980년 중반 자유실천문인협의회 시절 여의도 여성백인회관 강당에서 문학교실 사회 볼 때.

시학원 강사로 재직하게 된다. 그러다가 1987년 9월 자유실천문인협회가 민족문학작가회의로 확대 · 개편되면서 상임 간사를 필요로 할 때 나는 그 자리에 추천되어 일하게 되었다. 나의 서울 생활이 다시 시작된 것이다.

1987년은 거리로 나갈 일이 참으로 많이 생겼다. 그 대표적인 것이 이른바 6월항쟁이었다. '넥타이 부대'의 시대 현실에 대한 자발적 참여가 이루어진 것이다. 우여곡절 끝에 문민정부가 수립되었고, 건국 이후 최초로 야권에 의한 정권교체가 이루어져 희망을 갖기도 했으나 기대가 컸던 만큼 실망도 적지 않았다.

올해로 서울 생활을 시작한 지 어언 20여 년이 되어간다. 열 번이 넘는 이사 끝에 서울에 입성하게 되어 주소와 내 이름자가 박힌 문패를 갖게 되었다. 만혼인 탓에 내 아들은 이제 고등학생이 된다. 아내를 만난 것은 전교조가 맺어준 인연 덕이었다. 당시 나는 작가회의의 간사 일을 그만 두고 도서출판 '청사'에서 편집장 일을 맡고 있었다.

그해 봄날 저녁 명동성당에서는 전교조의 단식농성이 있었다. 작가회의의 시분과에서 그들을 위로하는 시낭송이 있어 나도 참여하게 되었는데 낭송을 마치고 자리에 앉는다는 게 그만 아내(당시 해직 교사)의 옆자리였다. 그것이 인연의 계기가 되어 교제를 하게 되었던 것이다.

현재 교사를 하는 아내와 나, 아들 이렇게 우리 세 식구는 그럭저럭 아랫돌 빼서 윗돌 괴고 윗돌 빼서 아랫돌 괴는 아슬아슬 하지만, 그러나 즐겁게 경영하고 있다.

58년 개띠생.

어느새 우리는 우리 시대의 중간 세대가 되어 살아가고 있다. 윗세대에게는 반항의 후배로, 아랫세대에게는 고리타분한 기성으로 부당하게 폄하되고 간주되기도 하는 58년 개띠생들은 우리 사회의 각 분야에서 리더로 자리잡아 가고 있으며, 한국사회의 한 중심축을 차지하고 있다고 해도 과언이 아닐 것이다. 이제 전망이 불투명한 한국의 미래에 대해 발언할 것은 발언해야 하는 시대적 당위와 역사적 책무를 동시에 느낀다.

생의 중심과 변방에서 오늘도 아랫세대와 윗세대의 가교 역할을 묵묵히 수행하고 있을 58년 개띠생에게 심심한 위로와 찬사를 보내는 바이다.

시간이 없다는 핑계로 그간 동창회 모임에 소홀하였다. 다음번 동창회에는 열 일 제치고 나가 놈들에게 흠뻑 술 세례를 안겨줘야겠다.

일에 파묻혀 산 착한 개띠 여자

1958년 8월 서울에서 태어나다. 이화여고, 이화여대 사범대학 시청각교육과를 졸업하다. 1982년 〈주간불교신문〉 기자로 입사한 이후 〈법보신문〉 〈현대불교신문〉에서 편집국 기자로 일하다. 동화집으로 『세상에서 가장 아름다운 이야기』 등이 있다. 현재, 〈현대불교신문〉 편집국장으로 일하고 있다. hillwee@hanmail.net

미혹과 유혹의 사십대의 길목에서

"성격과 습관이 그 사람의 인생을 만든다."

이것은 내가 존경하는 한 선배의 말이지만, 내게는 그 어느 고담준론보다 값지게 가슴으로 공감하고 의지하는 '어록'이다.

그래서 습관 들이는 사안에 대해서만큼은 내 자신에게 엄격하려고 애쓰고 있다. 나와 가까운 피붙이나 나와 함께 사는 사람이 내가 고집이 세다고 말하는 것도 습관이 되게 하려는 원칙에 대한 나의 편력 때문이 아닐까 싶다.

아무튼 선배의 이 말이 절실하게 와 닿았던 것은 세상 사람에게는 불혹不惑이라지만, 내게는 미혹迷惑이자 유혹誘惑의 사십대를 맞으면서이다. 왜 이렇게 삶이 다채롭고, 세상에 할 일도 많고 궁금한 것도 많은지……. 성인의 잣대로 보면 한심해서 혀를 찰 일이 될지도 모르

겠다.

20여 년이라는 짧지 않은 시간과 종교계라고 하는 상대적으로 따뜻한 울타리가 둘러진 직업적 환경, 그리고 개인적인 인연을 통해 겪어온 많은 사람들을 보면 결국 그 사람의 성격과 습관이 인생을 그리게 되는 것이라는 나름대로 확신이 든다.

이것은 내 성격과 습관이 형성되었던 중요한 유년의 시절이 1958년생 개띠들이 겪은 사회적 상황이나 개인적인 가정환경과 무관치 않다고 보기 때문이다.

일가친척들의 서울 관문이었던 우리집

나는 위로 오빠 둘과 아래로 남동생이 있다. 작은오빠는 2살 때 당시 심한 유행병이던 소아마비에 걸렸고 부모님 특히 어머니는 오빠 한 사람 뒷바라지하기에도 정신적으로나 육체적으로 벅찼었다. 공부에는 별로 관심이 없었던 큰오빠, 장애가 있는 작은오빠 속에서 나는 학교 들어가기 전부터 부모님이 싫어하실 일 걱정하실 일은 일단 하지 않아야겠다고 스스로 주입시켰다. '효도'와는 다른 차원의 집안의 평화를 바라는 일종의 자기 억제였다. 스스로 짊어졌던 책임감은 2살 아래 남동생이 학교 들어가서는 '엄마 역할'을 했어야 했다.

장난꾸러기에 ㄱㄴㄷ조차 깨치지 않고 입학한 동생의 소소한 뒷바라지를 챙겼다. 어머니는 작은오빠를 위해 학교와 병원 다니기에도 바빴기 때문이다. 그래서 누가 시키기도 전에 스스로 동생은 내 몫이라고 생각했던 것이다.

게다가 우리 집은 단 하루도 부모님과 3남 1녀, 단 6명의 우리 식구끼리만 살아본 적이 거의 없었다고 기억된다. 취직을 기다리는 사촌들, 결혼 준비와 결혼식 전날까지 살다간 육촌들, 서울 유학 생활을 우리 집에서 했던 이종 사촌……. 안방, 여자 방, 남자 방으로 방 3개가 전부인 우리 집은 여자 방, 남자 방도 비좁아 나와 내 동생은 안방에서 부모님과 함께 잘 때도 많았다. 부모님 모두 충청도가 고향이신지라 우리 집은 일가친척들이 서울로 드나드는 관문關門 격이었기 때문이다. 나는 친척들과 여럿이 모여 앉은 밥상에서 양보와 인내심 그리고 '분위기 파악력'을 익혔던 것이다.

이런 성장 과정이 나를 이른바 '자기 희생형'의 인격체로 몰아갔

3살 때(앉아있는 필자) 내가 태어난 서울 답십리 집에서 큰오빠와 큰집 사촌언니와 함께.

다. 복잡한 관계의 일에서 대부분 '내가 조용히 감당하지' 하는 떠안기 식으로 해결하게 되는 것이다.

〈주간불교신문〉 2년차 기자 시절 경기도 포천 금용사 출가의식을 취재하면서(오른쪽이 필자).

사회생활에서도 이 공식은 적용되었고 결혼생활과 함께 심화되었다. 미련하다 싶을 정도로 일복이 많았다고 하면 맞을까. 일이 주어지는 대로 덥석 덥석 받아 안다 보니 일에 파묻히다 못해 일거리를 집에 싸들고 가는 경우도 잦았고 사생활이 희생당하는 것은 스스로 감수해야 한다고 합리화시켰다. 게다가 집안일까지 억척스럽게 했다. 물론 가족들은 성에 차지 않아 엄마로서 아내로서 며느리로서 부족감을 느꼈다고 치더라도 내 입장에서 나는 분명 '슈퍼우먼' 증후군을 보였던 것이다.

'착한 여자 컴플렉스' 속에서

또 하나, 내게는 '착해야 한다'는 강박관념이 깊숙이 자리잡았다. 내가 성장하고 교육받았던 그 시절 가장 보편적으로 교육받는 가치는 '착함'이다. 여성은 여자다워야 하고 여자다움은 착함이라는 것을 등식처럼 주입 받았다고 해도 과언이 아니었다.

그래서 남이 힘든 것을 보느니 내가 힘든 게 마음 편하고, 남들과 경쟁하며 쟁취하기보다는 손해를 보더라도 사이좋은 관계를 유지하는 게 더 좋고, 아무리 피곤해도 남의 부탁을 거절하지 못하고……. 그 결과 '착한 여자'라고 칭찬 받고 사랑 받고 싶은 마음으로부터 나는 자유롭지가 못했었다. 소위 '착한 여자 콤플렉스'다.

이런 나의 성격과 습관이 과연 좋은 것인지 아닌지에 대해서는 더 살아봐야 알 것 같다. 다만, 인생 반절을 살았다고 봤을 때 나머지 반은 그저 지금과는 다르게 살고 싶다는 소망이 있다. 좋고 나쁨을 떠나 사람의 몸 받기가 거북이가 넓디 넓은 물속에서 물 밖으로 고개를 내밀 때 목이 들어갈 만한 구멍 뚫린 나무에 목이 탁 껴지는 경우처럼 어렵고도 힘든 인연이라고 하는데, 이왕 받은 사람 몸을 살아볼 수 있는 대로 다채롭게 경험하고 싶을 뿐이다. 그러면서도 나는 막상 행동에 옮기는 난계에서 주저하게 된다. 이것은 이미 기성세대의 반열에 들어선 세월도 이유가 될 것 같고 무엇보다 자기억제에 길들여진 삶의 방식의 영향이 큰 것 같다.

일례로 내가 얼마나 한국 유교 윤리가 여성에 대한 부당하고 불평등한가에 격분하는가. 말하기 좋게, 한국 사회는 여자가 결혼해도 자기의 성姓을 유지하니 남편 성姓으로 바뀌어야 하는 서양보다 훨씬 여성의 신분적 지위가 보장됐다고 한다.

하지만, 분명한 것은 한국의 여자는 특히 결혼과 함께 사회적 약속으로 발생하는 존재의 근거가 사라지게 된다. 호적을 파간 친정에서는 시집갔으니 그 집에 뼈를 묻으라고 몰아내고, 막상 시집에서는 친

정의 성을 의식하면서 결국 시집의 성으로 인정하는 것도 아닌 것이다. 그저 들어온 사람일 뿐이다. 차라리 서양의 경우 더 확실하고 솔직한 방식이 아닐까. 시집의 사람이 됐다면 걸맞게 시집의 성姓도 주면서 확실한 구성원의 자격을 갖추어 주는 것 말이다.

미국 롱아일랜드주 프로비덴스에 위치한 한국절 관음사 창건 20주년 기념법회를 현지 취재하고 주지이신 숭산스님 등 한국의 큰스님들과 함께 경내 탑 앞에서.

사실 사랑하는 '아내' 혹은 가슴이 미어지게 살가운 '딸'이라는 입장에 충실하기만 해도, 아니 그 차원에서 만이라도 생각하게 되면, 여성 남성 성차별 문제는 당초 거리가 되지 않을 것이라고 생각한다. 불혹의 나이를 넘기면서 가장 큰 변화는 인간을 들여다보는 눈이 선명해지는 것이다.

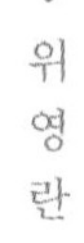

부모님 세대와 다른 경제관

마지막 한 가지 경제관의 현격한 차이는 지금까지 당황스럽게 느껴질 때가 종종 있다. 검소한 생활은 미덕 중의 미덕으로 믿고 배웠

다. 아직도 친정아버지의 흥분하신 목소리가 귀에 쟁쟁하다.

초등학생 시절로 기억된다. 집에서는 늘 파자마 차림으로 계시는 친정아버지가 일요일 아침 목욕탕에서 달려 나오셨다.

"누가 치약을 배때지를 '꾹꾹' 눌러 쓰는 거냐? 똥꾸멍부터 차곡차곡 짜서 써야지. 이것 봐, 결국 중간에 구멍이 생겨 반도 못쓰게 되고 만단 말이야."

요즘 치약은 플라스틱 튜브라 어디를 눌러 써도 원상복구가 되고 구멍도 생기지 않는다. 하지만 우리가 어렸을 때만 해도 치약 튜브는 알루미늄과 같은 재질이라 짜는 대로 모양이 새겨지고 거듭되면 쉽게 닳아 구멍이 뚫어지고 마침내 치약이 새는 지경이 된다.

지금도 나는 치약을 보면 아버지의 놀라서 펄쩍 뛰어나오셔서 가르치셨던 치약 절약 교육이 떠오른다.

친정어머니는 또 어떤가. 음식 양념하면서 파가 들어가면 양파를 안 넣으셨다. 절전정신은 너무도 투철해서 어렴풋한 실내등 빛을 함께 쓰시겠다고 화장실 문을 열고 일을 보실 때도 많았다. "뭐하시는 것이냐"며 불을 켜드리면 정색을 하고 눈을 흘기시면서 어서 불 끄라고 역정을 내셨다.

이런 생활방식을 의식, 무의식 적으로 두 딸들에게 적용하게 되는 나로서는 종종 그 생각의 다름에 깜짝깜짝 놀라게 된다. 결론부터 정리하면, 그렇게 절약하는 것보다는 그 시간과 그 노력으로 다른 생산적인 일을 하는 것이 낫다는 의견이다. 그렇게 몇 원(?) 아끼다가 눈 나빠지고 불결하거나 신경 쓰여서 짜증난다면 더 많은 금액을 잃게

된다는 논리도 편다.

절약만이 능사는 아니지만, 교육적인 차원에서라도 내가 경험하고 배운 방식 그대로의 절약에 대한 필요성을 말하기에는 너무 풍족해진 세상이 되었다.

누구나 자신의 세대는 격동과 전환의 시기라고 말한다. 58년 개띠들에게는 더욱 그 강도가 큰 것 같다. 전쟁만 경험 못했지 굵직한 근현대사의 중앙에 있었다.

정치적 격변에 휘말리던 뺑뺑이들의 삶

교육계의 시험대로 고등학교 평준화 1세대가 바로 우리다. 이른바 뺑뺑이 돌려서 학교를 배정 받았는데 나는 수유리에 살았지만, 공동학군으로 소속되어 정동에 있는 이화여고에 배정받았다. 시험 없이 입학했다는 그 이유로 74학번부터는 과거 동문회와 명부를 달리해야 하느니, 선배들과 비교해서 능력 편차가 너무 심해 수업에 어려움이 있다느니 등등 소리가 나올 때 어찌나 억울하고 오기가 생기던지 어린 마음에 일었던 서릿발과 같은 응어리가 기억난다. 이때 처음 사회가 얼마나 개인을 지배할 수 있는가 나름대로 깊게 생각했었다.

20년 독재를 마감한 '박정희 대통령 시해사건' 이 있던 1979년 10월 26일. 대학교 3학년이었고 남자친구의 학교 축제에 가기로 약속이 되어 있었다. 그해 1학기말 고사를 보고 만난 그 사람은 지금 남편이 되었는데, 당시 이른 아침 대통령 시해 뉴스를 들으면서 사실 나는 그 역사성이나 정치적 의미 등등 사건 자체보다는 '축제가 취소될 것이

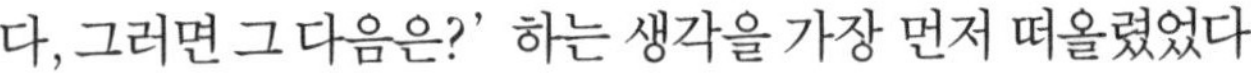

다, 그러면 그 다음은?' 하는 생각을 가장 먼저 떠올렸었다.

1980년 광주민주화운동 때는 대학교 4학년이었다. 그해 5월 서울역에 집결하고 신촌 곳곳에서 시위를 할 때 나는 교생실습을 하고 있는 예비교사였다.

데모에 동참해야 하느냐 마느냐를 두고 교생 전체 회의를 붙이며 열띤 논의를 벌였다. 방과 후 오랜 토론 끝에 학생 신분이 아니라 선생 신분임이 더 우리의 본분이라는 데 의견을 모았으나 결국 절정을 이뤘던 서울역 집회 때는 수업을 마치고는 하나둘 뛰어나가 마침내 모두 대열에 끼어들게 되었다.

같은 해 7월 30일 전대미문의 과외 전면 금지령이 내려졌었다. 당시 나는 세 팀을 맡아 과외지도를 해 꽤 괜찮은 수입을 올리고 있었다. 학비를 충당할 수 있었고, 실제 많은 학생들이 아르바이트로 부족함이 없는 생활을 할 수 있었다. 과외 신고센터가 가동되고 가가호호, 마치 북한의 '5호담당제' 식으로 주택가를 중심으로 신고체계를 강화하는 등 그 강도가 적지 않았다. 당시 과외는 지금 과외와는 개념부터 달라 원론적인 측면에서 상당히 교육적이었다고 생각한다. 부족한 수학능력을 채워주는 것이고 주요 과목의 강화였다. 지금 과외는 이른바 선행학습先行學習으로 고등학교 1학년 학생이 고2 과정을 과외에서 배우고 있어, 얼마나 낭비적인 교육이며 마치 학교는 시험 보는 공인 기관으로 전락하지 않았나 하는 안타까움이 든다. 사교육비 규모를 따져본다면 과외비는 물론이거니와 학원비의 경우도 어찌나 고액인지 부모들의 허리가 휠 정도다. 정말 이 시점이야말로 과외 전면

금지령이 다시 내려져야 하는 때가 아닌가 싶다.

결국 인연 과보의 내 삶이 나만의 것이 아니라 내 자식과도 얽혀 있음을 다시 확인하게 된다.

중요한 것은 아직까지 나는 내 것이 없다는 사실이다. '증후군'의 삶이었고, 또 다른 증후군을 찾아 앞으로도 계속 탐색할 것이다.

그러면서 분명한 것은 1985에 태어난 내 큰딸조차 "엄마 왜 '58년 개띠, 58년 개띠' 하는 거야"라는 질문에 어떻게 설명해 주어야 할지, 무슨 답이 맞을지……. 결국 못 찾을 것 같다는 예감이다. 그러면서도 "아~ 58년 개띠세요" 하는 말에 서로 코드는 달라도 이해한 듯 끄덕이면서 살아갈 것이다.

장용철

승속동행(僧俗同行)의 삶

1958년 춘천 남산면에서 태어나다. 1985년 〈조선일보〉 신춘문예와 『실천문학』을 통해 등단하다. 시집으로 『서울지옥』『늙은 산』, 전기문으로 『불법은 체, 세간법은 그림자라』, 수상집으로 『눈은 눈을 보지 못함같이』, 전국폐사지 순례기로 『잊혀진 가람 탐험』 등을 펴냈다. 제19회 불이상, 2005년 불교언론상을 수상했다. 현재, 지하철 풍경소리 작가, 진각복지재단 및 윤이상평화재단 사무처장, 문화복지연대 공동대표로 일하고 있다.

jihyun2205@hanmail.net

58개띠로서의 전생의 인연

우선 내 전생의 보따리부터 풀어놓기로 한다.

손금처럼 잘게 금간 오지항아리를 누렇게 바랜 광목 몇 필로 꼭꼭 묶어둔 전생의 보따리이다.

보자기를 풀면 먼저 한 마리 개똥지빠귀가 쏜살같이 날아 나온다. 눈 덮인 설악산 미천골 선림원禪林院 터를 누비던 그 개똥지빠귀이다. 이 새는 붉은 찔레 열매를 좋아한다. 찔레 열매를 찾아 마을까지 내려갔다가 어느 선머슴이 놓은 덫에 치인 적이 있을 것이다. 소 울음소리가 들린다. 제 뿔에 고삐를 감고 어슬렁거리며 논뚝 길을 따라 우리로 찾아드는 길 잘든 소이다. 여물 속에 박힌 퉁퉁 불은 콩을 주인집 아들놈이 주워 먹어도 큰 눈을 질끈 감아주는 얼룩배기 황소이다.

보따리를 풀면 풀수록 푸석이는 흙먼지 속에 사금파리 조각이 반

짝인다. 어느 선비가 애지중지하던 찻물 곱게 밴 찻잔 조각일 것이다. 왕조가 비틀거릴 때 벌떡 일어나 허공에 던진 그 매화무늬 찻잔일 것이다. 주먹만한 차돌도 굴러다닌다. 마른 꽃잎도 보인다. 조선의 마지막 수절과부인 내 어머니가 채마밭에 앉아 초승달 같은 새끼손톱에 하릴없이 꽃물들이던 달개비꽃이거나 제비꽃일 것이다. 차돌끼리 몸을 부딪히면 불꽃이 튀긴다. 이 나라 마른 산천을 단숨에 태우고 싶은 성질 급한 불꽃이다. 갑자기 어둡던 전생의 골짜기가 환해진다. 윤회의 회전문이 덜컹거린다. 북한강 물줄기 휘돌아가는 강촌마을 달빛 질펀한 그 메밀꽃 밭이 보인다.

'나가지' 마을의 천하 약골로 태어난 나

여기서부터가 내 유년이다.

고금의 전거典據를 찾으면 수미산 허리 남섬부주 해동국. 이승에 내가 몸을 빌린 사람은 마흔아홉수를 넘지 못하고 서둘러 무너진 '늙은 산.' 신라의 해신海神 장보고의 핏줄이 닿아있는 단양 장씨 장절공의 후손이고, 어미는 제비꽃처럼 수줍은 밀양박씨 양덕원댁이다.

아버지는 화전火田 몇 뙈기를 부치면서도 탈없이 들짐승 같은 6남매를 길렀다. 어머니의 적삼처럼 콩밭, 조밭, 수수밭으로 깁고 또 누빈 태백산 자락 경사진 산비탈이 내 둥지였다.

내 고향은 이름하여 '나가지.' 강촌마을에서 더 들어갈 곳이 없어 이젠 나가야 한다고 '나가지'라 이름 붙였다는 그 마을에 지금도 당신은 칡잎 몇 장 이불처럼 덮은 채 누워 있다.

2001년 9월 평양의 한 탁아소에서.

내가 태어난 춘삼월은 골짜기에 내린 물안개가 머리를 풀고 하늘로 올라가는 계절이었을 것이다. 그 첫새벽 아버지의 밭가는 소리 구성지게 마을 밖까지 메아리쳤을 것이고, 부지런한 산까치들이 산기를 느끼고 아침부터 짝을 찾아 헤맸을 것이다.

무술년 그해. 나라 밖에서는 최초의 인공위성 익스플로러호가 미국 플로리다주에서 우주로 날아갔고, 북한에서는 '천리마운동'이 시작되었으며, 이 땅에서는 이승만 정권의 개정보안법이 변칙 통과되며 쓸쓸하게 한 해가 저물어 갔다. 예사롭지 않은 이러한 욕계欲界의 시공의 씨줄과 날줄들을 탯줄로 엮어 태어난 나는 태어나면서부터 심하게 백일해百日咳를 앓았다고 한다. 배꼽이 튀어나오도록 기침을 해대 죽지 않으면 천명으로 생각할만큼 어머니조차 고개를 돌릴 정도로 그 마을 개똥지빠귀 중에서도 제일 약골이었다. 어찌 기침하지

않을 수 있었으랴. 전쟁의 상흔으로 성한 구석이라고는 없는 이 땅은 나를 영아기부터 기침하게 하였다.

불가에서는 본래 전생이나 들추고 지난날들을 되새김질하는 것을 번뇌나 망종亡種 쯤으로 여긴다. 마음 수련의 첫 단계는 사정없이 자신의 성깔을 죽이는 것이다. 두 번째는 좋고 나쁜 지난날의 추억들을 일일이 끄집어내어 침묵의 블랙홀 속에 던져버리는 것이다. 집착처럼 무서운 병은 없다. 몸을 바꿔도 끊지 못하는 집착의 끄나풀이 윤회의 사슬이 되어 삼계육도三界六度를 헤매게 하는 것이다. 집착이 업보이고, 그 업보가 유전자인 것이다. 어쩌다 승속동행僧俗同行의 양수겸장兩手兼掌으로 꼬이고 꼬인 줄기세포를 풀어보려 애썼지만, 아직도 매듭은 풀리지 않고, 풀렸던 것조차 다시 꼬이기 일쑤이다.

1995년 미국의 진각종 현지법인 주교 재직시 LA 흑인촌에서 선교 활동을 할 때.

그래도 금생에 내가 크게 떨쳐버린 업보 중의 하나는 '두드러기'일 것이다. 소고기나 돼지고기 등 육식을 하면 어김없이 온몸에 두드러기가 돋았다. 심할 때는 얼굴까지 부어올라 하루쯤 드러눕지 않으면 안 되었다. 이 업보는 누겁에 걸친 살생의 인과일 테지만, 되짚어보면 초등학교 때 미국의 원조급식으로 먹던 옥수수죽과 분유가 원인이었던 것 같다. 허겁지겁 먹다가 급체한 적이 있었는데, 그 이후로 육식성 음식만 먹으면 두드러기가 나는 것이다. 자장면도 못 먹고, 심지어 우유만 먹어도 살갗이 붉으레 부어 올랐다. 그러나 나는 고질적인 이 질병을 북한산 웅담熊膽으로 고쳤다. 북한 땅을 드나들면서 남에게 선물로 갔다주다 남은 웅담을 소주에 타서 한 달 여간 마셨는데, 신기하게도 고기가 당겼고, 그 이후 치유불능의 이 두드러기 병은 나의 인생에서 사라졌다. 무려 40여 년의 세월 동안 내 육신을 괴롭힌 이후이다.

내 인생의 네 가지 '화두'

배가 고파 억지로 먹고, 피나게 두드러기를 긁으면서도 또 먹지 않으면 안 되던 그 돌덩이 같던 분유 덩어리……. 1990년대 초 크게 넓이뛰기를 하여 미국에 건너가 살면서 샌프란시스코에 갔을 때 나는 그 빚을 말끔히 청산하려 시도한 적이 있었다. 시집 『늙은 산』에 실린 졸시 「샌프란시스코에 가면 게를 먹어야 한다」는 바로 그 시의 장면이다. 샌프란시스코 선착장에서 한 바구니의 게를 시켜 '게다리를 분질러 먹고, 속을 다 파먹고', 이제 그만 버리려 하는데, 갈매기와 노숙

자들이 몰려와 자기들도 좀 달라고 야단들이기에 기분 좋게 먹다 남은 그 음식을 던져 준 것이다. 내 어렸을 때 얻어먹은 옥수수죽 그 빚 이자까지 생각하면서…….

사람이 살면서 운명적으로 부딪히는 일들은 어떤 동기나 인연이 있었기 때문이다.

철들면서 나는 네 개의 화두話頭를 들고 인생을 참구參究하기 시작하였다. '진리(종교)', '문학(시)', '통일(민주)', '사람(인연)'의 네 가지이다.

진리는 시간과 공간을 초월한 영원한 것에 대한 숙명적인 동경이다. 사람이 정녕 만물의 영장이라면 이 유한한 인생 속에 과거와 미래를 모두 담은 무한의 생을 살아야 할 것이 아닌가. 남들은 이성에 눈뜰 무렵 나는 고독을 먼저 만났고, 그 고독과의 싸움 끝에 부처를 만났다. 부처를 만나지 않았다면 나는 '바닷물이 짠지 알기 위해 동해의 물을 다 먹어 보려는' 미련한 짓을 했을 것이다. 나는 많은 경전을 읽었다. 그러나 글자만 읽었지 그 뜻을 제대로 읽은 것은 별로 없다. 갠지스강의 원숭이들이 모래로 탑 쌓는 장난을 하였는데도 그 공덕으로 다음 생에 모조리 인간의 몸을 받아 오백나한이 되었다는데, 한대승 종단의 종지 종풍을 지껄였으니 이쯤 되면 나도 다음 생에는 절집 안 불목하니 정도는 될 것이 아니겠는가.

불문을 들락거린 지도 벌써 25여 년이 흘렀다. 종단 생활 외에 전혀 사회생활을 한 적이 없고, 오직 미련하게 한 우물을 판 것이다. 그런 덕택에 내가 아니면 안될 자리를 만들었고, 그 덕분에 팔자에 없던 미국 생활을 8년이나 하였다. 로스앤젤레스에서의 생활은 아직도 어느

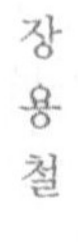

전생 같다. 뒤늦게 사회복지를 공부하여 복지재단 설립에 관여하여 복지국가를 논하는 자리를 맡았고, 또 다른 전생의 인연으로 '윤이상평화재단'의 설립에 관여하여 그 집안의 집사 노릇을 하기도 한다. 남들은 내가 불교 집안에서 한 자리쯤 할 것이라 기대도 하지만 그것은 오산이다.

1998년 「백두산」 시인으로 불리는 북녘의 조기천 시인의 묘지 옆에서.

나는 진리를 탐했지, 자리를 탐한 것이 아니었다. 나는 이 교단에서 '고스톱' 씀으로 치면 '9열 짜리' 쯤에 해당하는, 겨우 그런 사람이다. 때로는 알맹이로, 때로는 껍데기 두 개짜리로 점수 나는 데 요긴하게 쓰이는 것이다. 지금은 껍데기의 세상이다. 껍데기로 쳐야 점수가 먼저 난다. 그것이 민주주의고 복지세상이다. 나는 천성적으로 시인의 품새가 어울리는 사람이다. 내 속에는 겨울 산천을 누비는 개똥지빠귀의 뜨거운 피가 흐른다.

문학은 내가 내 아버지로부터 받은 두 가지 유산 중의 하나이다. 아버지는 음유시인이었다. '나가지.' 그 하늘조차 막힌 둔전 동네에서 우리 집은 책이 제일 많은 집이었다. 목소리 구성진 당신이 동네 아낙들을 모아 놓고 춘향전이나, 심청전을 읽어주면 닭똥 같은 눈물을 주

르르 흘리곤 하였다. 그 시골집 흙냄새 나는 풍경을 나는 윤회를 거듭하여도 잊지 못할 것이다. 그는 집 밖을 떠나 있을 때 빠짐없이 일기를 썼고, 그 일기장을 내게 유산으로 남겨주었다. 내게도 아버지는 역시 넘어야 할 산이었다. '늙은 산'이었다. 빚에 몰려 북한강가에 신발을 벗어 놓고 자살까지 결심했다가 군에 있던 이 맏자식 생각으로 다시 신발을 고쳐 신었다는 주변머리없는 사람이기도 하였다. 꼭 지금의 내 나이만큼만 살고 가셨으니, 나 또한 내 운명에 대해 불안한 구석을 지울 수 없다. 이 세상이야말로 당신에게는 고해였을 것이다.

늙은 산을 오른다
어린 산들 업어 키우느라
지치고 쭈그러진 산
몸은 이미 무너졌으나
이름은 아직 다 무너지지 않은 산
동구 밖에 나와
쪼그리고 앉아계신 아버지
이젠 돌아와
나를 오르라 하는 산
오를수록 깊어지는 산…….

졸시 「늙은 산」이다. 지금도 나는 일이 잘 안 풀리고 힘든 날에는 일찍 집으로 들어가 초등학교 6년생인 딸아이를 업어준다. 업기엔 너무 커버린 딸을 업어주면서 아버지의 그 편안했던 등허리를 생각하는 것이다.

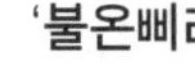

'불온삐라' 줍던 인연으로 통일꾼이 되다

유년 시절 우리의 일과 중에 하나는 마을 산을 뒤져 불온 삐라를 줍는 것이었다. 대개 '박정희 파쑈' 라든지, '미제 양키' 라고 도깨비 같은 그림이 곁들여진 그 삐라들을 주워 학교에 가져가면 연필이나 공책을 상품으로 주곤 하였다. 어쩌다 삐라를 살포한 고무풍선까지 줍는 날에는 큰 횡재를 한 것이나 마찬가지였다. 그 풍선은 아이들의 즐거운 놀이감이었다. 화공약품 처리가 되어 풍선을 불면 입술이 부르트고, 목이 부어도 우리는 열심히 삐라를 찾아 산골짜기를 뒤졌다.

삐라를 줍던 그 인연으로 나는 지금 통일꾼을 자처하며, 잘못된 세상을 향하여 가슴 아파하는지 모른다. 1995년 평양축전에 갔던 이래 이십여 차례나 북녘 땅을 드나들었다. 북녘 땅을 드나들며 가장 기억에 남는 일은 1997년 12월, 단독 방북하여 사리원에 '금강국수공장'

2002년 12월 창작국악교성곡 「회당」의 공연 이후, 작사자로서 출연진인 국악인 안숙선, 작곡가 김회경, 음악인 장사익 선생과 함께.

설립 합의서를 체결하고 온 일이다. 그때만 해도 남북 직접 사업 거래는 어려웠기에 나는 미국 영주권자 신분을 이용했고, 그것은 교단 안팎에 신선한 충격을 주었다. 그 결과로 나는 서울에 돌아와 관계기관으로부터 닦달을 받았다. 햇볕정책 덕분에 끌려가서 맞지만 않았을 뿐이지 적지 않은 수모를 당했다. 실정법이 문제였다. 정부의 승인 없이 사업 합의서를 체결하였으니 국가보안법과 남북교류협력법에 저촉되는 것이었다. 법과 질서도 중요하지만 더 중요한 것은 대의명분이라 생각한다.

어떤 시인인가 '잘못 든 길이 지도를 만든다'고 하였다. 통일의 대오에서는 종종 '잘못 든 길'을 가지 않을 수 없다. 아직 길이 없기 때문이다. 사리원 성불사. 지금도 그 동네에선 금강국수공장이 돌아가고 있어 배 고픈 내 형제들이 주린 배를 채우고 있다. 아무리 민족 왕래가 빈번해도 동질성 회복이 되지 않으면 그것은 정치적인 쇼에 불과하다. 민간 교류는 동질성 회복 차원에서 반드시 필요하다.

DJ 정부가 그토록 곤경에 처하고도 역사의 평가를 받겠다고 장담한 것은 6·15 공동선언을 통해 그만큼 통일의 주춧돌을 놓았기 때문이다.

음악가 윤이상의 명예회복을 꿈꾸며

통일사업을 하며 내가 가장 힘겨워했던 부분은 '윤이상명예회복추진운동'이었다. 다행히 지금은 '윤이상평화재단'이 출범하였지만, 그분의 명예와 예술가적 평가가 제대로 이루어지려면 시간이 좀 더

걸려야 할 것이다. 미국에 살던 인연으로 나는 그 유족들과 연이 닿아 이 일에 관심을 두게 되었고, 그 일을 내 통일 운동의 한 축으로도 생각하게 되었다.

윤이상은 우리가 반공 글짓기를 하고, 월남파병을 찬동하며 '맹호부대 용사들' 을 외칠 때, 이른바 '동베를린 사건' 으로 서울에 끌려와 간첩 혐의를 받고 무진 고초를 당한 재독 음악가이다. 그는 우리 민족이 낳은 세계 5대 음악가 중의 한 사람으로 불린다. 어쩌면 남북을 통틀어 우리 민족 출신의 가장 위대한 예술인의 한 사람일지도 모른다. 분단의 틈새에 끼여, 한쪽에서는 간첩으로, 다른 한쪽에서는 민족지도자로 불우한 생을 살다 간 윤이상! 윤이상은 살아 생전 그토록 고향인 통영 땅을 밟아보고자 했으나, 그가 범민련 초대 의장을 맡았다는 점 때문에, 사면복권이 안 되었다는 이유 등으로 역대정권들에게 철저히 외면당했다.

안익태가 애국가 하나로 스페인 여인과 결혼을 했으면서도 기념관이 꾸려지는 등 영웅 대접을 받는데, 세계인이 하나같이 천재성을 인정하는 '상처받은 용' 윤이상은 죽어서도 조국에 돌아오지 못한 것이다. 윤이상의 영혼과 그 유족들이 편안하게 고국 땅을 밟는 날, 이 땅에는 진정한 민주주의— '화염 속의 불꽃'이 장중히 울려 퍼질 것이다.

한번 눈독 들인 것은 몽둥이가 날아들어도 물어뜯고야 마는 삽살개의 근성.

나는 사람도 그렇게 사귄다. 그러다 보니 대개는 질려서 달아나기

에 내 주변엔 친구가 별로 없다. 그래서 심심하면 나는 달보고 짓기도 하고, 마땅치 않으면 주인을 보고 짓기도 한다. 서당 개도 삼년이면 풍월을 읊는다는데 나는 20여 년 경전을 읽었어도 된소리 보다는 쓴 소리를 좋아한다. 나는 목덜미에 굴레자국이 선명한 살찐 개보다는 오늘도 주린 배를 움켜주고 산으로 돌아가는 들개가 되고 싶다.

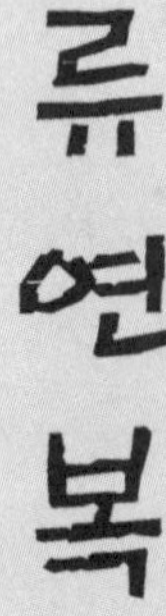

새싹 돋는 희망의 봄

1958년 경기 가평에서 태어나다. 신일고교, 홍익대 미대를 졸업하고, 1984년 서울미술공동체를 결성하면서 화가로서의 길을 걷다. 민족미술인협의회 사무국장 · 한국민족예술인총연합 대외협력국장 등을 역임하다. 1989년부터 미국과 독일 등지에서 '류연복민중판화전' 등을 가졌으며, 개인전으로 〈스스로 그렇게〉 〈류연복 생명전〉 〈58개띠 생명전〉 등을, 『말』 『문학과경계』 등의 잡지에 판화를 연재하기도 했다. 저서로 『먹감나무 한 그루』 『아름다운 동행』 등이 있다. 현재, 경기도 안성에서 창작에 전념하고 있다.

pungrheu@hanmail.net

내 유년의 추억이 깃든 정릉이라는 곳

겨울 스산한 바람이 미처 떨어지지 못한 갈참나무 잎사귀에 매달려 있는 눈발을 눈부시게 휘날리고 있습니다.

오랜만의 추위입니다. 지난번 추위에 가스 사용량을 많이 소모해서 비축분이 별로 없다고들 합니다.

석유 한 방울 나지 않는 나라에서 대부분의 생활을 석유에 관계된 연료에 의존하는 나라입니다. 매번 석유 파동에 따라 온 사회가 술렁입니다. 허나 그때뿐입니다. 매번 호들갑 떨다가 금방 잊어먹곤 합니다. 우리네 삶들을 한번쯤은 되돌아봐야 할 것 같습니다.

서울이 영하 13도라니까 이곳은 영하 17~8도쯤 되겠지요. 연말과 새해 이런저런 약속 관계로 폭음과 폭연 속에 심신이 많이 피곤해졌기에 오랜만의 추위가 쌀쌀하게 다가옵니다만 어렸을 적 추위에 견

주겠습니까?

작업장 갈탄난로에 불 지펴 넣고 바람소리 들으면서 마감원고 쓰기 위해 책상에 앉았습니다. 갈탄난로에 불 피워 놓았어도 연필 잡은 손길이 곱아 호호 불어가면서 생각 잡아봅니다. 갈탄난로 불 지피면서 조개탄 줍기 위해 이곳저곳 다녔던 '초등학교' 시절과 페치카 당번하며 탄가루와 황토를 뒤섞어 페치카에 불 피던 군대 시절을 회상하곤 합니다.

산림공무원이셨던 아버지를 따라 이곳저곳 다니다 서울 정릉에 터를 잡은 것이 1960년대 초반, 한 4~5살 때라 이야기 들었습니다.

정릉은 태조 이성계의 둘째 부인인 신덕왕후 강씨의 묘지이지요. 그 곳 정릉과 그 주변은 어렸을 적 신나는 놀이터였지요. 묘지에서 제단까지의 급격한 경사에 심어놓은 잔디는 훌륭한 미끄럼틀이었으며 온몸을 뒹구는 황홀한 놀이터였지요. 그렇게 뛰어놀다가 능 옆에 있

중학교 때 경주 수학여행에서 친구들과(오른쪽이 필자).

는 커다랗고 웅장(?)한 폭포수에 가서 미역도 감고 물놀이도 하다가는 그도 지치면 뒤편에 있는 높은(?) 암벽에 올라가 햇볕에 몸을 말리며 하늘을 쳐다보곤 했지요. 얼마 전에 가보니 불과 3~4m 정도의 암벽에 물기만 촉촉한, 예전의 웅장한 폭포는 보이지 않더군요.

능을 감싸고 있는 숲 이곳저곳을 다니며 어떤 때는 나뒹구는 장군석을 발견하기도 하고 태어난 지 얼마 되지 않은 태아의 시신을 찾아내 묻어주기도 한 어려웠던 한, 시절을 보여주기도 했던 곳.

여름날 나무에 개 매달아 개장국 끓여먹는 어른들에 치를 떨기도 했으며 집에서 기르는 강아지가 죽을 때마다 범띠인 아버지와 여동생을 원망하면서 묻어주었던 곳도 그곳이었지요. 산으로 들로 뛰어다니며 아까시 순을 따먹기도 하고 소나무 껍질을 벗겨 속살처럼 흰 속껍질을 벗겨먹기도 하고 정릉 앞 돌산에서 다이너마이트를 터뜨리면 구리줄을 주워 고물상에 갖다 주어 군것질기리를 마련도 했던 곳.

제 아내에게 이런 이야기를 하면 믿지를 못하기도 합니다만, 보름이 되면 집 뒤 동산에 올라가 불놀이 깡통을 돌리다 남의 집에 불을 낼 뻔도 했고 옆 동네 아이들과 돌싸움도 했고 아버지의 손을 잡고 나무에 대한 이런 저런 이야기를 듣던 곳도 그곳 정릉 주변들이었지요.

결혼해 분가하기까지 거의 30여 년을 살았으니 내 인생은 대부분이 그곳의 변화된 모습과 같이 이루어졌겠지요.

천연스키장 북악스카이웨이에서 놀다

처음 그곳에서의 삶은 천막 생활이었지요. 나의 첫 집에 대한 인식

은 천막이었던 셈이지요. 그 곳에 집을 지은 후 무허가라 해서 헐린 기억에 다시 지은 후 북악스카이웨이 때문에 또다시 집의 일부가 철거되면서 담벼락만 긴 이상한 구조의 집이 되었죠. 그 담벼락에 벽화를 그려 사회문제가 되었을 때 '재벌이네' 라는 농담 섞인 이야기를 들었던 바로 그 집이었지요. 그 이후 도시의 팽창에 따른 많은 철거민들을 양산하게 된 일들이 사회문제화 되곤 했지요.

우리나라 국민의 대다수가 자기 집에 대한 애착과 아파트가 투기의 대상이 되는 것이 저의 이러한 경험이 다른 사람들의 경험과 다르지 않은 것을 반증하는 것 같네요. 지금 그 곳도 다른 곳과 마찬가지로 아파트 재개발로 뒤숭숭합니다. 바로 집 뒤의 불놀이도 하고 투석싸움도 하던 작은 동산이 없어지고 4, 5m 정도 되는 높은 담이 세워져 있고 그 위에 높은 아파트가 서 있습니다.

집 옆 북악스카이웨이 주변에 아버지께서 심어놓으신 버즘나무만 무성하게 자라나 있습니다. 군사 도로로 닦여진 북악스카이웨이가 한동안은 신혼부부들의 단골 드라이브 코스로 각광을 받기도 했지만 나에게는 훌륭한 겨울놀이터였지요. 우리 집 담벼락에 붙어 있는 그 길의 완만한 경사는 대나무 동강을 잘라서 만든 댓개비에 발만 올려놓으면 기막히게 미끄러지는 환상의 스키장이었지요. 여름에는 그 당시 흔하지 않은 수영장이 있는 곳에 집이 있어서 수영 다니는 학생들의 용돈을 뺏어서 군것질거리를 만드는 길이기도 했지요. 또한 그 곳은 동네 분들에게는 약수를 뜨러가기도 하고 아침 · 저녁 운동도 하는 길이기도 했지요.

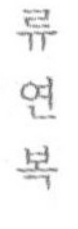

초등학교에 들어가서는 그 학교가 세계에서 제일 크다는 이야기를 자랑으로 알고 다녔지요. 2 · 3부제 수업을 하던 학교나, 졸업기념 앨범을 들춰보니 16반까지 있었고 한 반 학생 수가 80~90명 정도가 되더군요.

고등학교 졸업식 때 가족들과 함께.

여러 학교로 갈라지고 하면서도 졸업할 때 규모가 그 정도이니 어떠했겠습니까? 그 당시나 지금이나 교실의 평수가 20평에 복도 5평 그대로이니 20평에 평균 85명 정도 학생이 수업을 받은 것이지요. 콩나물시루라는 것이 딱 맞는 표현이지요. 경제개발5개년계획 하에 농촌에서 서울로 많은 사람들이 움직이던 때이기에 가능했던 이야기이지요.

지금 제 아이가 다니는 학교의 전체 학생 수가 70여 명, 병설유치원까지 합해서 90여 명이 되니까 그 당시의 한 반 정도 규모지요. 그렇게 많은 젊은 부부들이 전국에서 서울로 밀려 들어왔던 것이지요.

정릉천변에서 칼춤을 추던 아이

학교 앞으로 정릉천이 흐르고 있었는데 학교 앞에는 나무다리가 있었고 물이 범람하면 한참을 길음동쪽으로 되돌아가곤 했었으니까

예전 시골 학교나 같았지요. 학생 수만 빼고요. 그 맑았던 물에 어느 해부터인지 염색된 물이 흐르곤 했지요. 상류 쪽에 염색공장이 들어섰던 것이지요. '우리의 도시화, 산업화되어 가는 과정이 그 이후의 천변 풍경 변화에서 보이는구나' 생각했습니다.

그 천변에 집 장사들이 지은 집들이 들어서고 학교 뒤로는 동방주택, 북악스카이웨이를 따라서 정보부 주택 · 교수주택단지들이 지금의 전원주택단지들처럼 들어서고 우리는 그 곳에서 축구를 즐겨 했지요. 단지마다 집터마다 축구를 하는 아이들로 시끄러웠지요.

공 하나만 있어도 하루 종일 뛰어놀던 곳이 이제는 빽빽한 주택이 숲을 이루고 있습니다. 지금은 복개되어서 천이 흐르는지조차도 모르게 되어 있지만 그 정릉천은 어린 시절 많은 시간을 보낸 곳 중에 하나이기도 한, 내 머릿속에 남아있는 추억의 개천이지요. 썰매를 지치던 그 곳에 스케이트장이 들어서서 스케이트장 밖에서 부러운 듯

우리집 담벼락에 벽화 '상상도' 를 그리다 경찰에 연행되는 모습.

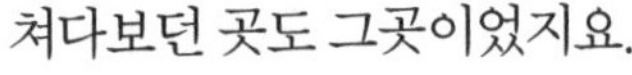

쳐다보던 곳도 그곳이었지요.

또한 1학년 때 짝을 짝사랑해서 그 아이의 얼굴을 보기 위해 주변 완장을 빼앗아 차기도 했던 곳도 그 천변에 위치한 학교였지요.

그 아이가 소풍 가서 칼춤을 추던 기억이 지금도 납니다만 그 아이와는 중학교도 같이 갔건만 말 한 마디 건네 보지 못한 수줍움 많은 내성적인 아이였기도 했지요. 지금 생각해 보면 촌스러운 색깔을 입힌 아이스께끼가 먹고 싶어 철통을 들고 아이스~ 께끼 하면서 팔러 다닌 걸 보면 생활력이 무척 강했던 아이이기도 했던 모양입니다. 불자동차 그리기 대회에 나가서 상을 받아 많은 학생들 앞에서 상장과 부상으로 받은 크레용이 얼마나 좋았던지 생각나는 곳. 공부시간에도 공책 빈 공간마다 만화를 그리기도 했던 때, 언젠가는 어느 어린이 잡지에 공모한 동시가 실려 순천의 어느 여학생으로부터 펜팔 편지를 받기도 했던 가난했지만 아름다웠던 추억이 그곳 정릉과 천변 곳곳에 배어 있는 것을 새삼 느낍니다.

반항이 싹트던 시절

정릉을 벗어나 길음동으로 해서 미아동까지 활동반경이 넓어지게 된 것이 중학교 들어가서겠지요. 빽빽이 세대라서 입시에 대한 중압감은 없이 들어간 학교였지요. 서울시 초대 교육감이셨다는 김영훈 선생님께서 새로 설립한 지 얼마 되지 않은 학교였지요. 남녀공학인 학교였지요. 중학교 들어가서는 평범한(?) 생활을 했던 것 같습니다.

미술반에 들어가서 그림도 그리고 미술대회에 나가면 큰 상은 아

니더라도 상 하나씩은 받곤 하던, 하지만 화가가 되겠다는 생각은 하지 않았던 시절이었지요.

복학 후 학교 앞에서.

아! 그때는 시험이 끝나면 꼭 단체관람으로 영화를 보던 기억도 납니다. 간혹 짤짤이(동전을 가지고 하는)로 돈을 따기도 하면 친구들과 어울려 가던 가까이 있는 대지극장이나 아니면 동대문 근처에 있는 계림극장, 정릉에 있는 미도극장, 기억나지 않는 몇몇 극장들도 떠오르는군요.

경주의 수학여행 기억도 나네요. 오랜 시간 기차를 타고 가서 여관에 짐을 풀고 잠을 자려는데 아이들이 문을 여닫는 소리가 기차의 칙칙폭폭 하는 소리로 들릴 만큼의 오랜 여행의 기억도 떠오릅니다.

그때의 사진첩을 뒤적이니 중학교 모자 옆에 코스모스를 꺾어 끼워놓고 찍은 사진도 보이더군요. 아마 코스모스를 보면 가슴 설레는 것이 그때부터였던 듯합니다. 졸업사진을 찍는데 동네 아주머님들도 축하해 주기 위해 참석해 주실 만큼 이웃간에 정들이 있던 때였습니다. 첫 뺑뺑이 세대로서 들어갔던 학교가 그곳에서 두어 정거장 간에 위치한, 백운대가 한눈에 보이고 화계사도 지척에 있고 학교 뒤로는 산이 있는 신흥 명문이라던 학교였지요. 그곳에서 뺑뺑이 세대로서 설움도 겪으면서 기죽지 않으려고 몸부림치기도 했던 곳이지요. 사

회와 나의 관계에 대한 생각의 단초도 만들어 주었던 곳이지요.

1학년 때 일요일 날 친구와 시내에 나갔다가 마주친 선배(2학년)한테 인사를 안 했다고 월요일부터 쉬는 시간마다 그 반으로 불려가서 쥐어 박히기도 하며 수모를 당했던 것이 선배들에 대한 반항심을 심어주었던 것이 아닌지 생각해 봅니다. 동아일보 백지광고 사태 때이지요.

미션스쿨이라 봄에 영락교회에 가서 수양회 하는 기간이었지요. 수양회를 마치고 광화문에 있는 동아일보사 앞에서 연좌농성을 최초로 했던 기억도 있지요.

그 당시 교목이셨던 이규선 목사님도 학교를 그만두시고 여러 명은 학교를 떠나기도 했지요. 따라만 다녔던 한 학생이었을 뿐이었지만, 사회와 나에 대한 생각의 한 단면을 제공해 준 사건으로서 이후

민족미술인협의회 사무실에서 미술탄압에 항의 농성을 할 때(왼쪽은 지금의 아내다).

80년대 밥 먹듯이 한 시위들의 단초가 아니었나 생각입니다.

또한 일요일만 되면 화구통을 짊어지고 서울 근교로 옛 고궁으로 그림을 그리기 위해 다녔던 일들이 지금의 나를 있게 한 원천이었지요.

매년 가을에 있는 교내 미술전람회를 위해 저녁 늦게까지 미술실에서 그림을 그리기도 했고, 후배들을 닦달하기도 했고, 때로는 그림 그린다고 수업 빼먹고 의정부까지 영화를 보러 다닌 일들도 학교와 입시에 대한 강박관념으로 인한 반항심의 발로가 아니었나 생각되네요.

대학을 가기 위해 미술학원을 가야하는데 돈도 없으려니와 대학은 꼭 가야 하는가라는 의문에 안 다니다가 예비고사 본 후에 2, 3달 정도 미술학원에 다니다가 1차 시험은 안 보고 2차 시험에만 응시한 후

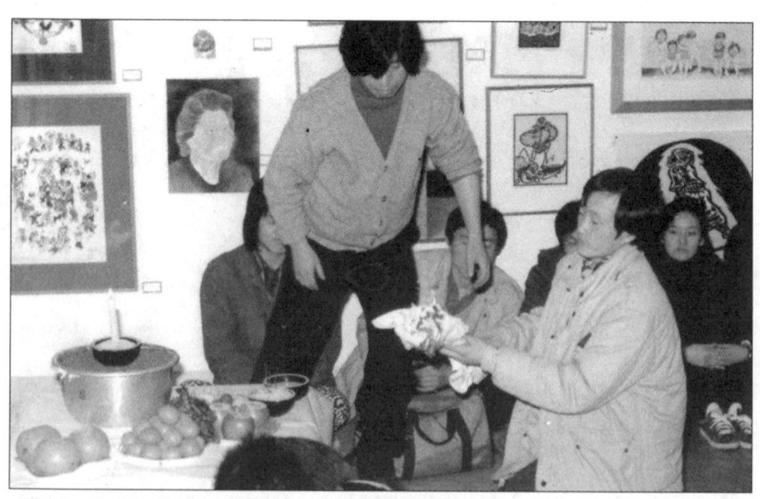

을축년 미술대동잔치에서 고사를 지낸 후 축문을 읽고서.

에 내장산으로 친구들하고 여행을 다녀와서 발표 당일에 합격자 발표를 보고 학원에 가니 어디 갔다 이제 오느냐고 난리더군요. 비록 부모님들께서 바라시던 과는 아니었지만 내가 선택한 곳에 붙었으니 부모님들께도 면목이 서더군요. 미술대학 간다고 하면 먹고사는 문제로 인해 걱정이 많던 시대였으니까요.

아래로부터의 변혁을 꿈꾸며

대학 생활에서는 화실을 하면서 술 마시는 일이 예술인 양 '애술'을 즐겨 하며 적십자동아리에 들어가 야학교사 생활을 하기도 하면서, 29박 30일 동안의 무전여행도 하고 주머니에 돈만 생기면 그림여행을 많이 하는 시기였지요. 동아리 친구들에게 보내는 나의 그림엽서는 인기품목이기도 했지요. 내가 여행을 떠나면 그림엽서를 받기 위해 수소를 적어주기도 했으니까요. 그 당시 동아리라는 것이 MT를 가면 군대 점호를 받는 것처럼 얼차려 받기가 일쑤였던, 군사문화가 대학 내에서도 통용되던 시절이었지요. 방학 때마다 농촌봉사활동도 다니고 한 여자아이와 2번 헤어지고 3번째 만난 후 또 다시 헤어지던 아픈 사랑의 기억도 있던 시절이기도 하지요.

그 당시 우리 학번을 개칠 학번으로 부르기도 했지요. 술을 먹고 실기실 들어가서 석고상을 깨는 일들도 많았고 계열로 입학한 첫 번째 학번인지라 서양, 동양, 조소 3과를 한꺼번에 뽑은 터라 학생 수도 많았고 과선배들에 대한 통제가 가능하지도 않았고 많은 학생 수만큼 크고 작은 일들을 많이 저질렀던 학번이지요. 교수님과 같이 수업 들

어갔다 교수님 나가면 같이 나가 버리는 저를 보고 교수님이 뺨을 때리기도 했었지요. 복학해서 인사 드리러 댁에 찾아 뵈니 교직생활하시면서 처음으로(아마 마지막이었기도 하겠지만요) 때린 학생이라는 말을 들었습니다. 하여간 강의실보담은 술집과 화실, 강의실 밖에서 보낸 시간이 많은, 무언가 세월이 답답하고 분출하지 못하는 앙금들이 쌓여가는 세월들이었지요. 그림이 무언지 사회와 그림에 대한 관계라든지 하는 것들이 뒤죽박죽이었던 세월의 방황이었지요. 군대에 가서 이 나라 역사의 아슬아슬했던 시기를 경험하게 되지요.

10 · 26, 12 · 12, 5 · 17이라는 1979, 80년에 일어났던 격변기적 사건이지요. 12 · 12 때는 고려대 뒷산으로 5 · 17 때는 한양대로 나오면서 참 많은 갈등을 하기도 했지요. 군인으로서 학생들과 부딪칠 때의 고민 같은 것이었지요. 많은 이야기들이 풍문처럼 전해지던 시절이었으니까요. 허나 그 사건들은 뒤죽박죽이었던 그림과 사회, 역사에 대한 여러 문제들을 정리해 주었던 일이기도 했습니다. 복학 후 1, 2학년 때 방황의 결과로 받은 12학점 펑크를 메우고 졸업하기 위해 열심히 그림도 그리고 공부도 했지요.

그 결과 1학점을 남겨서 졸업을 무사히 하게 되었지요. 그 학사모는 교육받지 못한 부모님들에게 드리는 저의 선물이었던 셈이지요. 졸업과 동시에 학교 앞에다 친구와 같이 화실을 차리고 본격적으로 미술운동을 하게 됩니다. 현대미술연구소, 벽화팀 십장생, 서울미술공동체 결성, 그 이후 민족미술협의회로 1980년 중 · 후반기를 운동의 현장에서 같이합니다.

1985년 '을축년 미술대동잔치'를 기획하면서 미술과 대중의 만남의 장을 넓히기 위해 노력하는 한편으로 그림으로 발언하기 위해 기획했던 '20대의 힘'이란 전시는 경찰의 탄압에 의해 전시장이 폐쇄되는 초유의 사태가 벌어지면서 민중미술, 민중문화가 '9시뉴스'에 데뷔하는 사건이었지요.

1986년도에는 우리 집 담벼락에 벽화를 그려 사회면을 장식하기도 하면서, 이동식 벽화인 걸게 그림을 만들어 내면서, 1980년대를 그림의 시대로 만드는 데 한몫을 하면서 보내온 삶이었습니다.

이러한 변화 과정이 수줍고 내성적이었던 한 식물적 소년을 동물적이고 외향적인 1980년대 싸움판으로 내몬 것이었겠지요. 허나 이제는 위로부터의 변혁이 아닌 밑으로부터의 변화를 꿈꾸기 위해 작은 변방의 한 소도시를 옮겨서 그림이, 문화가 어떻게 생활 속에 녹아들어야 할지 해야 될 몫을 생각하며 살아가는 중입니다. 바람에 휘날리는 눈발을 보며 새싹솟는 희망의 봄을 기약해 봅니다.

당신 몸에서는 지독한 역마살 냄새가 풍겨요

1958년 전남 영광에서 태어나다. 광주 동신고, 원광대 국문과와 중앙대 대학원 문예창작과를 수료하다. 1986년 〈서울신문〉 신춘문예에 시가 당선되어 등단하다. 격월간 『금호문화』 편집기자, 〈전남일보〉 기자, '포천가구사업협동조합' 상무이사를 역임하다. 시집으로 『수렵도』 『퍽 환한 하늘』 『아무도 너의 깊이를 모른다』 등이 있고, 실명동화집으로 『아름다운 철도원 김행균』이 있다. 현재, 문학과경계사의 대표로 일하고 있다. mungyung2001@hanmail.net

역마살을 타고난 내 인생

이 원고 청탁서를 받고 나는 가롯 유다 같은 심정으로 내 자신에게 '글쎄'라는 질문을 세 번 던졌다.

 # 글쎄 1 글쎄. 나에게도 삶이라는 것이 있었던가? 아니 이것이 내 삶이라고 내세울 만한 그런 삶이 있었던가?

 # 글쎄 2 글쎄. 누군가 그랬다. '58년 개띠' 라는 말에서는 '지독한 역마살' 냄새가 난다고.

매년 정초마다 어머니께서도 내 사주와 토정비결을 보고 오신 뒤 그러셨다.

"진영아. 니 사주에는 역마살이 잔뜩 끼었어야. 그러니께 올핸 부

디 마음 잘 다잡고 살아야 쓴다이—."

그래서 그랬을까? 초등학교 6학년 때부터 나는 싸가지없게도 무단가출을 시작했다. 그리고 그 무단가출은 중학교와 고등학교와 대학교 때는 물론, 고등학교와 중학교에 다니는 자식을 둘이나 둔 지금까지도 변함없이 이어지고 있다.

그 열병이 도질 때마다 아내는 그런다.

"당신 몸에서는 정말 지독한 역마살 냄새가 풍겨요."

 # 글쎄 3 글쎄. 지금 나에게 글로 옮겨 적어 볼 만한 삶이라는 것이 있기나 한 것인가? 아니 진짜 삶이라는 것을 살아보기나 한 것인가.

대학 시절 당시 민통련 사무차장이었던 장기표 선생님을 초청해서 80년대 학생운동과 그 방향에 대한 토론회를 가질 때 사회를 보고 있는 필자.

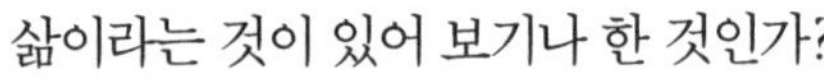

삶이라는 것이 있어 보기나 한 것인가?

하얀 운동화와 무작정 상경에 얽힌 에피소드

 # 장면 1 소년은 하얀 운동화가 몹시 신고 싶었다. 며칠 후면 초등학교 졸업식. 담임선생님께서 6년 동안 나라님한테 들들 볶이며 저축한 돈을 나눠주셨다. 두근거리는 마음으로 소년은 면 소재지 5일 장터에서 거금 350원을 주고 흰 운동화 한 켤레를 배짱 좋게 사 신었다. 그리고 비행기 탄 것 같은 기분으로 붕 떠서 십오 리 길을 달려 집으로 갔다. 이제 500미터만 더 가면 코에 익은 측간(변소) 냄새와 구수한 지푸라기 냉갈내(연기냄새)가 나는 집. 그러나 소년은 호랑이 같은 아버지(실제로 소년의 아버지는 1938년 호랑이띠임)의 매가 무서워 도저히 집에 들어가지 못하고 그날 사 신은 하얀 운동화를 갱변 밭고랑에 묻어 놓은 뒤 등 뒤로 둘러맨 책보에서 깜상 고무신을 꺼내 신고 집으로 들어갔다.

며칠 후, 소년은 사랑방에서 아버지에게 죽지 않을 만큼 뒈지게 두들겨 맞는다. 소년이 두들겨 맞는 것을 지켜보던 황소가 여물을 먹다 말고 끔벅끔벅 눈물을 쏟는다. 저금한 돈 탄 것으로 몰래 운동화 사 신은 것을 호랑이에게 들킨 것이다. 볼때기와 종아리와 팔뚝과 등거리와 옆구리…… 온몸에 청기가 번진 몸으로 소년은 난생 처음, 무작정, 광주로 가는 완행버스에 몸을 싣는다. 소년의 역마살은 그렇게 시작됐다.

 # 장면 2 중학생이 된 빡빡이 머리 소년은 날마다 서울이 그리웠다. 서울에 가면 남진 삼촌이 살고 이미자 이모가 살고 나훈아 삼촌도 산다고 했다. 그래서 서울에 가 그 남진 삼촌과 나훈아 삼촌과 이미자 이모를 만나면 새벽마다 한 우케씩 소꼴을 베어 놓은 뒤 학교에 가지 않아도 될 것 같았다. 또한 서울에 가면 소년도 꼭 남진 삼촌이나 나훈아 삼촌처럼 성공해서 떵떵거리며 광을 내고 살 것 같았다.

광주동신고 3학년 때 교련복을 입고 무등산 제2수원지로 가을행군(가을소풍)을 다녀오고 있다(가운데 깃발 밑의 학생이 필자).

어느 초여름날 일요일 점심 때. 밤마다 서울 꿈을 꾸던 소년은 마침내 광에 있는 쌀 항아리 속에 감춰진 돈 다발을 훔쳐들고 산길로 도망쳤다. 며칠 전 송아지 판 돈이었다. 참새처럼 콩콩 뛰는 가슴으로 소년은 광주 신역에서 서울행 비둘기호에 조그만 몸뚱이를 실었다.

책에서만 보았던 남대문, 고향집 대나무 숲의 미루나무처럼 하늘을 찌를 것 같은 빌딩들, 그리고 눈알이 핑핑 돌아가는 사람과 차의 물결은 소년의 마음을 오가리처럼 오그라들게 했다. 더구나 아무리 헤매도 남진과 나훈아 삼촌은 만날 수 없었다. 돈이 다 떨어진 소년은 배고픔과 외로움과 서러움을 견디다 못해 목포행 밤 도둑기차를 타

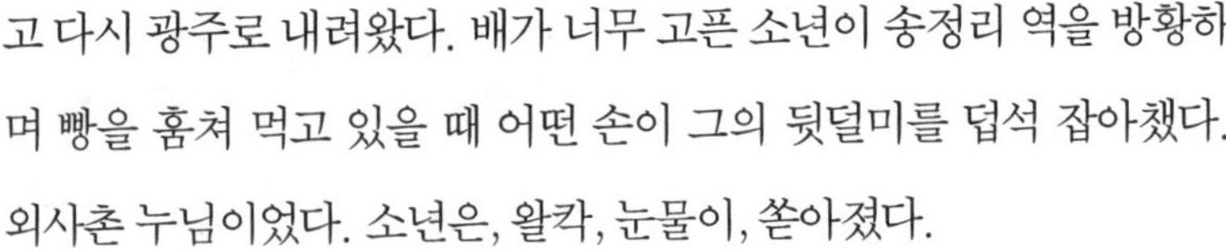

고 다시 광주로 내려왔다. 배가 너무 고픈 소년이 송정리 역을 방황하며 빵을 훔쳐 먹고 있을 때 어떤 손이 그의 뒷덜미를 덥석 잡아챘다. 외사촌 누님이었다. 소년은, 왈칵, 눈물이, 쏟아졌다.

입산과 하산 그리고 그해 5월의 풍문들

 # 장면 3 교련 시간. 깜박 잊고 교련복을 가지고 오지 않은 소년은 하사관 출신인 교련 선생님에게 돼지게 두들겨 맞았다. 그리고 친구들이 총검술을 배우는 한 시간 내내 모래 운동장에 엎드려뻗쳐를 했다. 코로 입으로 눈으로 온몸의 아홉 구멍으로 물인지 땀인지 모를 진액이 펑펑 쏟아졌다.

 # 장면 4 4합5락. 네 시간 자면 대학에 붙고 다섯 시간 자면 떨어진다. 아침 7시부터 시작된 대학입시 공부는 밤 열 시가 되어야 끝났다. 견딜 수 없는 이성에의 갈증. 입시 중압감, 죄책감, 음독자살 기도. 입산. 하산. 다시 고등학교 3학년. 그리고 겨울. 소년은 친구와 함께 광주 충장로에 있는 제일다방에서 졸업 기념 시화전을 열었다. 처음 배운 담배 연기가 소년의 정신을 한없이 들뜨고 몽롱하게 했다. 그리고 시화전

대학 시절 경남 함양군 덕유산 용추사로 입산했을 때.

을 보러온 친구들이 토끼탕에 보해소주를 사주었다.

 # 장면 5 다시 입산. 하산. 그리고 강제소집. 대학생이 된 소년은 신체검사를 받은 날 곧바로 영장을 받고 논산훈련소 28연대로 입소한다. 그리고 육군 방공포병이 되어 경북 예천에 있는 비행장에 배속 받는다. 박통朴統, 아니 지만이 아버지의 처참한 죽음. 12·12. 그리고 1980년 5월. 밤 새껏 비행기 착륙하는 소리가 초병의 귀를 때린다.

다음날 아침 보니 활주로 주변이 서리 내린 듯 하얗다. 광주비행장에서 급히 날아온 F-5 전투비행기가 활주로 주변 격납고를 가득 메우고 있었던 것이다. 고참들의 전언에 의하면 광주에서 폭동이 일어났다는 것이다. 빨갱이들의 사주를 받은 불순분자들이 폭동을 일으켜 광주비행장 전투기들이 예천비행장으로 모두 피신해 왔다는 것이다.

도대체 광주에서 무슨 일이 일어났는가? 무슨 폭동이 일어났다는 말인가? 100명이 죽었다고도 하고, 200명이 죽었다고도 하고, 1,000명이 죽었다고도 한다. 어느 것이 유비통신(유언비어)이고, 어느 것이 진실인가?

새 대통령이 육사시절에 축구선수—골키퍼—였다고 한다. 그래서 몸집 좋은 포대장은 틈만 나면 소대장과 포대원들을 모아놓고 축구시합을 한다. 그래서 축구를 잘하면 모범 사병이고 축구를 못하면 고문관이다.

아무튼 그해 7월 첫 휴가를 받아놓은 사병은 오직 광주·전남 병력이라는 이유 하나 때문에 기다리고 기다리던 첫 휴가를 취소당하고

만다. 그리고 서신 검열. 보안대. 영창. 자해. 만기제대. 33개월 간의 파란만장한 군대생활을 마친 사병은 이제 예비역 대학생이 되어 다시 상아탑으로 돌아간다.

그러나 제대 말년 모질게 품었던 청운의 꿈도 잠시. '사랑도 명예도 이름도 남김 없이— 한평생 나가자던 뜨거운 맹세— 동지는 간데 없고 깃발만 나부껴—' 예비역 대학생은 어느 틈에 다시 막걸리와 최루탄과 프로야구에 정신을 빼앗긴 채 비몽사몽으로 흔들리며 껍데기가 되어간다. 흔들리지 않게, 흔들리지 않게, 껍데기는 가라, 껍데기는 가라, 너, 빈 껍데기는 가라.

그러나 그 빈 껍데기 같은 세월 속에서도 예비역 대학생은 1986년 고구려의 사내와 함께 백마를 타고 〈서울신문〉 신춘문예에 시가 당선되어 시인의 칭호를 얻는다. 장장 10년간에 걸친 대학생활에서 예

장장 10년 만의 대학 졸업식장에 축하해 주러 온 가족들과 함께(왼쪽에서 두번째가 필자).

비역 대학생에게 남은 훈장은 오직 그것 하나뿐이었다.

내 영혼을 파먹는 함정에 빠지다

 # 장면 6 1987년 2월. 10년 만에 겨우 대학 졸업장을 받아든 청년은 그러나 마땅한 직업을 찾지 못했다. 그래서 학원 국어강사로, 고등학교 한문 시간 강사 및 기숙사 사감 등으로 방황한다. 그리고 그해 4월 26일 고등학교 은사님의 소개로 6년 동안 사귀어오던 애인과 결혼을 한다. 결혼식 장소는 청년이 '토요문학회' 를 주관해 오던 광주 금호 문화회관.

그리고 『금호문화』 편집실 등을 전전하던 청년은 그 이듬해 가을, 6월항쟁의 부산물로 다시 복간된 전남일보 기자로 입사한다. 맨 처음 출입했던 곳이 광주 서부경찰서. 이른바 사건기자다. 기자가 된 청년은 기고만장했다. 그것이 자신의 영혼을 파먹는 함정인 줄도 모른 채. 사건사고를 좇는다며 밤낮으로 형사들의 뒤꽁무니를 좇아다니며 알코올과 짙은 담배 연기에 찌들어 간다.

그런데 그럴수록 왠지 기자의 영혼은 더욱 우울해지고 비참해지고, 그것이 견딜 수 없어 기자는 더욱더 알코올과 짙은 담배 연기를 탐닉해 들어가고. 고구려의 사내와 함께 백마를 타고 입성했던 시인의 성城은 온데간데 없이 사라지고 기자는 오직 권력과 이름과 돈을 향해 불나방처럼 날아다닌다. 그 사이 기자의 술버릇과 역마살을 견디지 못한 아내가 두 번의 가출을 시도하고, 급기야는 음독자살까지 기도한다. 그래도 한번 망가지기 시작한 기자의 영혼은 좀처럼 본래

의 자리도 돌아오지 못한다. 아니 망가질 대로 망가진 기자는 자신의 정신이 본래의 자리로 되돌아오는 것이 너무 두렵고 무서웠는지도 모른다.

병마에 시달리던 기자 시절 광주 봉선동 성당에서 소설가 문순태 선생님을 대부로 모시고 영세를 받고 있다(왼쪽에 안경 쓴 분이 문순태 선생님, 중앙에 초췌하고 핼쑥한 사람이 필자).

 # 장면 7 1993년 6월 13일. 사건기자로, 노조위원장으로 이름을 날리던 청년의 몸과 영혼은 마침내 부도가 나고 만다. 돈과 이름과 권력을 위해 거금을 들여 시작한 부업과 함께. 입원. 알코올과 짙은 담배 연기가 마침내 그의 삶과 영혼을 완전히 갉아먹어 버린 것이다.

 # 장면 8 3개월 뒤 퇴원해서 다시 신문사로 돌아온 기자는 윗분들의 배려로 문화부로 자리를 옮긴다. 그러나 그때부터는 엄청난 우울증이 청년의 영혼을 괴롭힌다. 신께서 마치 그동안의 죄값을 치르라고 형벌이라도 내린 듯 우울의 늪에 빠져 죽음의 사신과 사투를 벌인다. 그럴 땐 소주 한 잔만 마시면 죽음의 사신이 사라질 것 같다. 그러나 본래의 자리로 돌아온 기자의 영혼은 차라리 죽었으면 죽었지 다시

는 알코올의 함정으로 되돌아가고 싶지 않다.

견딜 수 없는 죽음에의 유혹, 그러나 쉽게 죽지도 못하는 비겁한 영혼. 본정신을 되찾은 기자는 입·퇴원을 반복하며 아슬아슬한 죽음의 세월을 외줄타기 곡예사처럼 견뎌간다. 아침이면 정말 신문사로 출근하는 것이 꼭 황소가 도살장에 끌려가는 것 같다. 그 형벌, 그 고난, 그 아픔. 그러나 한 가정을 책임지고 있는 기자는 직장도 쉽게 그만두지 못한다. 그때 초등학교 교사였던 기자의 아내는 몇 가지 사소한, 그러나 깊은 슬픔과 상처 때문에 퇴직을 하고 두 아이를 기르며 병든 기자의 몸과 영혼을 간호하고 있었다.

가구사업에 뛰어든 시인의 꿈

 # 장면 9 마침내 기자의 촉수는 다시 시업詩業의 길을 더듬는다. 병든 자신의 영혼을 구제할 수 있는 것은 오로지 시의 성城으로 다시 되돌아가는 것임을 깨달았으므로. 오직 시만이 그를 죽음과 우울의 늪에서 건져 올려줄 수 있는 구원의 밧줄임을 비로소 알게 되었으므로. 회한의 눈물을 쏟으며 기자는 먼지 낀 책장 깊숙이 팽개쳐두었던 시론서와 시집들을 꺼내 다시 읽기 시작한다. 그리고 한 줄 두 줄 긁적거려 본다.

그러나 오래 팽개쳐두었던 시가 잘될 리 없다. 다시 절망. 우울. 비탄. 연민. 부끄러움. 자책. 슬픔. 죄의식. 그래도 청년은 바싹 마른 영혼의 황무지에 한 방울 두 방울 물을 뿌리며 재기의 쟁기질을 한다. 희끗희끗 세지는 머리카락과 함께 다시 서서히, 조금씩, 싹터 오는 시

의 씨앗.

 # 장면 10 1999년 3월. 드디어 기자는 데뷔 13년 만에 『수렵도』라는 표제로 첫 시집을 상재한다. 그리고 첫 시집을 펴낸 지 일주일 만에 12년간 몸담았던 신문사에 한점의 미련도 없이 사표를 던지고, 그 일주일 뒤엔 경기도 지역 초등학교 교사 임용시험에 합격, 다시 교사로 복직한 아내와 초등학교에 다니는 아들딸을 거느리고 광주를 떠나 의정부로 진입한다. 기자가 탈출의 장소로 아무런 연고도 없던 의정부를 먼저 선택한 것은 검사인 바로 밑의 동생이 당시 의정부 검찰청에서 근무하고 있었기 때문.

 # 장면 11 의정부로 진입한 중년은 퇴직금과 친구와 후배가 조건 없이 준 돈으로 빚을 청산한다. 그리고 30만 원짜리 월세 아파트에 둥지를 튼 뒤 포천가구사업협동조합 상무이사로 들어가 중소기업진흥공단으로부터 45억 원의 중소기업진흥자금을 지원 받아 경기도 포천군 가산면에 포천가구사업협동화단지를 조성한다. 그리고 그 걸 인연으로 중년

2004년 10월 친구인 류연복 판화가와 대학로에서 '58 개띠 생명전—아무도 너의 깊이를 모른다'는 주제로 시 판화전을 가질 때(왼쪽이 류연복 판화가).

은 가구사업에 뛰어든다. 가구라는, 아니 나무라는 사업의 질료가 중년의 영혼에 시처럼 퍽 편안하게 다가왔기 때문이다. 그러나 서울로 올라올 때부터 중년의 꿈은 따로 있었다. 그동안 못했던 문학 활동을 질리도록 열심히 해보는 것. 그리고 문학지와 출판사를 하는 것. 중년이 미련없이 신문사에 사표를 던지고 광주를 뜬 것은 바로 그 때문이었다.

출판사와 입산의 경계에서

 # 장면 12 2000년 12월. 중앙대 대학원 문예창작과에 다니며 뒤늦은 공부를 하고 있던 중년은 마침내 서울에 출판사를 차렸다. 그리고 함민복 시인이 '모든 경계에는 꽃이 핀다' 고 노래했던 것처럼 『문학과 경계』라는 진보적 문학종합 계간지를 창간했다. 그해에는 또 막내 동생이 사법고시에 합격해 한 집에서 아들이 둘이나 사법고시에 합격하는 기쁨도 있었다. 창간호는 2001년 2월에 펴낸 봄호. 그해 8월, 중년은 또 『퍽 환한 하늘』이라는 표제로 두 번째 시집을 펴낸다.

 # 장면 13 2002년 12월 20일 새벽. 중년은 자신이 찍은 사람이 사상 두 번째로 대통령에 당선되는 기쁨을 맛본다.

 # 장면 14 2004년 10월 같은 '58 개띠'인 친구 류연복 판화가의 도움으로 세 번째 시집 『아무도 너의 깊이를 모른다』(판화시집)를 펴낸 뒤, 그 작품으로 서울과 광주, 의정부 등지에서 '58개띠 생명전— 아무도

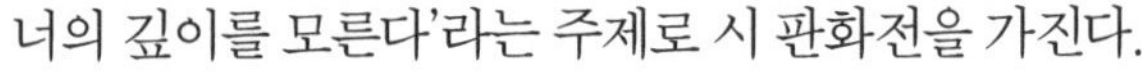

너의 깊이를 모른다'라는 주제로 시 판화전을 가진다.

 # 장면 15 문학계간지와 출판사를 시작한 지 5년 만에 10억원 넘게 까먹고도 중년은 아직 정신을 못 차리고 2005년 2월, 다시 반년간으로 청소년 문예지 『문학아』를 창간, 가족과 주위 사람들을 또 한 번 피곤하게 만든다.

#장면 16 염색을 하지 않으면 머리카락이 완전히 백발인 중년은 틈만 나면 아내에게 조른다. "여보, 나 산으로 다시 가고 싶은데 보내줄 수 없겠어?" "좋아, 갈 테면 얼마든지 가라구. 그러나 도장은 꼭 찍어놓고 가라구. 그리고 박살난 내 청춘도 반드시 보상해 놓고." 그 같은 아내의 협박에도 불구하고 중년은 올 봄에도 또 참매화꽃 터지는 것을 보려고 순천 선암사로, 영광 불갑사로 가서 한 달포 정도 떠돌다 올 생각이다.

강경호

'좋은 사람, 좋은 세상'

1958년 1월 전남 함평에서 태어나다. 광주대 대학원 문예창작과를 졸업하고, 조선대 대학원 국어국문학과 박사과정을 수료하다. '보리수 시낭송모임'의 간사로 시낭송 운동을 전개하다. 1996년 시전문지 계간 『시와사람』을 창간하고, 발행인이 되다. 1997년 월간 『현대시학』으로 등단하다. 시집으로 『언제나 그리운 메아리』 『알타미라 동굴에 벽화를 그리는 사람』 『함부로 성호를 긋다』 등이 있다. 현재, 도서출판 시와사람 대표 · 광주대 문예창작과 강사로 일하고 있다. kkh-poet@hanmail.net

이십 리 길을 걸어 다닌 초등학교 시절

생각해 보니 나는 누구에게 내세울 게 하나도 없는 사람인 것같다. 유명한 시인도 아니고, 큰 사업가도 아니다. 그렇다고 깊은 학식과 높은 덕을 쌓지도 못했다.

그런 내 심연엔 유년의 신화를 비춰주는 맑은 거울이 있다. 거울은 자꾸만 그때의 모습을 되비춰 준다. 나의 시는 모두가 그 거울이 비춰주는 유년의 풍경들이다. 그 풍경들은 해맑고 눈처럼 순수하다. 나는 유년을 생각하면 가슴이 뛰지만 한편으로는 오늘의 내 모습이 부끄럽다. 유년에서 너무 멀리 떠나왔기 때문이다.

유년의 나는 지독한 자폐증 환자였던 것 같다. 몸이 약하긴 했지만 특별히 신체적으로 문제가 있었던 것도 아닌데 혼자 있기를 좋아해 아무도 없는 마을 앞 바닷가에서 낚시질을 하고 친구도 없이 산이나

들로 다녔다. 풀잎의 생김새와 꽃에 앉은 벌과 나비를 바라보았다. 시궁창에서 떼거리로 꿈틀거리는 모기 유충에 넋을 잃기도 했다. 어떤 날은 바닷가에 앉아 수평선 끝 하늘과 맞닿은 경계를 바라보며 물고기가 하늘에 올라가 선녀가 된다고 생각하기도 했다. 어쨌든 유년엔 나에게 친구가 없었다. 낯선 사람이 집에 오면 아무 곳에나 숨었다. 한참동안 아버지와 낯선 사람이 이런저런 얘기를 나누다가 집 밖으로 나가면 그 때서야 나는 마당에 모습을 드러냈다.

누님 두 분을 낳고 늦게 아들을 낳은 아버지는 나를 일찍 학교에 보냈다. 일곱 살짜리가 이십 리 길을 갔다 오면 발뒤꿈치가 아팠다. 그 때 내겐 지각대장 별명이 붙어 있었다. 저학년 때는 주로 낮반이었는데, 이십 리 학교길을 가려면 황토 고갯마루를 넘기도 하고, 보리 모개를 뽑아 보리피리를 불기도 했다. 어떤 땐 보리밭 사이의 이랑에 누워 하늘을 쳐다보면 푸르고 높은 하늘이 좋았다. 그런 날은 어김없이 지각하기 마련이다.

그 무렵 아랫동생은 늘 나와 함께 했다. 동생은 나중에 국가대표 레슬링 선수를 했다. 동생과 레슬링을 같이 한 사람은 나의 중·고등학교 후배이며 동생의 후배이기도 한 김원기·김영남 등 올림픽 금메달리스트들이다. 운동을 좋아한 동생은 몸이 건강했다. 그런데 한 번은 동네 형들과 마을 앞바다 개펄에서 피조개를 잡았다. 바다에 밀물이 들어올 때쯤 물 속에 들어가 발가락을 꼼지락거리면 발가락에 느낌이 온다. 그러면 물 속으로 잠수해 그걸 손에 쥐고 물 위로 올라왔다. 그날도 동생은 나를 따라다니며 조개를 잡아 올렸다. 그런데 어느 새

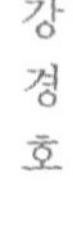

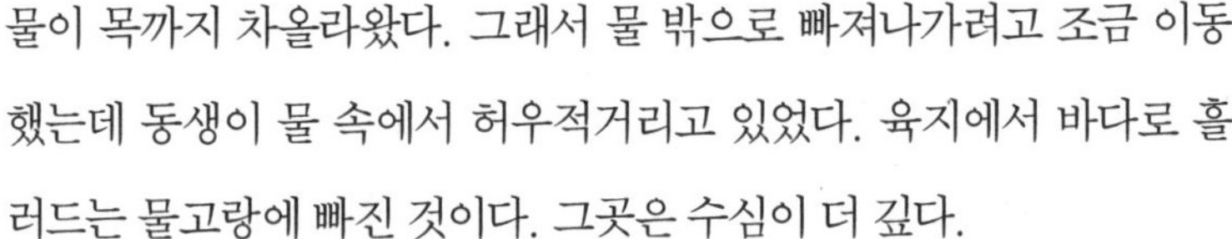

물이 목까지 차올라왔다. 그래서 물 밖으로 빠져나가려고 조금 이동했는데 동생이 물 속에서 허우적거리고 있었다. 육지에서 바다로 흘러드는 물고랑에 빠진 것이다. 그곳은 수심이 더 깊다.

나는 동생을 구하기 위해 동생을 향해 다가갔다. 그런데 나마저 바닷속 웅덩이에 빠져 허우적거렸다. 곁에 있던 아이들은 놀라 울음을 터뜨렸다. 그러자 동네에서 제일 키가 큰 이웃집 형이 내게로 다가왔다. 나는 괜찮으니 동생을 구해 주라고 했다. 나를 구한 이웃집 형은 허우적거리고 있는 동생 쪽으로 다가가 동생을 구했다.

그날 아이들과 우리 형제는 바닷가 백사장에서 부둥켜 안고 울었다. 그때 내 동생의 볼을 닮은 아름다운 저녁 노을은 바다와 하늘에 불을 지르고 있었다. 그날 내가 바라본 노을은 이 세상에서 가장 슬퍼 보였다. 그리고 가장 순수하고 해맑은 모습이었다. 착한 내 동생은 지금 이 세상에 없다. 너무 착한 사람은 하늘에서 필요한 모양이다.

중학시절 문학에 심취하다

초등학교를 졸업하고 읍내 중학교에 들어갔다. 나는 입시를 통해 중학교에 진학한 마지막 세대였다. 그러니까 초등학교 6학년 때는 입시준비를 한다고 열심히 공부했다. 중학교에 들어서자 나는 엄청난 독서를 했다. 누님들이 보던 연애소설에서부터 무협지까지 잡식성이었다. 무협지를 이미 초등학교 3학년 때부터 읽었다. 안데르센 동화니 이솝 우화니 하는 것들은 애들이나 보는 것이지 내게는 별로 재미없는 것처럼 생각했다.

중학교를 졸업하던 날. 나는 이 무렵 새로 창간된 『문학사상』을 읽기 시작했다.

읍내에 서점이 하나 있었는데 나는 날마다 그 서점에서 책을 빌려 보거나 구입해 읽었다. 한국명작선집이니 세계명작선집이니 하는 것과 수호지, 삼국지 등 중국의 고전에 이르기까지 두루두루 읽었다. 마침 아랫집 후배의 작은 아버지가 읽었던 책들이 많이 있어 내가 훔쳐다가 읽었다.

1950년대나 1960년대 쯤에 나온 뻘건 표지의 삼중당 문고였다. 아랫집 아이들은 책과는 담을 쌓은지라 내가 먹을 것을 주면 그냥 내게 책을 건네주곤 했다. 독서는 고등학교가 끝날 때까지 계속되었다. 본격적인 독서를 하면서 나는 더욱 세상과 고립되어 갔다. 보다 깊이 세상과 담을 쌓고 혼자만의 세계에 빠져들어 갔다. 이것은 후일 나의 문학세계에 많은 영향을 주었지만, 그러나 세상과의 소통이라는 면에서는 스스로를 차단시킨 결과를 가져와 지금도 세상을 살아가면서 어려움을 갖고 있다.

그 무렵 나는 그림도 그렸다. 그림에 재주가 있어 혼자서 지필묵을 갈아 화선지에 먹물 머금은 붓을 그으면 묘한 느낌이 들었다. 그 느낌에 나는 행복해 했던 것 같다. 또한 책을 읽다보니 글도 쓰고 싶어졌다. 형식도 모르고 소설도 썼다. 또한 예쁜 비닐카바에 똑단추까지 달

린 세계명시집과 하이네의 시집을 사서 읽었다. 특히 하이네의 시는 나를 매료시켰다. 그러면서 시라는 것을 써보기 시작했다. 『학원』이라는 청소년 문예지를 열심히 구독했다. 그러면서 글쓰기와 그림그리기를 병행하며 학교 대표선수로 출전해 해마다 상을 타왔다.

중학교 3학년 때인 1972년 10월에 자주 가던 함평 읍내 서점에 못 보던 문예지가 나타났다. 『문학사상』 창간호였다. 구본웅이 그린 파이프 문 이상의 초상화가 장식된 표지가 인상적이었다. 1930년대 중반 정지용의 주선으로 신문에 「오감도」를 발표할 그 무렵 이상의 얼굴을 강렬한 야수파의 형식으로 그린 그림이었다.

이후 나는 늘 『문학사상』을 책가방에 가지고 다녔는데 아이들에게 자랑하고 싶었다. 무슨 뜻인 줄도 모르고 밑줄을 그으면서 읽었지만 나는 책에서 나는 종이 냄새와 잉크 냄새까지도 좋아했다. 이어령 선생이 쓴 창간사는 두고두고 나의 가슴속 깊이 남게 되었는데, 이를테면 "분노의 주먹을 쥐다가도 결국은 자기 가슴이나 치며 애통해 하는 무력자들을 위하여……." '~을 위하여'로 시작되는 『문학사상』은 낮고 가지지 못한, 소외된 자들을 위한 문예지가 되겠다는 다짐을 하고 있었는데 나는 그 창간사가 한없이 좋았다.

하루 80리 길을 오고간 중 · 고교 시절

중·고등학교를 다닐 때 자폐증과 대인공포증을 스스로 고치기 위해 무던히 노력했지만 쉽게 고쳐지지가 않았다. 친구들은 몇몇 학교에서 모범적인 반장, 부반장 하는 친구들과 어울렸다. 다른 아이들과

는 말도 걸지 않았다. 그때도 함평 읍내까지 40여 리를 왕복으로 다녔으니 하루 80여 리를 걸어 다닌 셈이다. 어머니는 새벽 일찍 일어나 밥을 지어 도시락을 싸고 나를 학교에 보냈다. 나중에는 자전거 통학을 하게 되었다.

고등학교에 다닐 때는 5리가 훨씬 넘는 뒷마을까지 걸어 나가 버스를 타고 학교에 다녔다. 그때는 버스가 흔치 않아 읍내 버스터미널에서 두 시간 이상 기다릴 때도 있었다. 새벽에 일어나 집을 나섰다가 한밤중에 이슬을 맞고 집에 돌아오니 공부가 될 리가 없었다. 학교에서 집에 돌아오면 몸은 피곤해 파김치가 되어 있었다.

고등학교를 졸업하고 미술대학에 진학했다. 나는 날마다 이젤과 캔버스를 메고 산과 들을 쏘다니며 정신없이 그림을 그렸다. 특히 마네, 모네, 르노와르, 시슬리 등 인상파 화가의 그림을 좋아해서 그들의 화집을 가지고 다녔다. 지금도 그 화집들을 펼치면 군데군데 유화물감이 묻어 있다.

방학 때면 양동 복개상가와 광주천 풍경을 좋아해 자주 그렸다. 특히 광주 무등산을 좋아해 눈을 감고도 무등산을 다 외운다. 1학년 겨울방학 때에는 눈이 펑펑 쏟아지는 목포항에서 눈 내리는 목포항과 유달산을 그리기도 했다. 그림을 그리다보면 손이 얼어 감각이 없었다. 그러면 장갑을 벗고 손을 입 안에 깨물면 손이 아팠다. 그렇게 그림에 미쳐 있던 나는 한번 자리를 틀고 앉으면 현장에서 그림을 마무리하는 버릇을 가졌다. 느낌이 달아날까봐 현장에서 그리곤 했다. 눈 내리는 겨울날에는 눈 위에 신문지를 깔고 하루 종일 눈 위에 엉덩이

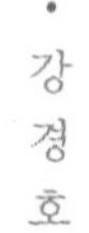

를 대고 앉아있기도 했다. 그래서 2학년 여름방학 때 좌골신경마비라는 병에 걸려 한 달 동안 뒤척이지도 못하고 꼼짝없이 누워 있어야만 했다.

군 제대 후의 좌절과 방황

이후 군에 입대했다. 논산훈련소에서 훈련을 받고 자대 배치를 받은 곳은 강원도 화천 민통선 안이었다. 평야와 바다가 있는 곳에서 자란 나는 한동안 숨이 막힐 것 같았다. 사방을 보아도 첩첩산중이었기 때문이다. 이런 곳에서 사는 사람들이 가엾다는 생각도 들었다.

그러나 내가 견디기 어려웠던 것은 사람들이 욕을 잘 한다는 것이었다. 고참병들은 물론 졸병들도 욕을 서슴없이 하는 것에 사람이 어떻게 욕을 할 수 있는지, 의문이 갔나. 그런네 상병 때쯤부터는 내가 그런 고참을 닮아가고 있는 것을 알고 깜짝 놀랐다. 어쩌면 나는 나의 의기소침한 성격을 교정하기 위해 의식적으로 욕을 했는지도 모른다. 군에서 10·26 사태, 5·18 광주민주화운동 등을 겪으며 머릿속이 하얗게 비어버린 나는 군문을 나서 집으로 돌아왔다.

일등병 시절, 5·18광주민주화운동으로 인해 6월에 휴가를 갔다.

그때 나는 이미 그림에 대한 나의

꿈을 접어버렸다. 그림을 잘 그려내기 힘들다는 자신의 능력을 일찍 발견한 나는 다시 학교에 돌아가지 않았다. 절망과 좌절 속에서 고민하다가 가방 하나를 등에 짊어지고 길을 나섰다. 해남 땅끝에서부터 강원도 울주·고성까지 내 발로 딛고 다녔다.

제대후 지리산에서 그림을 그렸다.

1982년 가을부터 1985년 봄까지 거의 4년여의 시간을 좌절과 절망 속에서 이 땅의 구석구석을 쏘다녔다. 대개 보름 정도 돌아다니다가 집에 돌아왔다. 처음엔 씻는 것이 무척 불편했지만 시간이 지나면서 그것도 적응이 되어가는지 씻지 않아도 아무렇지 않았다.

나는 사람을 많이 만날 수 있는 곳을 여행의 대상지로 삼았다. 터미널이나 역은 물론 장터를 돌아다녔다. 물론 항구도 사람이 많이 보이는 곳이었다. 두 번째로 여행의 대상지로 삼은 곳은 문화유산이 풍부한 경주나 부여 등 우리 역사의 현장을 통해 옛사람들의 정신을 들여다보았다.

세 번째로 내가 여행의 목적으로 삼은 것은 이름없는 시골 마을과 야산, 그리고 들녘과 강이었다. 우리 국토의 진정한 모습을 확인하고 싶었다. 혼자서 여행을 오래 하다보니 말하기가 싫어졌다. 그때 생각

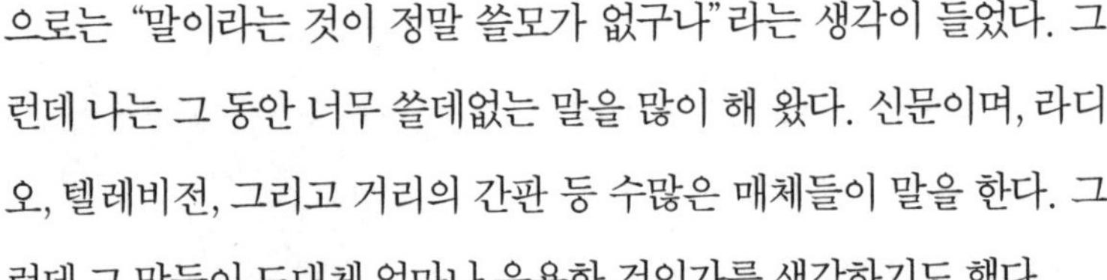

으로는 "말이라는 것이 정말 쓸모가 없구나"라는 생각이 들었다. 그런데 나는 그 동안 너무 쓸데없는 말을 많이 해 왔다. 신문이며, 라디오, 텔레비전, 그리고 거리의 간판 등 수많은 매체들이 말을 한다. 그런데 그 말들이 도대체 얼마나 유용한 것인가를 생각하기도 했다.

꽃과 나무는 시간을 통해 제 몸으로 말하는 것을 깨달았다. 동물들도 사람들처럼 시끄럽게 요란하게 말하지 않는다. 학교에서 선생님은 훈시를 하고 교회에서 목사님은 설교를 한다. 그런데 세상은 꽃과 나무, 그리고 동물과 곤충보다 더 순순하지 않고 사악하다. 이런 생각에 이른 나는 강원도 울주군 어디께였을까, 시골 여인숙에 엎드려 오랫동안 울었다.

객지를 돌아다니다가 보면 낯선 사람들과 만나 노상에서 술도 마시고 같이 어울리기도 했다. 봄 · 여름 · 가을에는 그래도 버스터미널이나 기차역에서 잠을 잘 수도 있지만 겨울에는 너무 추워 힘이 들었다. 그래서 버스터미널에 정차해 있는 버스 유리창을 밀어보면 간혹 열려 있는 차가 있게 마련이다. 그러면 창문을 열고 들어가 하룻밤 찬 바람을 피해 잠을 자기도 했다.

이제 나는 여행이라면 넌덜머리가 난다. 그래서 신혼여행 빼고는 여행이라는 것을 거의 하지 않았다. 세상이 너무 빤히 보이는 것 같고, 시시한 생각이 든다. 그래서 문인들의 행사에도 거의 가지 않는다. 간혹 갔다손치더라도 그날로 바로 돌아온다.

나는 안다. 쓸데없이 만나 술주정하고 필요없는 말을 하는 짓이 얼마나 허무한지를, 그래서 나는 그 허무를 미리 보기 때문에 어디든 가

기 싫어한다. 그것은 젊은 날 내 뜨거운 피를 다스리기 위해 미친 개처럼 쏘다니며 온몸으로 느낀 것은, 누가 뭐라고 하든지간에 스스로 후회없는 삶을 살아야겠다는 것이다. 그것은 많은 돈을 벌어 천만장자가 되는 것도 아니고, 대단한 명성을 얻어 이름을 떨치는 것도 아니고, 세상에 유익한 일을 하며 "하느님 보시기에 좋은 사람" 이 되는 일이었다.

맨손으로 시 전문 잡지를 만들던 각오

그 동안 나는 우여곡절을 겪은 후 서울로 올라갔다. 거기에서 가장 아름다운 사람을 만나고 결혼하면서 서울 생활을 6, 7년 했다. 서울에서 우여곡절을 겪으며 살다가 나는 고향으로 내려왔다. 여러 가지 이유가 있어 고향에 내려왔지만 그 중 가장 큰 이유는 고향에서 좋은 문예지를 만들자는 것이었다. 근현대문학사를 통해 고향에 좋은 문예지 하나 없는 것을 아쉬워했던 전남 광주 지역 선배 문인들의 소원인 좋은 문예지를 창간해 예향의 명예를 찾고 싶었다.

나는 고재종 시인을 만나 나의 생각을 전했다. 그리고 곽재구 · 신덕룡 · 이지엽 교수를 만나 설득해 결국 의기투합해 『시와사람』이라는 제호의 시전문 잡지를 창간하기에 이른다. 1996년 5월 18일이 바로 그날이다. 5 · 18광주민주화운동 16주년 기념을 하느라 광주 시내가 한창 시끄러울 때 『시와사람』 창간호가 나왔으니 나는 마음 속으로 얼마나 기뻤는지 모른다. 창간 리셉션을 할 때 "이제 시작입니다. 그런데 나는 막막합니다. 이제부터 나는 『시와사람』을 계속 만들어

야 합니다. 멈출 수가 없습니다. 쉴 수가 없습니다. 내가 죽어도 멈출 수가 없습니다. 나의 아들들이 뒤를 이어 잡지를 만들테니까요." 제법 비장한 투로 말을 했다. 그것은 스스로에 대한 다짐이었다.

「창간에 부쳐」라는 창간사에 "중앙의 문단과 격리된 채, 밖의 시선을 의식할 수밖에 없었던 저간의 사정"이 "바로 5 · 18이라는 상처와 기억"이었음을 밝히고 있다. 그리고 『시와사람』이 지역이라는 한계를 극복하고 전국지로 발돋움할 것임을 명시하고 있다.

그 무렵 이른바 지방에서 출간되는 문예지로 대구의 『시와반시』와 부산의 『시와사상』 정도가 두각을 나타내고 있었다. 비교적 성공한 잡지였다. 거기에 우리 지역인 광주에서 『시와사람』이 제대로 된 잡지의 면모를 갖추어가자, 이후 전국 각지에서 쓸만한 잡지들이 연달아 창간되기에 이른다.

그러니 말이 쉽지 10여 년 동안 문예지를 만들어 냈다는 것에 대해 나는 자신에게 놀란다. 고백하건데 나는 잡지를 창간할 때 대단한 의지를 가졌다. 그러나 한편으로는 막연한 생각으로 잡지를 창간했던 것도 사실이다. 사실 나는 가진 것이 아무것도 없었다. 사글세방도 면하지 못한 처지였다.

서울에서 모 영화배우가 사기를 치고 잠적하는 통해 아무것도 없이 고향으로 내려온 직후였기에 내가 잡지를 창간한다는 것은 우스운 일이 아닐 수 없었다. 나는 우선 종가의 종손인 내 앞으로 등기되어 있는 선산을 팔았다. 그것으로 원고료, 제작비를 충당했다.

그러나 시간이 갈수록 잡지를 만드는 일은 더 힘이 들어갔다. 빚을

내는 일도 한계가 있는 일이고, 거래처에서도 빚 독촉이 심했다. 편집 위원회에서 여러 가지 궁리를 했지만 유약한 선비들의 생각은 뻔한 것이었다. 거기다가 창간 이후 한번도 작품이 안 실리는 교사 시인들은 그나마 학교에서 발생되는 일마저 다른 인쇄처로 옮겨버려 일이 뚝 끊겨버렸다.

문학을 통해 좋은 세상을 만들고자

나는 사면초가였다. 어쩔 때는 폐간도 생각해 보았지만 그럴 땐 또 다른 나의 마음에게 혼쭐이 났다. 어렵게 잡지를 꾸려가다가 잡지 창간 6, 7년이 지날 무렵부터 상황이 호전되어 갔다. 그렇다고 잡지를 통해 이익을 창출한다는 뜻이 아니다. 한 마디로 말하건데 잡지를 통해 얻어지는 이익금은 손익계산으로 볼 때 매호마다 몇백만 원씩 손해를 보고 있다는 것만은 확실하다.

결혼을 앞두고 고향 바닷가에서.

그러나 좋은 잡지로 명성을 얻어가자 많은 문인들이 출판을 통해 도와준 것이 힘이 되기 시작한 것이다. 그러므로 나는 좋은 시를 쓰는 시인들과 『시와사람』에서 출판을 해

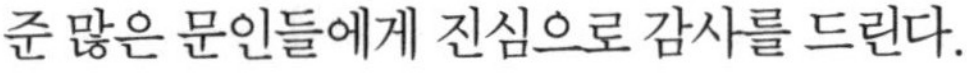

준 많은 문인들에게 진심으로 감사를 드린다.

『시와사람』은 이제 더욱 노력하는 잡지로 발전할 것이다. 3년째 문화관광부 우수 문예지로 선정된 『시와사람』은 이에 만족하지 않고 보다 내실 있고 유익한 문예지로 발돋움을 하고 있다. 올해로 창간 10주년을 맞은 『시와사람』은 단순히 숫자를 채우려 하지 않을 것이다. 창간 20주년이 되는 해에는 10주년 때 내가 약속한 것이 얼마나 지켜졌는지를 확인해 보고 싶다. 그리고 20주년 째는 또다른 10년 후를 약속을 하고 싶다.

내가 잡지를 만드는 일은 우리나라 시문학을 일군다는 의미도 있지만, 나의 생각은 '좋은 사람, 좋은 세상' 을 만드는데 나는 문학을 통해 그것을 실천하는 것이다. 그렇기 때문에 우선 내가 '좋은 사람' 이 되어야 한다. 결과적으로 나는 내 욕심을 채우지 않고 누군가를 위해 무엇이 되어야 하고, 누군가에게 손해를 끼쳐서도 안 된다. 그리고 교만해서도 안 되고, 편하고 부드러운 사람이 되어야 한다.

그러나 나는 아직 멀었다. 아니 오히려 더 못된 사람이 된 것 같다. 『시와사람』의 연륜이 더 깊어질수록 나는 누군가의 악기가 되고, 누군가의 장난감이 되고, 누군가의 맛있는 빵이 되고, 누군가의 지팡이나 휠체어가 되어야 할 것이다. 그러기 위해 내가 오래 전에 잃어버린 열두 살이거나 열세 살 적 소년의 해맑은 눈빛과 미소를 비춰볼 수 있는 마법의 거울을 바라보는 데 게을리 하지 않을 것이다.

서정홍

아름다운 유산

1958년 5월 경남 마산에서 태어나다. 1992년 제4회 '전태일문학상'으로 등단하다. 시집으로 『58년 개띠』, 『아내에게 미안하다』, 동시집으로 『윗몸 일으키기』, 『우리집 밥상』, 자녀교육이야기로 『아무리 바빠도 아버지 노릇은 해야지요』 등을, 산문집으로 『우리 농업 이야기』, 『콩알 하나에 무엇이 들었을까』를 펴냈다. 현재, '경남생태귀농학교'를 열면서 월간 『어린이와문학』 발행인 · 월간 『작은책』 자문위원으로 일하고 있다.
junghong58@hanmail.net

58년 개띠 해
오월 오일에 태어났다, 나는

양력으로는 어린이날
음력으로는 단옷날

마을 어르신들
너는 좋은 날 태어났으니
잘살 거라고 출세할 거라고 했다

말이 씨가 되어
나는 지금 출세하여
잘살고 있다

이 세상 황금을 다 준다 해도
맞바꿀 수 없는 노동자가 되어
땀흘리며 살고 있다

갑근세 주민세 한 푼 깎거나
날짜 하루 어긴 일 없고
공짜 술 얻어먹거나
돈 떼어먹은 일 한 번 없고

어느 누구한테서도
노동의 대가 훔친 일 없고
바가지 씌워 배부르게 살지 않았으니
나는 지금 출세하여 잘살고 있다

노동현장에서 쓴 시집 『58년 개띠』

1995년 가을, 보리출판사에서 펴낸 시집 『58년 개띠』속에 들어 있는 「58년 개띠」라는 시다. 이 시집은 이십 년 남짓 노동현장에서 노동자로 살아오면서 보고 듣고 느끼고 겪은 내 삶의 기록이다.

그해 봄날, 시집 제목과 표지들을 의논하기 위해 서울에서 네 사람이 모였는데 모두 58년 개띠였다. 보리출판사 차광주 대표, 편집부장 강순옥 선생, 함께 편집 이야기를 나누었던 분과 나까지 모두 58년 개띠였다. 그때 그 자리에는 알 수 없는 기운이 펄펄 살아서 빈 공간을 가득 메웠다. 서로 얼굴만 바라보아도 한평생 옆집에서 함께 살았던 동무처럼 반갑고 정겨웠다. 58년 개띠라는 까닭 하나만으로도 웃음

이 저절로 흐르고 정이 뚝뚝 묻어났다.

『58년 개띠』시집이 나오고 사 년 뒤, 글을 써서 밥 먹고 살아가는 (대부분 글만 써서는 밥을 못 먹고 산다) 58년 개띠 작가들 모임을 가졌다. 1999년 6월 4일, 첫 모임을 가진 곳이 서울 종로경찰서 맞은쪽 '동루골' 이라는 조그만 술집이었는데, 전국에서 서른 명 남짓 모였다. '서울' 이라는 먼 길을 비행기 타고, 기차 타고, 버스 타고 올라온 58년 개띠 작가들 모임은 말 그대로 '개판' 이었다.

여기서 말하는 '개판' 은 엉망이라는 말이 아니고 '개띠' 다운 뜻 깊은 술판이 벌어졌다는 말이다. 만나기보다 헤어지기가 더 안타까운 동무들이 함께 모였으니 여름밤도 짧았으리라. 세월이 바람처럼 흘러갔다. 그리고 올해는 58년 개띠들의 살아온 이야기를 한데 모아 단행본을 발간한다니, 만나서 잔지라노 벌여야 하지 않겠는가.

1995년 여름, 출판기념회 때.

벌써 내 나이 마흔하고도 아홉이다. '인생은 육십부터' 라는데 이렇게 젊은 나이에 살아온 이야기를 하자니 쑥스럽고 미안하다. 왜냐면 더 힘겹게 살아온 선배들이 있기 때문이다. 그래도 선배들은 58년 개띠를 사랑스럽

게 봐 주실 것이고, 후배들은 아낌없이 격려해 주리라 믿는다.

가난에 얽힌 유년시절의 삽화

나는 1958년 5월 5일 경남 마산시 월영동 산골짝에서 태어났다. 말이 좋아서 '마산시' 지 똥구멍 찢어지도록 가난한 산골 마을이었다. 우리 형제는 아들 셋, 딸 셋인데 나는 둘째 아들이고 다섯 번째다. 그래서 어릴 적부터 누나들의 사랑을 많이 받고 자랐다. 아버지가 집안 맏아들인데, 어머니는 아들 하나 낳고 딸만 셋을 나란히 낳다가 나를 낳았다. 어머니가 네 번째도 딸을 낳으면 내다버릴 거라고 아버지가 소문을 내고 다녔단다. 하늘이 도왔는지 어쨌는지 몰라도 다행히 내가 아들로 태어났다. 딸로 태어났으면 지금쯤 어떻게 되었을까? 몇 년 동안 딸로 태어난 죄 아닌 죄로 어머니는 어머니대로 나는 나대로 서러움을 받았겠지. 그러나 설마 내다버리기까지 했으랴.

내가 초등학교 다닐 적에 우리 마을은 한두 집만 기와집이고 모두 초가집이었다. 나는 가끔 놀고도 배불리 먹고 떵떵거리며 사는 기와집 덕만이 아버지는 자지가 두 개인 줄 알았다. 으리으리한 기와집에서 비단옷과 털신을 신고 골목을 나설 때면, 동네 어른들이 모두 굽실거렸다. 앞집 삽살개 알랑방귀 뀌듯 그렇게 굽실거렸다. 그래서 나는 어릴 때부터 부자들의 자지는 두 개인 줄 알았다. 가난한 사람들과는 뭔가 한두 군데쯤 다를 것이라 생각했다. 그런데 아랫 마을에 공중목욕탕이 생긴 뒤, 작은 설(신정)에 목욕탕에서 만난 덕만이 아버지의 자지는 한 개였다, 그것도 아주 볼품없는.

그때만 해도 집집마다 꽃이 피고, 마당에는 온갖 남새(채소)들이 자랐다. 그래서 반찬거리를 돈 주고 사 먹는 사람은 거의 없었다. 우리 집에는 자랑거리가 세 가지 있었는데 첫 번째가 '조선상추'였다. 어찌나 상추가 맛있는지, 점심 때 상추로 쌈을 싸서 먹으면 둘이 먹다가 하나 죽어도 모를 정도로 쌉쓰레하면서도 고소했다. 그래서 마을 사람들은 점심때가 되면 우리 집에 와서 상추를 뜯어 갔다. '그 상추 맛은 어디서 나오는 것일까?' 어쩌면 비 오고 난 다음날 밭고랑마다 어머니가 뿌린 오줌 때문일까?(밤에 뒷간 가기 무서워서 나는 오줌을 요강에 눴다. 그 오줌을 어머니는 모아 두었다가 밭에 뿌렸다) 아니면 날마다 부엌 아궁이에서 나온 재를 뿌린 탓일까? 나는 아직도 그 까닭을 모른다. 어쨌든 그 상추만 있으면 밥이 술술 넘어갔다. 어찌 그 상추 맛을 잊을 수가 있으랴.

두 번째는 우리집 꽃밭이다. 월영초등학교 다닐 적에, 나는 특별활동으로 '사육재배부'에서 꽃밭을 가꾸고 토끼, 비둘기, 칠면조 들에게 먹이를 주는 일을 했다. 그 일을 하면서 조금씩 가져온 꽃씨들을 우리집 들머리와 마당에 심었다. 심는 대로 잘 자라 주어서 봄 여름 가을 하루도 빠짐없이 꽃이 피는 우리집 마당은 꽃들의 세상이었다. 자고 일어나면 가장 먼저 하는 일이 꽃송이를 헤아리는 것이었다. 수십 가지 꽃 가운데 채송화만 해도 날마다 천 송이 남짓 피었다. 옆집 동무랑 꽃송이 헤아리다가 학교에 지각한 적도 많았다.

그리고 꽃밭 모퉁이에는 어머니 얼굴처럼 둥그스름하게 생긴 백년초(선인장 종류) 꽃이 떼지어 피었다. 백년초는 백 년에 한 번 꽃이 핀다

1982년 12월 26일 마산 양덕동 성당에서의 혼인식.

고 백년초라고 한다던데, 우리 집 백년초는 해마다 꽃이 피었다. 멍들거나 욱신욱신 아픈 곳에 붙여 두면 잘 낫는다는 백년초는 하루가 다르게 쑥쑥 자라서 우리 집 꽃밭 '터줏대감'이 되었다.

북을 둥둥 치면서 구리무(화장품)를 팔러 다니는 사람들과 소쿠리에 먹을거리(떡, 참기름, 들기름, 생선들)를 잔뜩 이고 팔러 다니는 아주머니들도 지나갈 때마다 꼭 우리 집에 들렀다 가곤 했다. 그만큼 우리 집 꽃밭은 볼 게 많았고 아름다웠다.

석류나무와 구멍난 고무신 그리고 달빛 아래 웃던 동무들

세 번째는 나보다 나이가 두세 배 많은 큰 석류나무였다. 석류 껍데기를 잘 말려서 달여 먹으면 설사를 멈추게 하고 아픈 배가 낫는다고 다른 마을 사람들까지 우리 집에 석류를 얻으러 왔을 정도였다. 그래서 우리 집을 '석류나무집'이라 부르기도 했다. 가끔 서리꾼이 나타나 석류를 도둑질해 가는 바람에 아버지는 석류나무 가지 사이에 탱

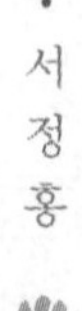

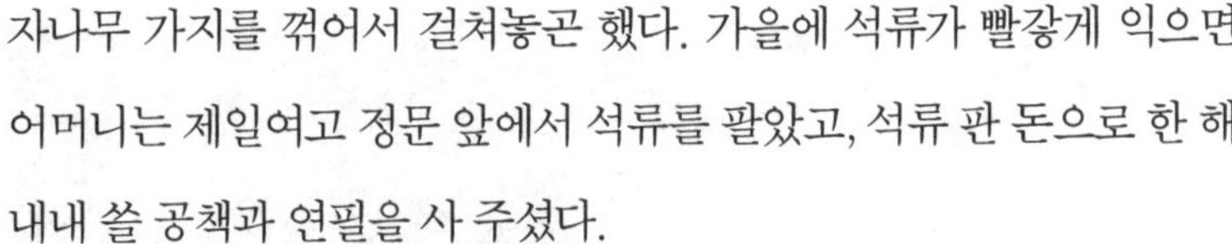
자나무 가지를 꺾어서 걸쳐놓곤 했다. 가을에 석류가 빨갛게 익으면 어머니는 제일여고 정문 앞에서 석류를 팔았고, 석류 판 돈으로 한 해 내내 쓸 공책과 연필을 사 주셨다.

석류나무가 아니었으면 동생과 나는 공책과 연필도 없이 학교에 다녔을지 모른다. 나는 아직도 그 석류나무를 생각하면 마치 멀리 떨어져 있는 스승을 그리워하듯 가슴이 찡하다. 나를 여태까지 살려주고 밀어온 것은 석류나무의 혼인지도 모른다.

새마을운동으로 '초가집도 없애고 마을길도 넓히는' 바람에 초가집도 석류나무도 온데간데없이 사라졌지만, 어디에서 살든 내 마음은 어릴 적 살던 산골 마을에 있었다. 먹고사느라 정신없이 살다가도 잠시 뒤돌아보면 나는 늘 그곳에 있었다. 내가 태어나 자란 곳 마산시 월영동 골짜기 가난한 산골 마을. 낮은 언덕 아래 수북이 쌓인 쓰레기 더미에 모여 구멍 난 검정 고무신을 때우고, 배고프면 뒷산 인덕에 올라가 입술 시커멓도록 칡을 캐 먹다가, 어둠이 내리면 임자도 모르는

2003년 겨울, 혼인 20주년 기념으로 간 제주도 가족여행.

고구마밭, 옥수수밭에 들어가 서리를 하고, 달빛 아래 비친 얼굴 서로 바라보며 웃던 동무들. 먹을 게 없어도 우리는 웃었지만, 날이면 날마다 골목길에 술 취한 어른들 다투는 소리가 지긋지긋하게 들리던 마을. 아, 꿈에라도 떠올리기 싫던 마을. 나이 들고 이제야 생각하니 가난한 살림살이, 눈물 많던 사람들. 밥 한 끼 굶어도 서로 술 한 잔 나눌 줄 알던 사람들. 밤새 싸우고 얻어터져도 날만 새면 언제 싸웠느냐는 듯이 웃고 지내던 사람들. 다 그리운 사람들. 떠나온 지 이십 년 아득하기만 한 세월. 지금은 새로 생긴 산복도로가 마을을 갈라놓고, 가슴 한쪽에 남은 그리움마저 갈라놓고, 사람들 뿔뿔이 흩어졌지만, 사라지지 않고 내 곁을 따라다니는 슬프고도 아름다운 그리움이 나를 밀어가고 있는 것이다.

1990년 제1회 노동자문학의 밤에서 시낭송하는 필자.

공사장 벽돌보다 더 거칠었던 어머니 손

일제시대, 아버지는 일본에서 목수로 일하다가 쌓아 둔 목재가 무너지는 바람에 발목을 다쳤다. 일하다가 다쳤는데 치료 한번 받지 못

하고 왜놈들에게 쫓겨났다.

보상 한푼 받지 못한 채, 낡은 기계처럼 아무렇게나 버려진 아버지는 해방을 맞아 다시 한국에 돌아와서 마산 월영동 산골 마을에 터를 잡았다.

다친 발목 때문에 절뚝절뚝거리며 걷는 아버지를 보고 동네 아이들이 '절름발이'라고 놀리면서 흉내를 내기도 했다. 그럴 때마다 아버지는 웃으면서 '예끼, 이놈들' 하시고는 못들은 척 지나가셨지만, 나는 아버지를 놀리던 놈들 생각만 하면 자다가도 벌떡 일어나 똥물을 주둥이에 처넣고 싶었다.

큰 키에 흰 수염이 가슴까지 내려와 마치 '도인' 처럼 보이던 아버지는, 마을 사람들과 친척들의 이름을 다 지어 주셨다는 아버지는, 발목을 다치고부터 밤낮도 없이 날마다 술로서 세월을 보냈다. 그래서 어머니 혼자 힘으로 식구들을 먹여 살려야 했다. 어머니는 대부분 공사장에서 막노동을 했다. 일자리 얻기도 어려운 시절이라 어머니는 해보다 먼저 일어나 해보다 늦게 집으로 돌아왔다. 말 그대로 등뼈 휘도록 일을 하면서 어렵게 어렵게 집안을 이끌어 나갔다.

막노동판에서 일을 마치고 돌아온 어머니는 밥 먹을 힘조차 없다고 했다. 씻지도 않고 밥도 먹지 않고 그대로 쓰러져 자는 날이 잦아졌다. 이른 아침마다 꽁보리밥 물에 말아먹고는 기계처럼 벌떡 일어나 일하러 나갔다. 어머니 손은 공사장 벽돌보다 더 거칠고 단단했고, 독한 시멘트 탓에 쩍쩍 갈라진 발은 동상에 걸려 차마 두 눈 뜨고 볼 수가 없었다. 양말이 귀했던 때라 겨울에도 어머니는 양말을 신고 다

니지 않았다. 어릴 적에 동상 걸린 내 발도 사십 년이 지난 지금까지 겨울철만 되면 붓고 가렵다. 그때마다 나는 동상 걸린 어머니 발이 떠오른다. 가슴 미어지도록 갈라터지고 부어오른…….

나는 가끔 세상 유혹이 나를 괴롭힐 적에는 어머니와 나누었던 아름다운 이야기를 생각한다. 어느 겨울밤이었다. 어머니는 주무시다 일어나 무엇을 만지작거리고 있었다. 퇴근길에 겨울 점퍼를 하나 주웠는데 어쩌면 좋겠느냐고 내게 물었다.

"어머니 몸에 맞으면 그냥 입지요. 누가 버린 것 같은데."

내가 아무리 이야기를 해도 어머니는 걱정 어린 눈빛이 가득했다.

"아니지, 아니야. 이렇게 좋은 옷을 누가 길거리에 버렸겠냐. 누가 모르고 흘리고 갔겠지. 지금쯤 주인이 이 옷을 찾아서 울고불고 난리가 났을 거야."

춥고 깊은 겨울밤에 어머니는 두 시간 남짓 걸어서 그 옷을 제 자리에 두고 오셨다. 그러고는 편하게 주무셨다. 어린 나이였지만 어머니가 그렇게 편하게 주무시는 모습을 나는 본 적이 없었다. 그 겨울밤은 참 슬프고 아름다웠다.

부자가 되려고 열네살 때 공장으로 가야 했던 나

가난은 전염병처럼 우리 식구들을 못살게 굴었다. 그래서 우리 형제들은 아무도 학교를 제대로 다니지 못했다. 형은 스스로 공장에서 돈을 벌어 야간 중학교와 고등학교를 다녔고, 누나들은 모두 초등학교조차 겨우 졸업을 하고 부산 가발공장으로 대구 섬유공장으로 돈

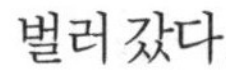

벌러 갔다.

나는 가난이 싫어서 스스로 중학교를 포기하고 열네 살 때부터 공장에 나갔다. 그때는 부자가 되는 게 꿈이었다. 하루빨리 부자가 되어 어머니를 편하게 모시고 싶었다.

1971년, 그때 월급으로 1800원을 받고 자동차부품 공장에 다니면서 내가 번 돈으로 뒤늦게 야간 중학교를 다니면서 공부를 시작했다. 내가 공부를 해야겠다고 마음먹은 까닭은 술 취하실 때마다 '사람은 배워야 사람이 된다' 고 하신 아버지 말씀이 떠올랐기 때문이다. 낮에 일하고 밤에 공부를 하면서 동무들 앞에서 가장 부끄러웠던 것은 손톱 밑에 끼인 기름때였다. 아무리 씻어도 씻어도 날이 갈수록 시커멓게 쌓이는 기름때는 나를 늘 움츠러들게 했다. 기름때가 세상을 움직이는 힘이라는 것을 그 나이에 어찌 알았겠는가.

아버지는 술로시 세월을 보내다가 끝내 돌아가셨다. 아버지 돌아가시던 날, 나는 눈물 한 방울 흘리지 않았다. 아버지를 원망하고 살아왔기 때문에 눈물이 나올 리가 없었던 것이다. 내가 혼인을 하고 첫 아들을 낳던 날, 갑자기 아버지가 보고 싶었다. 그렇게 원망만 했던 아버지가 불쌍하게 보였다. 나는 그날 아버지를 생각하며 처음으로 울었다. 그 시절, 그렇게 살 수밖에 없었던 아버지를 이해하지 못하고 살아온 못난 나를 위해 울었다.

아버지가 돌아가시고 그 다음해에 어머니도 돌아가셨다. 1973년 공장에서 일하고 돌아온 겨울 저녁, 나는 어머니를 불렀다. "어머니, 어머니!" 몇 번을 불렀지만 말이 없었다. 방문을 살며시 열어 보니 어

머니는 벽에 기대고 앉아서 주무시고 있었다. 연탄불은 꺼진 지 오래 되었다. 싸늘한 방에, 아무도 없는 쓸쓸한 방에, 어머니는 혼자 앉아서 영원히 잠이 든 것이었다. 어린 자식들 먹을 양식과 일밖에 모르고 살아온 어머니는 그렇게 돌아가셨다. 한평생 옷 한 벌 사 입지 못한 어머니였는데, 한평생 화장품 한번 바르지 못하고 파마머리 한번 하지 못한 어머니였는데…….

아버지는 술병으로 돌아가셨지만 어머니는 굶어서 돌아가셨다. 막노동판에서 새참으로 나오는 빵 한 조각을 목으로 넘기지 못하시고 자식놈들 먹일 거라고 보물처럼 싸서 집으로 가져오던 어머니. 찢어지게 가난한 시집살이 떨쳐 버리고 싶다고 보내온 큰누님의 편지 한 장을 장롱 밑에 숨겨 두었다가 틈만 나면 꺼내서 보시고는 울음을 훔치던 어머니. 몇 년 만에 처음으로 친정에 온 큰누님한테 "이년아, 시

1995년 가을 『58년 개띠』 시집 출판기념회.

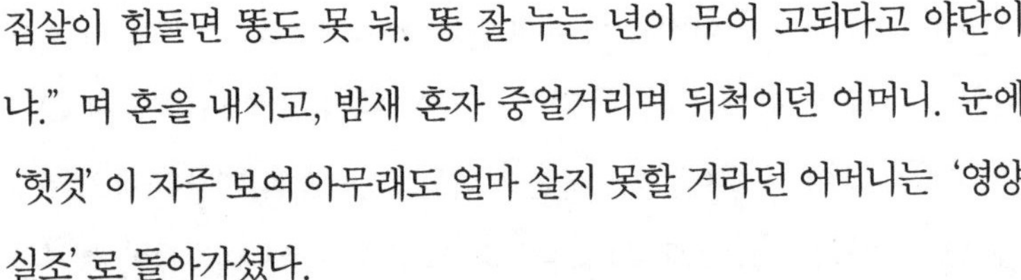

집살이 힘들면 똥도 못 눠. 똥 잘 누는 년이 무어 고되다고 야단이냐." 며 혼을 내시고, 밤새 혼자 중얼거리며 뒤척이던 어머니. 눈에 '헛것' 이 자주 보여 아무래도 얼마 살지 못할 거라던 어머니는 '영양실조' 로 돌아가셨다.

자식놈들만 아니었으면 어머니는 삼사십 년은 더 사셨을 것이다. 자식놈들은 어머니 살을 뜯어먹고, 피를 나누어 가지고, 뼈까지 고아서 마셨다. 어머니는 자식들에게 모두 주고 더 줄 것이 없다는 것을 알았을 것이다. 그래서 배고픔과 외로움에 갇혀 옴짝달싹 못하고 스스로 죽음의 길로 걸어간 것이다. 아버지가 남기고 간 것은 가게마다 밀린 외상 술값뿐이었고 어머니가 남기고 간 것은 가난과 슬픔뿐이었다.

내게 주어진 가난을 사랑하기 위하여

떠난 사람은 쓸쓸하게 떠나고 남은 사람들은 어쨌든 살아서 이날까지 왔다. 형도 누나들도 나도 아우도 혼인을 하고 자식을 낳았다. 그러나 변하지 않은 것은 가난이다. 아내와 나는 이십 년 전이나 지금이나 하루라도 일하지 않으면 당장 굶어죽기라도 할 것처럼 일밖에 모르고 산다. 아내는 공장에서 나는 농촌 들녘에서 땀 흘리며 살고 있다. 그 옛날 우리 어머니처럼…….

지난해 어버이날이었다. 혼인 이십 년이 넘도록 아직 콧구멍만한 집 한 채 마련하지 못하고 이리저리 열세 번이나 쫓겨 다니며 살고 있는데, 막내아들 녀석이 저녁밥을 먹으면서 말했다.

"아버지, 저는요오. 엄마 같은 여자 만나서 아버지처럼 살고 싶어요."

아내와 나는 그 말을 듣고 밤새도록 가슴이 따뜻했다. 그리고 참 행복했다. 지금도 먹을거리를 걱정하는 사람들에게는 정말 안타까운 말이지만, 가난하다고 행복이 없는 것은 아니라는 생각이 들었던 것이다. 그리고 자식을 '사람' 만드는 데는 가난만큼 더 좋은 약이 없다는 것을 깨달았으니 얼마나 큰 재산인가.

화장품 거꾸로 세워
마지막 남은 한 방울까지
다 쓰고 말겠다는 아내를 보면서

세상은 늘 거꾸로 돌아가고
거꾸로 돌아가는 세상 속에서
참기름병 꿀병 할 것 없이 거꾸로 세워
마지막 남은 한 방울까지
다 쓰고 말겠다는 아내를 보면서

가난한 우리들의 사랑을 생각했다
가난할수록 깊어만 가는……

나는 언제부턴가 내게 주어진 가난을 사랑하기로 했다. 나이가 들수록 그 가난이 떳떳하다는 생각이 들었기 때문이다. 내가 못나고 게을러서 가난한 것이 아니라면, 가난한 만큼 죄가 적을 것이라고 믿기 때문이다.

2003년 겨울 제주도에서 아내와 함께.

사람은 알게 모르게 누구나 죄를 짓고 산다. 죄 없는 사람이 없다고 하지 않던가. 그러나 될 수 있는 대로 죄를 적게 짓기 위해 애써야 한다고 생각한다. 죄 적게 짓고 살 수 있는 길은 스스로 가난하게 사는 길뿐이다. 이 '혼돈의 시대' 를 구할 수 있는 힘도 스스로 가난한 삶을 선택하는 것뿐이다.

내가 가난하게 살고자 하면 가장 먼저 내 마음이 편안해질 것이고, 내 마음이 편안해지면 세상이 편안해질 것이다. 가난하게 살면 적게 먹고 적게 쓰고 적게 버릴 것이다. 떵떵거리고 자랑할 만한 고급스런 집도 없을 것이고, 더러운 가스를 뿜어대는 자동차도 없을 것이고, 사람과 자연을 병들게 하는 욕심덩어리도 적을 것이다.

'내'가 가난하게 살고자 하면 '모두' 가 넉넉하게 살 수 있다는 것을 누구나 잘 알고 있다. 내가 집을 두 채 가지고 있거나 쓸데없이 큰 집을 지니고 있으면 누군가는 방 한 칸 차지하기도 어렵다는 것을 누구나 잘 알고 있다. 내가 오늘 배부르게 먹으면 오늘 누군가 굶주리고 있다는 것을 누구나 잘 알고 있다. 내가 이나마 행복하게 자유를 누리고 있는 것은 누군가의 희생이 있었다는 것을 누구나 잘 알고 있다. 잘 알고 있으면서 모른 척하는 까닭은 사람 마음속에 더러운 욕심이

가득 차 있기 때문이다. 그래서 '이렇게 살면 안 되는데 안 되는데' 하면서 가난하고 외로운 사람들을 모른 체하고 사는 것이다.

이 세상에서 내가 가장 행복하게 사는 까닭은?

'내'가 가진 재산들이 모두 가난한 사람들의 피땀이라는 것을 모르는 사람이 어디 있으랴. '내'가 잘나고 똑똑해서 모았다는 재산도, 부모에게 물려받았다는 재산도, 다 알고 보면 가난한 사람들의 피땀인 것을 모르는 사람이 어디 있으랴.

땅 한 평 방 한 칸 물려주지 않고
돌아가신 우리 어머니 아버지 덕에
가난한 이웃들과 땀 흘려 일하고
즐겁게 밥을 나누어 먹을 줄 알고
밤새도록 마음 나눌 줄 알고
큰 슬픔도 가슴에 품고 말없이 견딜 줄 알고
아무리 작은 일에도 고마워할 줄 알고

무엇보다 사람 귀한 줄 알고

뒤돌아보면 부족하고 잘못한 일이 수두룩하지만 이나마 내가 '사람 노릇' 하고, 이나마 죄를 적게 짓고 사는 까닭은 모두 '가난'이라는 아름다운 유산이 있기 때문이다. 그러나 그 가난이란 것이 어머니처럼 굶어서 '헛것'이 보일 정도라면 결코 아름다운 것이 아니겠지만…….

나는 가끔 생각한다. 부모가 내게 돈과 권력 따위를 물려주었더라면 나는 지금 짐승보다 못한 삶을 살고 있을지 누가 알겠는가. 내 배를 채우기 위해서 한평생 가난하고 못 배운 사람들을 속이고 등쳐서 살고 있을지 또 누가 알겠는가. 이 얼마나 무서운 일인가. 생각만 해도 무섭다. 맛만 들이면 편하고 좋다는 돈이나 권력 따위가 내 삶을 송두리째 죽음의 길로 몰아넣었더라면 나는 지금 이 글을 쓰고 있지 않을 것이다.

집이든 땅이든 돈이든 우리는 살았을 적에 잠시 빌려 쓰거나 보관하는 것이지, 결코 내 것이 아니다. 누가 내 것이라고 말할 수 있단 말인가. 이 세상 어느 누구한테도 내 것이란 없다.

내가 이 세상에서 가장 행복하게 사는 까닭은 가난을 물려주신 부모님 덕이다. 혼인하고 23년, 열세 번이나 쫓겨 다니며 셋방살이를 했지만 나는 늘 자유로웠다. 지금은 도시 삶을 마무리하고 합천 황매산 자락 산골 마을에 여러 사람 정성과 땀으로 작은 흙집을 지었다. 남은 삶은 흙을 밟으며 농사를 짓고 살 것이다. 그래서 더 자유롭고 행복하다. 이 행복은 이 세상 황금을 다 가져온다 해도 바꿀 수 없고, 이 세상 모든 돈을 트럭에 싣고 온다 해도 바꿀 수 없는 것이다. 그러나 이 자유를 누리기 위해서 얼마나 많은 가난이 나를 짓누를지 모른다. 그 가난조차 나는 사랑할 것이다. 버려진 땅을 보듬고 살아가는 가슴 따뜻한 사람들과 손을 잡고 함께 나아갈 것이다. 내 것도 네 것도 없는 아름다운 세상으로….

유종순

내 기억 속의 그 사람

—마음 따스한 스승, 시인 정의홍

1958년 서울에서 태어나다. 휘문고교와 한성대 국어국문학과를 졸업하다. 1987년 『창작과비평』으로 등단하였고 『민중의 소리』 편집위원, 열린사회시민연합공동대표, 시민방송운영위원 등을 지냈다. 2003년에 시 「채석강에서」가 고등학교 교과서에 게재되었다. 시집으로 『고척동의 밤』, 역서로 『교회의 권력과 은총』 『예수이야기』가 있다. che-yoo@nate.com

먼저 시 한 수부터 소개하겠다.

겨울하늘은 목이 마르다.
가난한 마을 가까이
죽음이 놓인 곳의
어두움을 매질해 보냈는데
어두움은 하얀
깨알처럼 떨어져 남았다.

겨울하늘은 옷을 벗었다.
밉고 찬 곳에서 불어온 바람의
찢어진 웃음만 남은 자리
나는 하늘을 나는 새보다도
힘과 빛이 없지만

허망한 것에 손을 주지는 않는다.
목을 적실 물을 위해
서로의 얼굴을 가리고 서 있는 곳
말라빠진 뼈로 버티어 서서
꿈과 슬픔을 뜨개질해도
죽음만 기어이 옆에 와 앉았다.

겨울하늘은 목이 마르다.
하루를 버틸 힘만큼
허락받은 마을
어두움을 모두 매질해 보내고
숨찬 얼굴로 눈을 감는다.

—정의홍의 「하루만 허락받은 마을」 전문

슬픔이 세상을 변화시킬 수 있다고 가르친 나의 스승

이 시에서 세상은 춥고도 험한 곳으로 표현된다. 세상은 추운 '겨울하늘'이다. 사람들이 살고 있는 오늘이라는 시간과 공간은 '멉고 찬 곳에서 불어온 바람의 찢어진 웃음만 남은 자리'이며, '목을 적실 물을 위해 서로의 얼굴을 가리고 서 있는 곳'이다. 옳고 바름보다는 이익을 위해 서로의 얼굴을 가릴 정도로 삭막하다. 그래서 우리가 사는 마을— 이 세상은 하루 정도만을 살 가치밖에는 없는지도 모른다. 그러나 시인은 삭막하고 비정한 세상에 절망하지 않는다. 비록 겨울하늘일지라도, 하루만 허락받았을지라도, '하늘을 나는 새보다도 힘과 빛이 없어도' , '말라빠진 뼈로 버틸' 뿐이며, 꿈과 슬픔을 함께 나

여수에서 가족과 함께.

눌 수 있도록 노력할 뿐이다. 그러나 겨울하늘이 매고 추운 것은 현실이지만, 아무리 겨울하늘이 춥다고 해도 하늘의 본질을 왜곡할 수는 없다. 삭막하고 비정하고 추운 세상을 따스함으로 변화시키려는 인간의 꿈이 현실 속에서는 분명 왜소하다.

그래서 시인은 세상의 모든 어두움들과 맞서 모든 어두움을 매질해 보내지만 역부족이다. 숨을 멎는다. 그러나 숨을 멎지만 그것은 패배가 아닌 새로운 시작이다. 생명을 건 우리의 꿈과 슬픔이 세상을 변화시킬 수 있다는 굳은 믿음이다. 아무리 왜소해도 인간의 꿈과 그 꿈을 향한 모든 행위는 아름답고 따스하고, 이 세상 모든 신보의 원리가 아닌가.

나는 이 믿음을 청소년 시절에 한 스승으로부터 배워 지금까지 굳게 지켜오고 있다. 지금부터 그 스승에 대해 이야기하고자 한다. 마음 따스한 스승 시인 정의홍에 대해서.

나는 1974년 휘문고등학교에 입학하였다. 당시 나는 몸이 약해 역도부 동아리에 들어갔다. 역도부에는 역기를 들어올리는 진짜 역도선수들과 소위 보디빌딩을 하는 부류로 나뉘어서 운영되었는데, 내가 역도부에 들어가자 역도부 선배들은 식민지처럼 말라비틀어진 내 보디를 보고는 내 웃음을 참아가며 은근히 포기를 권하는 눈치였다.

그러나 나는 보디빌딩이 단순히 근육을 아름답게 가꾸는 데 목적이 있는 것이 아니라, 모든 운동과 마찬가지로 운동을 통해 정신을 건강하게 하고 삶을 풍요롭게 하는 것이라 항변하며 버팅겼다.

선배들은 내가 역도부의 훈련을 소화해낼 수 있을지 시험을 해봐야겠다며, 꽤 강도 높은 주문을 해왔다. 팔굽혀펴기 100회, 30kg짜리 역기 들고 앉았다 일어섰다 하기 20회, 아령 들고 이두박근과 삼두박근 100회씩. 내가 이를 악물고 해내자 선배들은 더 이상 뭐라 하지 않고 나를 받아들였다.

그후 나는 고교 시절 3년 동안 매일 수업이 끝나면 역도부에 들러 체력단련을 할 수 있었다. 그런데 내가 워낙 대살이 져서 아직까지 내 보디에 근육이라고는 찾아볼 수 없다. 그러나 20대 시절부터 지금까지 사회운동을 지속할 수 있었던 것은— 사실 거의 매일 회의와 모임과 뒤풀이(술자리)의 연속이었던 지난 20여 년간 내가 버텨낼 수 있었던 것은 고교시절 역도부 활동을 통해 축적한 체력과 정신력 덕분이라고 할 수 있다

화진포에서 효림 스님과 함께.

어쨌든 그 무렵이었다. 역도부에서의 체력축적과는 달리 정신적으로 생의 전반을 통해 평생을 존경하고 삶의 지표로 삼아왔던 정의홍 선생을 만난 것은 내가 고

등학교를 입학한 해였다.

선생님은 당시 휘문고등학교의 국어교사이셨다. 내가 역도부에 들어가 아령과 역기와 뒹굴 때 바로 옆방 문예부 동아리에서는 예비 문학청년들이 시를 짓고 문학과 인생과 사랑과 시국에 대해서까지 토론을 하고 있었다.

문예부는 교내에서 자부심이 대단한 동아리였다. 이태원, 박종화, 정지용, 김영랑 등 일제시대와 해방공간을 주름잡던 현대 한국문학의 산 증인들 중 다수가 휘문고등학교 출신이었기 때문이었다.

초등학교 시절부터 문학에 관심이 많았던 나는 자연스럽게 문예부 동아리방을 기웃거리게 되었고, 문예부 지도교사인 정의홍 선생님을 만나게 되었다. 나는 간간히 내가 습작한 시들을 정의홍 선생님께 보여드리고 평을 들을 수 있었다. 그리고 고등학교를 졸업하기 전에 교내의 문학상이있지만 전통 깊은 '휘중문학상'을 받았다. 정의홍 선생님의 따스한 가르침 덕분이었다.

수배중에 문학의 길에 들어서다

내가 시집을 내고 어줍잖은 시인 행세를 하는 것도 모두 정의홍 선생님의 배려에서였다. 1985년 나는 전남 장성의 백양사의 청류암이라는 암자에서 6개월 동안 피신해 있었다. 이른바 '구미유학생간첩단사건' 이 터졌다. 관련은 없었지만, 이 사건으로 안기부에서 조사를 받았던 후배들이 피신해 있는 게 좋겠다고 전해왔다.

그 이야기를 전해 듣자마자 나는 달랑 책 2권과 잡동사니 메모철만

을 들고 서울을 떴다. 청류암의 건너편 계곡의 한 움막에서(어떤 스님이 수행하려고 지어 놓은) 6개월을 보냈다. 가지고 간 책 2권, 구스타프 베터 신부의 『변증법적 유물론 비판』과 백낙청 선생의 『민족문학과 세계문학』을 이틀만에 완독하고 나니, 나는 할 일이 없었다.

산 속에서의 할 일이라 봐야 밥 먹고 똥 싸고 산책하고, 지겨우면 잠자고, 다시 밥 먹고 똥 싸고 산책하고 잠자고 하는 일이었다. 근처의 산 속을 배회하면서 춘란이나 다른 난들을 찾아다니기도 하고 두릅을 따기도 하고, 심지어 뱀을 잡으러 뱀과의 전쟁도 치렀으나, 여전히 심심했다.

나는 다시 내가 가져온 잡동사니 메모에 눈을 돌렸다. 그리고 그 메모들 가운데 시적 영감들이 묻어 있는 것들을 시로 만들기 시작하였다. 전부 30여 편이 시로 만들어졌다. 마침 쌀을 지고 산속으로 찾아온 후배들이 있어 나는 그 시들을 후배들에게 넘겼다. 혹시 재수가 없

서울시장과 함께 독거노인을 위한 무료 집수리를 마치고.

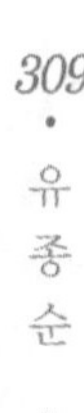

어 내가 잡히면 그 시들도 없어질 테니까 잘 보관해 달라고.

그러나 그런 일은 없었다. 나는 무사했고, 그 시들도 안전하게 정의홍 선생에게 전달되었다가 다시 신경림 선생에게 전해졌다. 그러나 『실천문학』이 폐간되고, 다시 『창작과비평』이 폐간되자 내 시들은 실릴 매체가 없어졌다. 결국 2년 후에야 『문학과역사』라는 무크지에 실릴 수 있었고, 이듬해 『창작과비평』이 복간되면서 나는 시인이라는 이름을 얻을 수 있었다. 모두 정의홍 선생의 배려 덕분이라고 나는 믿는다.

사회적 문제아를 따뜻이 감싸주신 스승

1995년의 일이다. 서울지역의 통일행사를 위해 서울 각 지역의 지역운동 단체들이 모였었다. 단체대표들이 모여 서울지역에서 통일행

시민단체 실무대표들과 함께 중국연수.

동료 문인들과 함께 인사동 탑골에서.

사를 어떻게 치를 것인가 결정해야 했다. 단체대표들의 소개에 이어 서울 각 지역에서 작은 지역행사를 하고, 보라매공원에서 서울지역 전체 행사를 하기로 결정하고 회의를 끝났다. 회의장 밖으로 나가려는데, 구로시민센터의 최왕곤 대표(당시 사무국장)가 다가와 "유종순 선배님이시죠. 저 휘문고등학교 4년 후배입니다" 하는 것이었다. 나는 4년 후배이면 학교를 같이 다닌 것도 아닌데, 내가 휘문고등학교 나온 것을 어떻게 아는지 궁금했다. 최왕곤 대표는 정의홍 선생이 수업시간이나 사적인 자리에서나 평소 내 얘기를 자주 해서 내 이름을 자연스럽게 알고 있었다는 것이었다.

당시의 교육 풍토도 지금 못지 않게 비인간적이었다. 출세가 보장되는 일류대학 입학이 최고의 교육목표였고, 그것으로부터의 일탈은 학생도 교사도 용납되지 않았다. 일류대학을 많이 보내는 교사, 수험 문제를 많이 알아맞히는 교사가 가장 훌륭한 교사였다. 인성人性이나

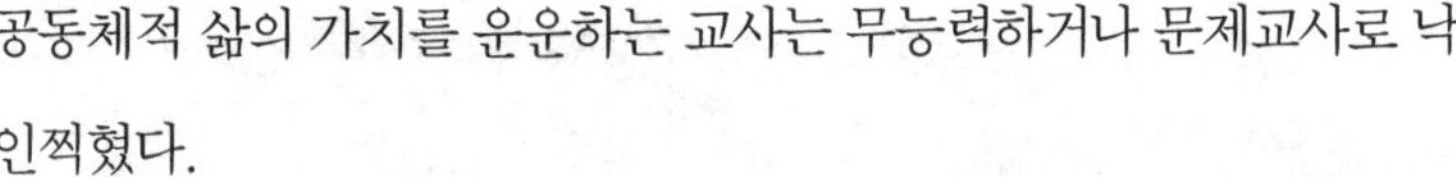
공동체적 삶의 가치를 운운하는 교사는 무능력하거나 문제교사로 낙인찍혔다.

그러나 정의홍 선생은 달랐다. 제자들의 생각과 지향들을 항상 존중해 주셨고 이해하려고 노력하셨다. 심지어 수업시간 중에 학생운동으로 감옥에까지 간 사회적 문제아에 대한 이야기를 그의 후배들에게까지 이야기해 줄 정도로 위험수위를 넘어 인간의 문제를 있는 그대로 받아들이는 훌륭한 교육자이셨다. 지금이야 전교조뿐 아니라, 학부모단체를 비롯해서 많은 교육관련 시민단체들이 활동하고 있지만 당시에는 삭막한 박정희 정권의 전체주의적 교육에 반하는 행위가 적발되면 그 교사는 옷을 벗어야 했다.

그러나 선생은 몇 년 전 대전대학교 국문과 교수로 재직중 불의의 교통사고로 유명을 달리하셨다. 안타까운 일이 아닐 수 없다. 국내에 몇 안 되는 정지용 연구자의 한 사람이며, 미적美的 아름다움만을 추구하지 않고 사회 현실의 아픔을 고발하거나 어려운 이웃에 대한 따스한 배려를 언제나 잊지 않았던 훌륭한 시인 한 사람을 잃은 것은 정말 안타까운 일이다. 그러나 무엇보다도 애석한 것은 훌륭한 한 교육자를 잃었다는 사실이다.

이 글을 쓰고 있는 나와 앞서 말한 구로시민센터의 최왕곤 대표, 그리고 NK네트워크의 조혁 대표가 내가 알고 있는 현재 사회운동을 하고 있는 시인 정의홍의 제자들이다. 이들과 함께 정의홍 선생을 기억하는 모든 제자들의 이름으로 선생의 평안을 빈다.

조명숙

혹 달린 거북이

1958년 10월 경남 김해에서 태어나다. 김해여고와 방송대 국문과, 부산대 대학원 국문과(석사과정)를 졸업하고, 1996년 1천만원 고료 〈진주신문〉 가을문예에 중편소설 당선과 2001년 『문학사상』 신인상 당선으로 등단하다. 소설집으로 『헬로우 할로윈』, 산문집으로 『우리동네 좀머씨』, 자녀교육지침서로 『엄마가 꿈을 가져야 아이들의 꿈이 피어난다』 등이 있다. 현재, 전업작가를 일하고 있다. jms5244@hanmail.net

아들, 딸 차별 문제에 저항했던 나

몇 년 전 엄마를 보러 갔을 때 일이다. 김해에서 미용학원을 하는 바로 아래 여동생과 함께였다. 바쁜 짬을 내기는 서나 나나 마찬가지, 내가 부산에서 출발해 김해에서 동생을 만나 우선 마트에 들렀다. 조기 한 두름, 달걀 한 판, 두부 한 모, 무 반 쪽, 코다리 명태, 식빵과 우유 등, 혼자 있는 엄마가 드실 만한 것들을 잔뜩 사고 나서 동생은 당연하다는 듯이 제가 계산을 치렀다.

내 동생들은 언니와 함께 가면 무조건 돈은 저희들이 치러야 한다는 강박관념 같은 게 있다. 어릴 때부터 그랬다. 한번도 이거 내 거야, 그러니 언니가 양보하라는 말을 해 본 적이 없었다. 내가 욕심을 부리면 슬며시 양보했고, 늘 한 걸음 뒤에 서서 제 차례를 기다렸다.

다섯이나 되는 딸 중 셋째와 넷째인 우리는 그렇게 같은 처지에서

자랐으면서도 심성이 달랐다. 나는 욕심 많고 까다로웠으며, 늘 불평과 불만에 차 있었다. 맨 위로 오빠, 맨 아래로 남동생이 있고, 가운데 줄줄이 다섯이나 되는 딸이 있었으니 그 시절 구박이며 차별이 오죽했겠는가.

그런데도 자라면서 나는 내 자매들이 그 지독한 아들딸 차별에 대해 불평하는 말을 들은 적이 없다. 유독 나만이 대들고 싸우고 울고불고 했다. 왜 오빠만 귀하고 남동생만 애지중지하느냐고, 나는 입이 튀어나와 있었다. 그래서 나는 자주 골치덩이였다. 그 동생과 함께 있을 때면 지금도 나는 언니가 아니라 동생이 되고 만다.

그때 나는 몇 년째 티코를 타고 있었다. 동생은 언니가 타는 작은 차가 애처로운지 저를 만나기만 하면 세워두라 하고는 제 프린스에 타게 했다. 짐을 실을 때도 마치 언니를 걱정하듯이 티코를 걱정했고, 저와 헤어져 내가 부산으로 떠날 때면 조심하라는 당부의 말을 잊지 않았다. 내가 어서 돈 벌어야 언니 큰 차 사 줄 텐데 하면서 한참이나 지켜보던 그 동생의 눈길을 나는 아직 잊지 못한다. 봐라, 이제 나도 세피아로 바꿨지롱, 하면서 어느 날 내가 큰 차(?)를 끌고 나타나자 조금만 기다리면 공짜로 마련해 줄 수 있었는데 그 새를 못 참았느냐고 눈을 흘기던 동생이었다.

아무튼 그렇게 마트를 나와서는 작은 실랑이가 있었다. 시장바구니를 가져오지도 않았으면서 돈 받고 판다는 비닐봉지 한 장을 안 사려고 동생은 장거리를 양손에 들고 옆구리에 끼더니 내게도 떠맡겼다. 도대체 이 구질구질한 것들을 어떻게 들고 갈 작정이냐고 내가 투

덜거리자 동생은 획 돌아보더니 그럼 줘, 내가 다 들고 갈게 했다. 나도 홧김에 그럼 니가 다 들어라, 사회적 체면이 있지 이게 무슨 꼴이냐 하니까 동생이 시동을 걸면서 대꾸했다. 홍, 티코는 무슨 사회적 체면 따지면서 타고 다녀?

그리고 우리는 낄낄 웃으며 엄마에게로 출발했다. 도대체 사회적 체면이 뭔데? 시골길을 달리면서 동생과 나는 티코의 경제성, 한 장에 50원 하는 봉투도 덜렁 못 사고 왜 이렇게 지지리 궁상을 떨면서 우리가 살아야 하는가에 대해서 말했다. 그러나 결국은 우리는 그렇게 살아야 하며, 그렇게 살 수밖에 없다는 결론에 도달해 있었다.

부모로부터 물려받은 유일한 유산 — 목숨

부모로부터 받은 거라곤 생짜 목숨밖에 없는 처지였다. 고등학교 들어갈 때부터 제 손으로 벌어야 했고, 결혼해서는 맞벌이를 해야 했다. 일찌감치 탯줄 묻은 고향을 떠나 도시로 나갔으나 기댈 언덕이 없었던 나와 자매들은 그래서 한결같이 억척스럽고 부지런할 수밖에 없었다.

친정 마을에 도착하자 길 가득히 고추를 말리고 있었다. 그러고 보니 가을이었나 보다. 고추며 곡식을 말리는 길에 차를 끌고 들어갈 수는 없었으므로 우리는 하는 수 없이 동구 밖에 차를 세우고 다시 옆구리에 끼고 양손에 드는 해프닝을 연출했다. 논배미를 지나면서 나는 또 투덜거렸다. 얘, 이 꼴 좀 봐라. 다시는 이러지 말자. 우리가 이 나이에 50원 때문에 이렇게 체면을 구겨야 되겠니? 동생은 또 낄낄 웃

으며 대수롭지 않게 받아넘겼지만 엄마를 만나고서도 나는 시큰둥해져 있었다.

오빠가 돌아가신 것이 그해 여름이었다. 착한 자매들도 객지로 나가 고생하고 제 가정을 꾸린 다음부터는 차차 제 주장이 강해지고 있었던 반면, 유달리 남자의 권위를 주장하던 오빠와는 일찌감치 소원해져 있어서 자매들은 대체로 덤덤했지만 엄마는 그게 아니었다. 만날 때마다 먼저 보낸 아들 얘기를 주절주절 늘어놓는 것도 여전했고, 오빠 생전에 좀더 잘해 주지 못한 것을 한스러워했다.

자식을 먼저 보낸 엄마의 마음을 이해하기는 하면서도 나이를 먹어 제법 줏대를 세워버린 자매들의 옹이 같은 건 여전히 안중에도 없는 엄마가 나는 싫었다. 노인네가 그럴 수도 있지, 어쩔 수 없지 싶으면서도, 평생 고생만 하고 살아온 엄마가 측은하고 가엾기는 하면서도 그 지극한 차별과 구별의 한은 쉽게 사라지지 않았다. 그래서 나는 오빠에게 못다 한 얘기를 엄마에게 꺼내놓기 일쑤였고, 그때마다 동생에게 핀잔을 먹었다.

장거리를 냉장고에 챙겨 넣고 마루 끝에 앉아 있을 때 엄마가 또 오빠 얘기를 꺼냈다. 고추를 말리는 작은 비닐하우스 속으로 뱀 한 마리가 기어들어왔더라는 말이었다.

작대기로 쫓으려 하자 머리를 쳐들고 덤벼들기에 겁이 나서 그대로 두었고, 축담 아래 비닐하우스 아래 그 뱀이 있다는 말이었다. 그 순간 나는 소름이 쭉 끼쳤다. 그 뱀이 오빠일지도 모른다는 생각이 들었다.

오빠의 죽음과 청거북이

신장이 나빠 고생하던 오빠는 조금 엉뚱하게도 미끄러져 넘어지는 바람에 뇌일혈로 갔다. 오빠가 돌아가시던 날 밤 허겁지겁 봉생병원으로 달려갔을 때 제일 먼저 눈에 밟힌 것은 아이들이었다. 큰 아이가 고작 스무 살을 넘기고 있었고, 내가 스무 살 때 돌아가신 아버지 생각이 났다. 다섯이나 되는 여동생들과 소원해져 버린 때문인지 모르지만 오빠가 남긴 네 아이들 중 셋이 딸이었다.

장례를 치를 때 제대로 울지도 않고 부엌일을 거들고 있는 조카들을 보면서 나는 몹시 마음이 아팠다. 오빠에게 서운했던 일이 있었다 하더라도 저 아이들을 봐서라도 다 씻어버려야 한다고 생각했다. 세월이 그렇게 흘렀는데도 세 딸을 그렇게 아들과 차별해서 키워놓은 오빠의 무지막지한 고집에 치가 떨리면서도, 남겨진 아이들을 위해서 나는 마음을 돌려야 했다.

하지만 뱀이라니. 나는 엄마가 가리키는 비닐하우스 쪽을 바라보았다. 오빠가 거기 앉아 나를 노려보고 있는 것 같았다. 한없이 짜부라져버린 권위를 마지막까지 회복하지 못한 것이 바로 너 때문 아니냐고, 네가 착하고 순하게 길들여진 동생들을 충동질해서 남자가 어떻고 여자가 어떻고 하며 의식화시키지 않았더라면 이 집안의 권위는 오로지 내 것이었을 것이라는 말이 귀에 쟁쟁 들려오는 것 같았다.

그런데 엄마가 오랜만에 만난 딸을 앉혀두고 뭐라고 더 이야기를 늘어놓던 중 마당 끝에 있는 구덩이 얘기를 시작했다. 신장이 나빠지기 시작하고부터 주말을 보내러 오던 오빠가 정원을 꾸민답시고 마

당의 여기저기를 쑤셔놓고, 담벼락에 붙여서 파 놓은 구덩이 속에 청거북을 몇 마리 사 넣었는데 아직 있는지 모르겠다는 얘기였다.

나는 마당으로 내려가 그 구덩이 속을 들여다보았다. 컴컴하고 깊은 구덩이는 시꺼먼 물이 고여 있었고 온갖 찌꺼기가 둥둥 떠다니고 있었다. 구덩이 위에 얼기설기 작대기를 걸치고 시렁을 만들어 고추를 말리고 있는 것을 보면 엄마는 그 청거북의 존재를 까맣게 잊고 있었던 게 분명했다.

키울 수 없다면 풀어주기라도 하지 왜 저렇게 두었느냐고 해도 말이 먹히지 않아서 나는 모르는 사이에 목소리가 높아지고 말았다. 살아 있는 걸 저렇게 가둬 놓고 먹을 것도 안 주면 어떻게 해요? 얼마나 독을 품고 원망을 하겠어요? 그제야 엄마가 찔끔하며 풀어줘야 할 텐데 짬이 안 나고 어쩌고 하며 얼버무렸다.

곁에서 내 말을 듣고 있던 동생이 후딱 몸을 일으켰다. 언니야, 당장 하자. 동생은 수돗가에서 양동이와 바가지를 들고 마당 구석의 구덩이로 달려갔다. 허리를 잔뜩 구부리고 한참 물을 퍼내자 거북이의 등이 보였다. 굴개보다 검은 물 속에서 거북이들은 살아 있었다. 동생과 나는 땀을 뻘뻘 흘리며 물을 퍼내고 손이 닿지 않는 구덩이 속에 바가지를 집어넣어 거북이를 건져내 양동이에 담았다. 아무것도 주지 않고 물도 갈아주지 않은 구덩이 속에서 어떻게 죽지 않았는지 모를 일이었다.

동생이 세 마리를 건져냈고, 내가 마지막 두 마리를 찾아내 건져올렸다. 햇볕 속으로 끌려나온 거북이들이 바둥거리는 것을 보니 온몸

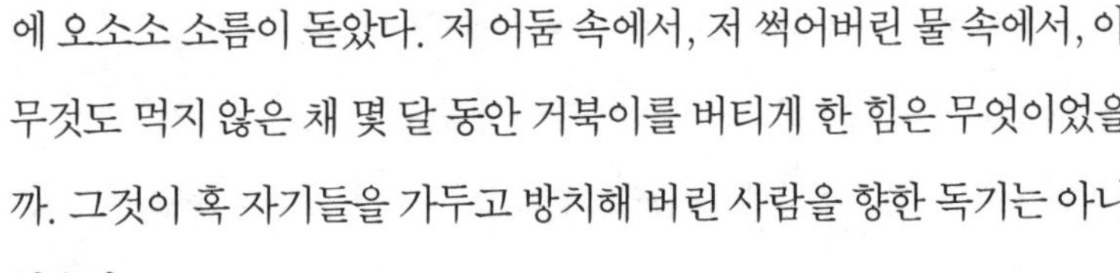

에 오소소 소름이 돋았다. 저 어둠 속에서, 저 썩어버린 물 속에서, 아무것도 먹지 않은 채 몇 달 동안 거북이를 버티게 한 힘은 무엇이었을까. 그것이 혹 자기들을 가두고 방치해 버린 사람을 향한 독기는 아니었을까…….

거북이를 통해 떠오른 단상들

게다가 거북이는 모두 다섯 마리였다. 다섯이라는 숫자 때문이었는지 나는 한 걸음 거북이가 담긴 양동이에서 물러났다. 참 공교로운 숫자였다. 나를 포함한 자매들이 다섯이었고, 나는 그 순간 그 집에서 나고 자란 다섯 명의 여자들을 생각했다. 가난한 농가에서 태어나 뚫고 나갈 구멍이라곤 없이 막막한 가운데 다섯 딸들은 힘들게 제 생을 버텨왔다. 첫째 딸인 큰언니부터 시작해 가운데 나, 그리고 막내딸에 이르기까지 내 자매들의 얼굴이 하나하나 스쳐 지나갔다. 자매들이 살아낸 이력들이 한순간에 떠오르면서 무엇이 우리를 가두고 억압했던가 하는 생각이 밀물처럼 밀려들면서 왈칵 눈물이 쏟아졌다.

그러나 내가 무엇보다 더 놀랐던 것은 그 중 한 마리의 입가에 붙어 있는 혹이었다. 네 마리는 괜찮은데 그 중 한 마리 거북은 입가에 커다란 혹을 달고 있었다. 제 머리만한 그 혹은 시궁창에 갇혀 제대로 먹지도 못하고 햇볕도 쬐지 못하는 동안 암세포처럼 돋아나 서서히 자라난 게 분명했다. 그 혹에 응집되어 있을 삶을 향한 독기와 살의는 바로 나의 것일지도 모른다는 생각이 들자 나는 더 이상 양동이를 들여다볼 용기가 나지 않았다.

동생은 내가 양동이에서 물러나자 그것을 들고 동구 밖 수로로 달려갔다. 나는 마루 끝에 하염없이 앉아 있었다. 엄마가 옆에서 뭐라고 뭐라고 말을 걸고 있었지만 나는 아무 대꾸도 할 수 없었다. 나는 저렇게 혹 달린 거북이였을 것이라는 생각, 그 혹이 내 속 어딘가에 있을 것이란 생각에 자꾸 눈물이 나왔다.

잠시 뒤 동생이 돌아와 수돗가에서 양동이를 씻었다. 엄마는 조금 미안해하는 것 같았지만 그것으로 내 옹이가 풀려버린 것은 아니었다. 어쩜 그렇게 오빠와 엄마는 한통속이었을까 하는 서운한 마음을 누르고 돌아오면서 나는 그런 서운함을 느끼지 않는 동생이 부러웠다. 아니 어쩌면 동생은 나보다 먼저 모든 것을 다 용서해버렸는지도

어느날 김해박물관 '가야 인물 복원상' 앞에서.

알 수 없었다. 그러니까 혹 같은 건 생기지 않고 여전히 저렇게 억척스럽게 살면서도 너그럽게 사람을 포용할 수 있는 것인지도 알 수 없었다.

그 때문에 내가 더러 속이 상해 잔소리를 해도, 그때뿐이다. 착한 자매들 틈에서 용렬하고 편협한 내가 소설을 쓰게 된 것을 나는 운명인지도 모르겠다. 거북이의 혹처럼 안으로 다 삭이지 못한 것이 밖으로 비어져 나오는 것이 내 소설인지도 또 모르겠다.

언니 책 나온 거 축하해, 언니 대학원 합격한 거 축하해, 언니 고기 사 주께 놀러 와, 언니 뭐 해주께 놀러 와. 그 애틋한 자매들의 사랑을 나는 잊지 못한다.

어제도 전화가 왔다. 매실 따 놓을게 김해까지만 가지러 와. 그래도 나는 큰소리를 쳤다. 바빠서 못 간다. 매실 같은 거 필요 없다. 내게 줄 매실을 따사번 학원 일도 접어놓고 제가 얼마나 바둥기려야 히는지 뻔히 알면서도 나는 얌체 같은 소리만 늘어놓았다. 집에까지 갖다 주면 모를까……. 동생이 그럴 짬이 안 나니 시골 작은언니 집 큰 항아리에 한꺼번에 담아놓을 테니 숙성되면 엑기스나 가져다 먹으라고 했다.

전화를 엿듣고 있던 남편이 그러지 말고 가지러 가라고 한 마디 했다. 그럴까? 좀 심했나? 다시 뽀르르 전화를 해서 말을 바꾸었다. 목요일에 가지러 갈 테니 좀 많이 따 놔라.

똥개 같은 내 인생

1958년 전남 화순에서 태어나다. 1980년 초반 창작문화공동체 '꼬두메'를 결성, 콘서트를 열다. 2001년, '한보리'라는 예명으로 『내 아내는 우동을 좋아해』『헐렁한 노래』 등의 독립 음반을 내다. 시집으로 『그리움 깊은 날』 등을 펴냈다.
현재, 〈시하나 노래하나〉 대표, 시노래 모임 〈나팔꽃〉 동인으로 문화예술의 샘 '보리울'에서 창작작업을 하고 있다. hanvory@freechal.com

내가 목격한 개의 풍경

이거 58년 개띠들에 관한 책을 낸다면서 원고를 달라니 고맙긴 하지만 도대체 뭘 끄적거린단 말인가? 오늘이 마감이라는데, 시간은 이미 넘겨버렸지만 하는 수 없이 허겁지겁 컴퓨터 앞에 앉아 개에 관한 생각에 빠져 한 마리 개가 된다.

봄날 양지녘에 게으른 하품을 연신 해대며 꾸벅꾸벅 조는 개의 그 여유로움, 앞다리 사이에 머리를 묻고 큰눈을 끔벅거리며 시간이 가든 세월이 흐르든 아무런 조급함도 없이 유유자적 귀족적인 자태에 누구든 한번쯤은 부러움의 눈길을 보낸 적이 있으리라.

복날 무렵이 되면 조금 측은해 보이긴 하나, 그래도 마당가 나무 그늘에 앉아 매미 소리 귀에 담으며 졸고 있는 개의 우아함이란 어릴 적 부러움으로 보았던, 사랑채 툇마루에서 고고한 자세로 책을 읽으시

던 증조부의 그 우아함에 비해 전혀 뒤지지 않는다. 그러나 어찌 이렇듯 한가함과 여유로움만 있겠는가? 종종 눈 오고 추운 날 밤, 창호문 너머에서 들려오던, 어둠 속에 웅크리고 앉아 끙끙거리는 개의 쓸쓸한 곤궁한 신음 소리. 봄날 멀리 다른 개들의 짝짓기를 부러운 눈으로 곁눈질하며 어슬렁거리는 비루먹은 개의 찬 비에 젖은 등.

'산벚꽃 피는 날' 콘서트 때

최근 들어 심심찮게 볼 수 있게 된 풍경으로는 차들 쌩쌩 달리는 길바닥에 길게 몸을 눕힌, 혹은 이미 가죽이 되어 버린 불쌍한 개들의 흔적. 그래 주인 없이 흘러 다니다가 제 목에 두른 목끈에 졸려 숨조차 가쁘게 몰아 쉬어야 하는, 목구멍에 무엇 하나 넘기지 못하고 비틀거리는 버려진 개들이 우리를 암울하게 하기도 한다.

예전에는 욕으로만 들리던 '개'에 관한 이미지가 최근 들어서는 꽤 괜찮은 단어로 등장했다. 그것은 아마 요즘 인기가 급상승하고 있는 애완견 때문일 것이다.

애완견의 인기란 수직으로 긋는 상종가다. 시쳇말로 '개 팔자가 상팔자'라는 말이 있지만 그 말을 증명이라도 하려는 듯이 정말 개 팔자가 사람 팔자보다 훨씬 더 좋아져 버린 것이다.

나는 애완견인가 똥개인가

얼마 전에 시내버스 안에서 주워들은 정보다. 여자 아이 둘이서 강아지 한 마리씩 안고서 대화 중이었는데, 멋들어지게 털을 깎아 얼핏 보기에도 귀족임을 금방 눈치챌 수 있는, 아마 개들의 사회에선 공주쯤에 해당할 만큼 치장을 한 애완견을 안고 있다. 그 꼬맹이들의 대화에서 얻은 정보에 의하면 강아지 이발하는 데 드는 비용이 사람들 미장원에 가서 머리하는 비용보다 더 비쌌고, 바캉스 갈 때 맡겨 두고 가는 며칠 동안의 비용이 웬만한 호텔 숙박비는 저리 가라였다. 그리고 강아지도 죽을 무렵이 되면 동물병원에 가서 깨끗한 죽음을 맞는다는 것이다. 추운 겨울날 길거리에서 얼어죽는 사람도 있는데 말이다. 이 정도면 개 팔자가 사람 팔자보다 나은 것 아닌가?

내 지나온 인생을 되돌아 보면 기실 개 팔자보다 더 나은 게 없었으니 잘나지 못한 내 인생 말해 무엇하겠는가마는 앞서 말했듯이 개 팔자도 진짜 개 같은 인생이 있는 반면 호사한 생활을 보내온 애완견 같은 인생도 있더란 말이다. 그러니 내 개 같아 보이는 인생도 오래 살다보니 나름대로 없던 자존을 세우기에 이르렀다.

살아보니 진짜 개 같은 인생이나 애완견 같은 인생이나 한세상 잘 살아내면 그만이요 그저 제 생긴 대로 지 성깔 대로 살아내는 것이 제대로 된 인생이라는, 못난 자들이 그렇듯 자기 위안 비슷한 자조적인 말씀을 만들어 아무데서나 침 튀겨가며 우겨대는 게 요즘의 나이다. 자꾸 '개 같은' 이라는 형용사가 반복되니 꼭 무슨 욕하는 것 같은 느낌이 든다. 우리 58년 개띠들을 보는 사람들의 시선도 이와 같을 것이

고 당사자인 우리들도 그러했다.

그러니까 다시 하던 얘기로 돌아 가서 개 팔자도 급이 있다는 얘기인데 족보가 있는 개와 족보 없이 똥개마냥 쏘다니는 개들의 삶 같은 뒷골목 인생 두 가지가 있으니, 나는 당연히 뒷골목을 어슬렁거리는 똥개였다. 그렇다, 똥개. 변호사나 의사 같은 족보를 가진 귀족 같은 개를 꿈꾸지 않았던 것은 아니나 어디 그런 족보를 가지기가 만만한가? 줄 없고 능력 없고 놀기 좋아하니 뒷골목은 언제나 내 차지였다. 학교 가면 늘 지각했다고 맞는 매도 다 내 차지였고, 성적 나쁘다고 반 평균성적 깎아 내리는 좀벌레 같은 인간이라고 패대는 매도 내가 거의 다 맞았다.

지금 생각해 보면 내가 그나마 비폭력 평화주의자인 것도 사실 알고 보면 폭력의 폐해를 무진장 잘 이해하게 해준 선생님들의 복날 개 패듯 하던 무지막지한 몽둥이의 위력이니 다시 감사할 밖에. 그렇다 꼭 아픈 만큼만 성숙하는 법이니까!

시골에 자그만 집을 짓고 전원생활을 해보리라 마음먹고 들어간 어느 날엔가 친척이 강아지 한 마리를 선물했는데 그 개의 생김새가 이건 참 지지리도 못생겼다. 아무리 봐도 천덕꾸러기감이다. 그래 네 꼴이 이렇게 짜잔하니 이름이라도 그럴 듯하게 지어 줘야지 싶어 지어준 이름이 찰리 채플린의 찰리였다. 뭐 토종 이름을 선호하는 나로선 얼큰이나 말복이 같은 이름도 있었지만 행색이 워낙 초라해서 내심 신경써 지어준 이름이다. 흠, 얼큰이나 말복이 같은 이름은 내가 워낙 보신탕을 싫어해서 혹시라도 내가 기른 강아지가 그런 꼴 당하

지 않도록 이름에 액땜을 해주기 위해서였다. 오해 마시라!

그런데 이 강아지는 병들어 죽고 말았다. 잘 묻어 주었지만 기르던 짐승이 죽는 것을 바라보는 일이란 생각보다는 스트레스를 많이 받는다. 어린 아들과 함께 죽은 강아지를 묻어주러 가면서 든 생각은 '적자생존'이라는 단어였다. 어느 삶이나 적응하지 못하면 도태된다는 치열한 그 단어를 나는 나이 다 들어서야 강아지의 죽음에서 읽은 셈인데, 내가 하는 음악에서의 궁색한 처지를 생각하면 이미 죽어 묻히는 개의 그것과 다름아니었다. 그러면서 드는 또 다른 생각이 바로 문화의 변방, 변방의 문화였다. 나는 변방에서 어슬렁거리는 똥개였음을 부인하지 못했다.

그 강아지가 죽고부터 나는 짐승을 기르지 않게 되고, 조금만 신경써도 그러니까 일주일에 한번씩만 물을 주어도 결코 죽음에까지 이르시 않는 식물을 기르는 것을 신호한다. 개를 기르는 일이란 생각보다 세심한 신경을 써야 했다. 어디 멀리 외출하는 것도 금지다. 밥을 줘야 하기 때문이다. 개를 기르는 동안은 어디 멀리 여행을 가지도 못했던 것이다. 살아 있는 무엇인가를 기른다는 일은 책임과 의무를 수반한 사랑의 행위이다. 그런 숭고한 일은 아무나 하는 것이 아니다. 그러므로 사람이 개를 기르는 것이 아닌, 사람이 개를 위해 있게 되는 이런 꼴도 사실은 충분히 이해가 가긴 한다.

어느 똥개의 군대생활 에피소드

개 같은 내 인생을 얘기하자면, 처음 입대를 위해 신체검사를 받았

는데 1급 갑종을 받았다. 그 흔한, 물론 책을 많이 읽진 않았지만 티비는 많이 보았으므로 눈이 나빠질 법도 한데 도무지 눈은 나빠지지 않고 천리안이다. 할 수 없이 대한민국의 건장한 장정으로써 국방의 의무를 다해야 하는 상황. 어찌 군대 가기 싫은 마음이 안 들었겠는가!

그런데 말이다. 그 이듬해 갑자기 결핵에 걸리고 말았다. 하는 일이라곤 학교는 안 나가고 습기 가득한 지하실 그룹사운드 연습실에서 자고 먹고 했으니 당연한 결과일지도 모른다. 독한 약 때문에 체중은 급격히 떨어지고 급기야 45킬로까지 빠지고 몸은 마른 가지에 짐승의 가죽을 입혀 놓은 듯했다.

참으로 이상한 일이다. 군에 못 가게 되니 군에 가고 싶어지는 것이었다. 결국은 우격다짐하다시피 어거지로 군에 입대했는데 나중에 제대해서 치료받던 보건소 직원들한테 죽지 않을 만큼 욕을 얻어 들었다. 더불어 국방부의 형편없는 구병 정책도 말이다.

아무튼 그렇게 입대해서 자대 배치를 받아 처음 중대장이 나를 보자마자 하는 얘기는 '요즘 군대 이상해 졌군. 이런 불량품도 군대엘 다 들어오고 말야!' 이런 형편이라 소대장들이 데려가기를 꺼려 하는 것이었다. 그래도 한번 배치 받은 중대인데 누군가는 거둬 줘야 할 이 이상한 불량 군인인 나를 누군가는 할 수 없이 떠맡아 데려가야 했다.

소대장의 찜찜한 발걸음을 따라 소초에 가는 길, 철책선은 얼마나 낯설고 한숨처럼 길었던가! 갔더니 수염 무성하고 누더기에 계급장도 붙이지 않는 산적들의 소굴. 얼마 지나지 않아서 나도 곧 그런 꼴로 변했지만, 아무튼 나는 그곳에서 결핵을 완치했었다. 얼마 있지 않

아서 신참이 왔다고 회식을 했다. 군대에서 회식이란 참 뻔하다. 박수 치고 돌아가면서 뽕짝 부르다가 지치면 취침 구령과 함께 불 끄고 자면 되는 것이었는데, 처음 회식 자리에서 내가 부른 노래는 잘 나가던 사회에서의 회상과 함께 떠오른 노래, 다름 아닌 〈예스터데이〉였던 것이다. 분위기를 잡고 '예스터데이 올마 트러블 씸쏘 파러웨이' 하고 부르기 시작했는데 모두들 내 노래에 감동을 했는지 고요해졌다. 속으론 흠, 군대에서도 내 노래 솜씨가 통하긴 하는군 내심 으쓱해서는 천연덕스럽게 불러 제꼈는데 노래가 끝나자마자 최고 고참의 단호한 소리— "야! 취침!"

그날 밤에 나는 달빛 눈부시게 부서지는 철책선의 눈밭에서 죽지 않을 만큼 얻어 터졌다. 죄목은 분위기 파악 못한 왕재수 쫄따구였고, 그 후로 내 별명은 가방끈이 되었다. 군대에서 팝송 따위를 부르거나 가곡 혹은 젊잖은 노래를 부르면 그렇게 불리운다. 눈치 디립다 없는 똥개였던 것이다.

그 이후로도 끊임없이 이어지는 고문관 행각을 다 말할 수는 없고 어느 해 여름이던가 병장이 된 해, 하상 하계 훈련을 나가는데 설문을 쓰게 됐다. 수영을 몇 미터나 할 수 있는지 묻는 거였다. 뭐 도시 출신이라 수영을 해본 적이 있어야 말이지 그래도 이거 병장 체면에 못한다 할 수는 없고 에라 모르겠다 10미터라고 적었는데, 막상 훈련장에 가서는 내 이름을 호명하더니 거의 10미터에 이르는 빨간 줄을 허리에 매주는 게 아닌가! 그리고는 덧붙이기를 빨간 띠를 맨사람들은 수영미숙자이므로 주변에서 요주의 감독하고 허우적거릴 시에는 즉시

빨간 끈을 잡아당겨 주라는 것이다.

내 고지식과는 반대로 나보다 수영 못하는 대부분의 병사들은 빨간 띠 없이 하계수양회에 온 듯 재미있는 훈련이었다. 병장 체면 다 구기면서 그 수치스러운 빨간 줄을 훈련 기간 내내 허리에 감고 다녔었으니, 참으로 개 같은 망신이었다.

소피 마르소를 보다가 입맛을 다시던 나

이왕 망가진 이미지 더 망가져 봐야 갈 곳도 없다. 내 한 몸 망가져서 누군가 행복할 수 있다면 마누라한테 당한 얘기 하나 더 해도 흉이 되지는 않을 터. 어찌 어찌 어슬렁거리다 주운 마누라가 하나 있는데 그 마누라, 나를 부르기를 종종 '짐승!' 하고 부르는데 그 말 안에는 틀림없이 여러모로 뜻을 둔 '개 같은……'이 포함되어 있을 것이다. 들어보면 마누라가 나를 얼마만큼 똥개로 생각하고 있는지 금방 알

창작문화공동체 '꼬두메'의 초창기 멤버들과 함께.

수 있다.

처음에는 그러니까 첫 생일에 내가 써준(물론 생일 선물로 사줄 돈이 없었으니 내가 줄 수 있는 선물이라곤 노래를 들려주는 일밖에 없다) 그 노래를 듣고 눈물을 흘릴 줄 아는 대단히 조신하며 이성적이고 감수성이 예민한 이쁜 여자였던 것이 날이 자꾸 가고 보니 아니다. 처음 만나던 때가 나는 꽤 나이를 먹었었고 아내는 겨우 스물을 갓 지난 어린 나이였으므로 당연히 나는 반말을 하고, 돈 벌어 오는 일이란 좀처럼 없는 형편없이 무능한 남편인 내게 아내는 그래도 어른을 대하듯 존대말이 거창했었다.

어느날, 그날도 영락없이 술 퍼먹고 들어와 자고 있다가 벌떡 일어나 티비에 눈을 둔다. 화장품 광고 소리에 홀려 일어나 침을 질질 흘리며 소피 마르소를 보다가 그녀가 화면에서 사라지자 입맛을 쩝 다시며 다시 눕는 나를 발견하고는 아내가 물어 본다.

"그렇게 이뻐요?"

이렇게 물어 보았을 때 나는 사태를 파악하고 정신을 차렸어야 마땅하나 아직 술이 덜 깼던 모양이다. 바보 같은 웃음과 함께 "으응~" 하고 만 것이다. 이때 아내는 정말 한심하다는 표정을 지으며 던지는 한마디, "너는 나도 과해야~."

최근의 일이다. 내가 하는 일이 늘 늦잠자고 어슬렁거리면서 낮에 나가니 자연스레 아파트 단지에서는 금방 눈에 띄는 잘 알려진 놈팡이다. 하고 다니는 꼴도 머리는 길지 옷 입는 모양새도 달라 근동에서는 이미 거의 모르는 사람이 없는데, 아파트 같은 라인에 새댁이 하나

이사를 왔다. 그 새댁이 보기에 저런 남자하고 사는 사람은 어떤 사람인지 무척 궁금했던 모양이다.

그러다 내가 14층에 살고 있다는 것을 알게 되고 어느 날 내 아내하고 같이 엘리베이터를 타게 되었는데, 아내가 14층 버튼을 누르는 것을 보고 묻더란다.

"아주머니 14층에 사세요? 그럼 머리 긴 아저씨가 바깥분이세요?"

하긴 나같이 이상하게 생긴 사람하고 같이 사는 사람이 아주 멀쩡하게 생긴 평범한 아주머니라는 사실이 신기하기도 했겠지. 갑자기 묻는 질문에 아내가 한 대답은 참으로 내 입으로 말하기 곤란하지만 "어머 아니에요, 그 사람 우리 옆집 아저씨예요" 였다. 요즘은 우리 집 아파트 초인종을 누르면 아이들의 목소리가 먼저 들리는데 '옆집 아저씨 왔다'라고 한다. 이 정도면 정말 개 같은 인생이 아니고 무엇이겠는가!

각설하고, 이처럼 개 같은 생을 살아 가고 있는 나로서, 그리고 문화적인 일을 하고 있는 나로서 할 수 있는, 비교적 거창하게 들리는 이야기를 해야 원고료 줄 사람이 억울하지 않겠지. 대부분의 문화판에서 제도권 안으로 진입이 힘들다는 것은 익히 알고 있을 것이다.

그러나 나는 오히려 그런 제도권의 구태의연한 음악과의 싸움을 더 좋아한다. 어느 방송에서 나는 이런 말을 한 적이 있다.

"작금의 음악 산업은 마치 세계대전 때 폭격기들이 퍼부어대는 융단 폭격에 다름 아니다. 그 폭격 아래 어느 풀꽃들이 성할 수 있는가? 우리는 지금 제도화된 그리고 경제력에 의해서 재단된, 마치 찍어낸

듯한 모조품들의 문화 융단폭격 아래 살고 있다. 이런 구조 아래에서는 개성적이며 예술적이며 인간적이며 창의적인 작업이란 도무지 비생산적인 가내 수공업에 불과할 뿐이다."

이런 취향에 관해, 이것은 똥개처럼 살아온 이로서의 자존심이며 어찌 생각해 보면 문화 마인드에 관한 이야기다.

'노래'에 대한 나만의 개똥철학

문화란 풀뿌리같이 많은 문화를 바탕으로 들꽃이 피어나고, 그 꽃들이 거듭 공감대를 형성해서 비로소 많은 사람들이 동감하는 문화로 발전했을 때 건강한 문화의 싹이 틀 것이라고 나는 믿는다. 그 우직함이란 가히 똥개 기질답지 않은가? 그러므로 나는 귀족적인 냄새가 나는, 족보로 완전 무장한 애완견의 이름표를 완강히 거부한다.

나는 곡을 쓰는 일을 기의 일기를 기록하듯 많은 곡을 쓰는 편인데 그야말로 개들이 아무데나 찍찍 갈겨대는 오줌싸기와 거의 흡사하다. 개들이 찍찍 갈기고 다니는 그 오줌누기가 사실은 자기 영역표시의 성스러운 행사이듯, 마찬가지로 나 역시 책임감 없이 마구 싸대는 것은 아니다. 나름대로 곡을 쓸 때는 깊이 몰두하는 까닭에 곧바로 옆에서 사람 두엇 죽어 넘어가도 모를 만큼 집중해서 작업하곤 한다. 사실 몇 달을 걸려서 한 곡을 완성하는 것 만큼의 생각과 정열을 순간적으로 투입하는 것과 다름없으니, 내가 쓰는 짧은 순간에 의한 작업방법에 대해 하등의 죄책감은 없다.

다만 나도 가끔은 오랜 시간을 두고 천천히 쓰는 그런 작업을 언젠

가는 한번 해볼 참이다. 참 이상하게도 그렇게 몰두해서 쓰다가 갑자기 걸려온 전화를 받는다거나 작업에 방해를 받았던 경우, 그 곡에 대해 잊혀질 만큼의 시간이 흐른 다음에 다시 꺼내 훑어보면 틀림없이 악곡 안에서 그 흔적이 발견된다는 점이다. 그런 이유로 나는 작업할 때 누군가에게도 간섭받지 않는 그런 상태를 좋아 한다.

창작물에 대해 개똥에 불과하다고 생각하는 나는, 그야말로 개똥 철학을 머리에 이고 사는, 그러니까 쉽게 얘기해서 내 머릿속에는 오로지 개똥만 가득찬 틀림없이 58년 개띠다.

'창작이란 생각의 나무가 고통스럽게 피워 올린 꽃'이다는 생각을 갖고 있던 내가 이런 생각을 갖게 된 것도 알고 보면 개에서 연유하는데, 어느 봄날 길을 가다가 우연히 많은 사람들 앞에서 그 부끄럽고 은밀한 행위를 버젓이 하고 있는 개들을 보면서 생리적인 배설을 거리낌 없이 하는 동물들과 인간의 차이점을 생각해 보았다. 오히려 인간의 그것이 훨씬 부자연스럽게 보이며 덜 아름답고 비겁하게 보이니 나는 영락없는 개다. 아무튼 그런 느낌이 들었다.

내가 쏟아내는 노래들을 가만히 생각해 본다. 내게 들어 온 내면적 혹은 외부의 자극들을 내 안에서 소화시켜고, 내 느낌대로 다시 재구성하여 쏟아내는, 그래서 생리적 배설물과 너무 흡사한, 그리고 섹스에 견줄 수 있는 정신적인 카타르시스에 다름 아니다. 그렇다, 바로 내가 쓰는 노래들이 과연 똥이 아니고 무엇이란 말인가? 그런 똥 덩어리를 갖고 무슨 개폼 잡을 일이 있단 말인가.

다만 내 노래가 이 시대의 들판에 풀이나 들꽃, 나무들에게 양분이

될 개똥이면 그만이다. 그리고 또 나는 생각한다. 나에게 무슨 재능 같은 것이 있다면 틀림없이 하나님이 주신 것일 테고, 내게 주어진 자극이나 감정적 변화란 주변이 내게 준 상황이며, 또한 내가 가지는 사고란 다른 이들과의 교류에 의한 것이므로, 내가 만든, 그리고 나를 통해 노래되는 모든 것들은 바로 우리 모두가 같이 공유해야 할 문화적 재산이라는 것이다. 그러므로 함부로 너무 내 노래입네, 하지 말 일이다.

어째 이거 개 같은 내 인생 얘기를 하다가 엉뚱한 데로 흘렀다. 흠……. 원고료 때문이었군. 항상 돈이 끼어들면 언성이 높아진다. 족보가 없는 가난한 똥개들만의 할 수 없는 특징이다.

이제 슬슬 모락모락 김 나는 똥이나 찾으러 나서 볼까? 그 들길 위에서 암팡진 암캐 한 마리 만났으면 좋겠다. 햇빛 눈부신 하늘 아래 부끄러움 없이 시원하고도 질펀한 징사를 꿈꾸면서 말이다.

장경화

49년의 삶과 이야기

1958년 7월 광주에서 태어나다. 조선대 미술대와 동대학원 미학·미술사학과 박사과정을 마치다. 조선대 미술관 개관 큐레이터, 광주비엔날레 전시기획자, 광주시립미술관 학예연구실장 등으로 활동했다. 현재, 광주시립미술관 금남로분관 관장으로 일하고 있다.

tamjkh@yahoo.co.kr

'옥수수빵'과 '우유 덩어리'를 기다리던 초등학교 시절

나는 1958년 7월 출생으로 이후 넉넉하지는 않았지만 그다지 어렵지 않은 어린 시절과 학창 시절을 보내었다.

광주서석초등학교 4학년 시절로 기억이 난다. 그때 우리 반에는 많은 친구들이 두려워하는 친구가 있었다. 그 친구는 자그마하고 깡마른 체구로 부모님 모두가 계시지를 않아 고아원에서 학교를 다녔다. 우리 반 친구들은 모두 그를 두려워해 가까이 가기에 부담을 느끼고 담임선생님 역시 그 친구를 다르게 생각하고 있다.

전교생 모두가 당시 점심 시간을 모두 기다렸고 특히 그 친구는 기다리는 정도가 남달랐다. 이유는 '옥수수 빵'과 '우유 덩어리'를 받을 수 있기 때문이다. 우리 반 주번은 배급을 총 인원의 2/3의 양을 받아

오고 그 첫 순서는 당연 고아원 출신의 친구이다. 그 친구는 반장이 있어도 당당하게 앞으로 나가 항상 가장 먼저 충분한 양을 가지고 자리로 돌아와 가방 속에 많은 분량을 담아놓은 다음 우리 반들이 한 조각을 2명씩이 나누어서 먹었다. 그러면서도 그 고아원 친구를 두려워하는 것이다.

나는 왜 그 친구를 모두가 두려워하며 망나니 같은 행동을 그냥 바라보고 있는지 궁금하였고, 이러한 사실의 뒷이야기를 누군가 귀띔해주어서 알게 되었다.

우선 그 친구를 무서워하는 이유는 항상 그는 가방 속에 젓가락으로 만든 날카로운 송곳 같은 무기를 지니고 다닌다는 것이었다. 그래서 그를 두려워하는 것이고 그가 전쟁고아로 고아원에서 생활을 하면서 거친 사람이라는 것이다. 나중에 알게 된 것이지만 그 친구는 많은 '옥수수 빵'과 '우유 덩어리'를 고아원에 가지고 가면, 친동생이 하나가 있는데 그 동생과 학교를 다니지 않는 고아원 동생들에게 준다는 것이다.

나는 이렇게 어린 시절을 보냈다. 그래도 그다지 어렵지 않게 보내었던 경우이고, 이후 중·고등학교 시절에도 어려운 친구들은 부유한 친구의 집에서 같이 학교를 마쳤던 기억이 생생하다.

그후 1998년 여름으로 기억된다. 우연히 서울에서 초등학교 4학년 시절의 고아원 출신 동창생을 만나게 되었다. 물론 처음에는 서로를 알아보지 못해 한동안 서로를 읽기에 궁색했으나 우리는 곧 서로를 확인하고 이산가족의 만남이나 된 듯한 기쁨을 주고받았다.

그 친구는 지금 유명한 호텔에서 부지배인으로 일하고 있다는 것이다. 말쑥한 차림에 다정스러운 표정, 정감 있는 말씨는 기억 속에 남아 있었던 그 친구에 대한 흔적들을 무색하게 하였다.

고등학교 시절 야구부 친구와 함께.

우리는 커피 잔을 앞에 두고 과거 학창 시절 이야기와 이후 과정들을 이야기하느라 정신이 없었고 시간이 가는 줄을 몰랐다. 이제는 자주 만나지는 못하지만 안부를 주고받고 있으며 우리는 마치 그 동안 잃고 있었던 분신이라도 되찾은 듯한 기분이다.

내가 보내었던 어린 시절, 내가 학교를 다니던 시절의 학교는 한 학급에 1, 2명씩의 전쟁고아가 있었던 것으로 기억된다. 지금 생각하니 참으로 많은 인원이다. 그리고 이념논쟁과 가난, 새마을운동에 얼룩진 어린 시절을 보냈다. 어디 나만의 이야기이고 나에게만 있었던 일이겠는가? 동시대에 살고 있었던 우리 모두의 시대적 아픔이고, 역사의 한 언저리에서 우리 모두가 같이하면서 온몸으로 경험하였던 일이 아니던가?

시화전 때문에 정학 처분을 받다

그리고 고교 시절에 인상 깊었던 기억을 더듬어보기로 한다.

나는 전남고 2학년 시절, 당시는 유신정권의 서슬이 퍼렇던 시기에 시 쓰기에 많은 시간을 보냈던 문학도였다. 문학동인회 활동을 활발하게 하면서 당시 전남고 교사로 계셨던 문병란 선생님을 자주 찾아뵈면서 영향을 많이 받게 되었다.

당시 내가 좋아했던 시인으로는 한용운, 랭보, 베를레느, 보들레르, 김수영, 그리고 문병란 등이다. 내가 쓰던 시의 내용으로는 물론 참여적인 시들로 정치와 사회적인 것들이 대부분이었다. 지금 생각하니 젊은 혈기가 앞서 두서가 없기도 했던 글들로 부끄럽기가 그지없지만 당시로는 많은 선배나 동료들로부터 받는 격려의 말에 어깨가 으쓱해지기도 했다.

이러한 정황에 힘입어 2학년 겨울방학을 이용해 충장로의 모 제과점을 빌려 '장경화 시화전' 을 개최하였다. 개막한 지 48시간이 채 되지도 못해 예상치 못했던 광주경찰서의 정보과 형사로부터 전화가 오고, 이내 작품은 철거되었고 소각을 면치 못하게 되었다. 당시 공직에 몸을 담아 오셨던 부친은 이 일로 무척 난처하게 되고 말았다. 다행히 아버님이 경찰 고위 간부와 친분이 두터운 관계로 어렵지 않게 일을 마무리할 수 있게 되었으며, 학교에서는 퇴학보다는 정학으로 나를 처리하였다. 이 일로 인하여 나는 매일 반성문과 정신교육을 받게 되었다.

이 일이 큰 충격으로 자리를 잡게 되었음은 두말할 여지가 없는 일이다. 이후부터는 나는 시보다는 그림으로 나의 이념과 철학을 표현해야 되겠다고 마음을 정하였던 탓에 대학을 미술과로 입학을 하게

되었다. 그리고 이 사건이 오늘 나를 존재하게 했던 큰 전환점이 되었던 것이다.

MBC 창작가요제에서 대상을 수상하다

이후 조선대학 미술과 2학년에 재학하면서 나는 1980년 5월 '광주민주화운동'을 겪게 되었다. 과거 고등학교 시절의 기억과 부모님의 걱정으로 대학 시절 운동권에 가까이 접근하기가 어려웠던 시절을 맞이한 나로서는 1980년 5월, 부모님의 감시로 집안에 갇혀 있어야만 했다. 당시 공무원 신분의 부친은 내가 통화하는 전화 내용과 만나는 친구, 그리고 나의 생각까지도 모두가 감시 대상이었다. 그리고 장남인 나로서는 가족들에 대한 큰 부담이 있었던 것도 부인할 수 없는 사실이다.

1980년 5월, 당시 현실을 피하고 외면했던 내가 이러한 시대적 양심의 굴레에서 자유롭지 못한 것은 지울 수 없었던 나의 원죄로 생각된다. 그래서 이후 대학을 졸업하고 대학원에 입학하고 석사 졸업논문을 써야 하는 당시의 이야기로 건너가고자 한다.

군대 전역말기 시절.

그리고 그 시절은 1987년 군사정권의 연장에 있었다. 논문 지도교수

2000년 뉴욕에서 가족들과 함께.

는 '리얼리즘'에 대한 논문을 쓰겠다는 나의 제안에 원칙적으로 반대를 하였다. 이유는 두 가지로 아직은 이러한 논제가 학위 논문으로 쓸만한 가치가 있겠는가에 대한 것과 시대적으로 부담감이 크다는 이유로 판단된다.

그러나 이러한 반대 의사에도 불구하고 담당 교수를 설득하는 데 많은 시간을 소요하고 또 많은 자료를 제공함으로써 결국 담당 교수는 조건부 타협을 하게 되었다. 어느 정도 설득에 성공한 셈이다. 논문을 심사하는 과정에서도 80쪽에 달하는 논문이 40쪽으로 줄어드는 아픔을 감수하여야만 했다. 이러한 나의 의지는 그나마 광주 5월에 대한 원죄를 속죄하려는 나의 최소한의 노력이었다고 지금도 생각하고 있다.

결국은 1988년 「한국미술의 리얼리즘」이라는 논문으로 졸업을 하게 되었다. 당시 이렇게 시대와 참여성을 반영한 학위 논문이 없었을 때에 젊은 혈기로 최선을 다하였으나 생각해 보니 내용면에 있어서도 부족한 부분이 너무 많아 부끄럽기도 하다. 그러나 그때 나는 이렇게 라도 해야만 한다는 강박감에 다소나마 스스로를 위로할 수 있었다.

그리고 대학 시절 남달랐던 경험으로는 군대를 마치고 복학했던 1984년 여름 이야기다. MBC에서는 '제1회 창작가요제'를 한다는 발

표가 있었다. 나는 음악을 즐겨 했던 터이라 후배 두 명이 함께 참여하자고 하여 광주에서 지역 예선을 거쳐 그해 겨울 본선에 참가하여 대상을 수상하였다. 상금과 함께 당시 '창작가요제'의 레코드판에 내 목소리를 담게 되었다.

이후로 한동안 중앙과 지방을 오가면서 방송활동을 하게 되었고 대학생 신분이었던 나와 후배들은 가수활동에 전념하라는 제안을 수차례 받기도 하였다.

그러나 나는 한때 학창 시절 즐거운 추억으로 간직하는 것이 바람직하리라는 생각에 1년간 학교생활과 방송생활을 겸하다가 접게 되었다. 이후 나는 대학원 진학을 위한 공부에 전념하고 그 중 한 후배는 졸업 이후 증권사에 취업을 하였다. 그러나 다른 후배는 지금도 가수생활을 하고 있다. 이렇게 나의 대학시절 즐거웠던 추억은 간직되어 있다.

광주시립미술관 개관과 광주비엔날레 창설 준비

그 이후로도 많은 이야기들이 있었지만 모두 뒤로 하고 문화예술 전문행정인으로 활동했던 기억을 더듬어 보기로 하자.

1991년 6월 15일, 나는 지금의 광주시청 공무원으로 입사를 하게 되었다. 이듬해인 1992년에 개관 예정으로 건축 중이었던 미술관 개관요원으로 근무하다가 미술관 개관과 더불어 큐레이터로 근무하였다.

이렇게 나는 전국 지방자치단체 중 최초의 현대미술을 전공한 미술관 큐레이터로 광주시립미술관 개관(1992. 8. 1) 이후 지금까지 근무

하고 있다(당시 광주시립미술관은 전국 지방자치단체 중 최초로 개관, 지역 미술관으로서 위상을 갖추고 있었으며, 이후 전국의 지자체들은 앞다투어 공립미술관을 건립하기 위하여 많은 노력을 하여 지금은 많은 미술관이 개관하였거나 개관을 준비하고 있다). 따라서 나는 전국 지방자치단체 중 제1호의 현대미술을 전공한 전문직 공무원인 학예연구사(큐레이터)로 근무하게 되었다. 당시 학예연구사의 명칭에 대해서 생소해 하던 상황으로 무엇을 하는 사람인지 궁금하여 이를 물어오는 사람들이 많았다. 박물관이나 미술관 역사가 짧은 우리나라의 정황으로는 당연한 질문이기도 하다.

이후 지금까지 공무원 신분으로 생활에 긍정적인 부분과 부정적인 부분들을 안고 현재에 이르게 되었다. 어찌되었든 나는 전공한 분야와 일하고 싶은 자리에서 보람차게 일을 하고 있는 행운아 중 한 사람이기에 누가 뭐라고 해도 부정할 수 없는 사실로 고맙게 느끼고 있으며, 성실하게 근무하고 있다.

아울러 '광주비엔날레'에 관한 이야기를 해볼까 한다. 1994년 11월 내가 주창한 바람직한 미술관 상像을 중심으로 한창 논의가 되어왔던 광주비엔날레가 구체화되어 가고있었고, 나는 창설 준비 전문요원으로 재단법인 광주비엔날레 조직위원회로 파견을 나가게 되었다.

당시 광주비엔날레 조직위원회는 민간 전문인들과 광주시 공무원들로 구성돼 광주비엔날레를 창설하기 위한 목적으로 일시적으로 혼합된 집단이다. 당시 필자는 광주비엔날레 조직위원회 전시본부 전시지원부의 소속으로 행정직 공무원들과 같이 근무하였다. 광주시에서 유일하게 전문성을 갖춘 공무원으로 참여하게 되었다.

우리나라에서는 대규모 국제적인 미술행사인 광주비엔날레(1995. 9. 20 ~ 1995. 11. 20)는 처음으로 준비하는 행사였던 관계로 이에 대한 사례 연구나 경험이 있었던 사람이 없어 우리 스스로가 '맨땅에 해딩하는 기분' 으로 매사의 일들을 신중하게 진행해 가야만 했다.

1994년 12월, 비엔날레 조직위원회의 사무실은 광주 중외공원에 마련되고 1차 파견되어온 공무원은 약 30여 명으로 인원은 점차 확대해 나가자는 입장이었다. 재단의 민간인들과 파견된 공무원 모두는 한국의 새로운 미술문화를 창조하고 역사를 이끌어 간다는 사명감으로 정신무장이 되어 조직의 응집력은 매일 밤 12시에 퇴근을 하여도 누구 하나 불만이 없었다.

매일 저녁 시간이 아까워서 도시락을 준비하여 사무실에서 식사를 하면서 일에만 매달려야 했다. 오히려 큰 걱정은 '비엔날레 전시장' 을 8개월 안에 준공해야 한다는 것이었다. 당시 상황으로는 여름 장

MBC 〈쇼 2000〉 출연 당시 (필자는 왼쪽).

마철에 태풍이 온다면 준공이 어떻게 될지 장담하기가 어려운 상황으로 공사는 진행되어 갔다. 1995년 5월에 1차 커미셔너, 큐레이터 회의를 했던 외국인들은 모두가 개막 전까지 공사를 마무리한다는 것은 불가능하다고 의견을 제시하였고, 우리는 이에 맞서 시간이 충분하다고 설득을 하였다. 외국의 커미셔너와 큐레이터들은 고개를 흔들면서 우리의 설득에 마지못하여 비엔날레 준비를 하겠다고는 하였지만 명쾌한 답변은 아니었다. 이렇게 무리한 일을 밀어붙이는 일은 우리나라에서나 가능한 일이라 생각되고 이후 우리들은 매일 살얼음판을 걷는 기분으로 행사를 준비하고 전시장 공사는 24시간 계속해서 진행되었다.

전세계 초유의 유료 관람객 유치 기록

이렇게 준비한 행사는 가을이 되어서야 점차 가시적인 성과물들이 나타나기 시작했고 전시장 역시 차질 없이 준비되었다. 작가들은 하나둘 입국과 함께 작품도 들어오기 시작하였던 1995년 9월 초부터 전시본부의 적은 인원으로 작가 모두를 지원해준다는 것이 무리였고, 이러한 큰 행사를 경험한 인력이 없었던 관계로 허둥지둥하면서 밤을 새워 가면서 작품 설치를 하고 다른 한쪽에서는 건물 마무리 공사를 진행해야 했다.

약 2주간의 무리한 강행군으로 우리 전시본부는 하나둘 과로로 졸도를 하였다. 급기야 같은 사무실에 있었던 김춘배 씨는 과로사를 하고 말았다. 김춘배(행정6급) 씨는 외국작가 250여 명의 일정과 호텔을

혼자서 관리하면서 지원해 왔었다. 우리 모두는 이 분의 슬픔을 나눌 여유도 없이 비엔날레를 찾는 관람객과 전시장에 매달려야만 했다. 어디 이 분만 이러한 경험을 하였던가? 전시본부 내에 직원 몇몇 사람과 건강하다고 자신해 오던 필자 역시 전시장에서 설치를 마무리 하면서 절도를 하였던 기억이 있다. 이렇듯 비엔날레 직원들 사이에는 "자네는 보약을 몇 재나 먹었는가?"라는 물음이 유행하였는데, 알고 보니 대다수가 보약을 먹었고 필자 역시 두 재를 지어서 먹었다.

이렇게 준비한 행사는 3개월간의 전시기간에 160만 명이라는 전세계적으로 초유의 유료 관람객을 유치한 기록을 남겼다. 이 기록은 전무후무한 기록으로 화제거리가 되었고 당시의 직원들은 지금도 이러한 우리들의 열정과 사명감을 이야기하며, 언제인가 이런 기회가 다

1995년 제1회 광주비엔날레 당시 국회문공위 의원들에게 전시 설명을 해주고 있다.

시 온다면 또 다시 응집하자는 농담을 한다. 이렇게 시작된 '광주비엔날레' 는 지금 6회를 준비하고 빠른 속도로 세계 5대 비엔날레라는 위치를 점유하고 있다.

한국 근현대사와 함께 한 58년 개띠

1958년 개띠, 우리는 전후 세대로 우리 민족의 근·현대사의 발전과 함께 성장을 같이하였다. 해를 달리한 1957년이나 1959년의 경우 70~80만 명이 출생하였지만 58년생은 유독 100만 명이 넘게 출생하였다. 그리고 중학교 입학 때에는 진학시험이 사라지고 뺑뺑이 세대가 되었고, 고등학교는 입학시험 마지막 세대가 된 것이다.

그리고 현재 필자는 광주시립미술관에서 전공하였던 분야에서 나름대로의 보람을 느끼면서 일을 하고 있다.

동창이었던 대다수의 친구들은 대학에서 전공했던 분야와 거리가 먼 분야에서 일을 하는 사람들이 얼마나 많은가? 그리고 58년생들은 선배 세대에게 좋은 직장을 대다수 선점이 된 이후에 대학을 졸업하였던 시대적 상황 속에서 사회 진출에 많은 어려움을 겪었고 새로운 학문을 수업한 후배 세대에게는 추격을 받으면서 현재까지 이르고 있다.

그러나 이것이 어디 58년 개띠들만의 아픔이겠는가? 우리 세대를 중심으로 하는 전후세대 모두가 그러 할 것이라고 생각한다. 이렇듯 1958년생들은 전후 사회적 안정과 근대화 과정을 겪으면서 인구가 가장 많은 세대로 선·후배 세대와 가장 충돌이 많기도 하다.

이제 1958년생들은 어느덧 우리 사회의 중추적인 역할을 하는 세대로 성장하였고 다양한 분야에서 그 몫들을 충실히 하고 있다. 그러나 거부할 수 없는 인터넷을 통한 시대적 변화와 국제화 물결 속에 노출되어 있다. 이러한 변화에도 비켜가지 않고 당당하게 맞서면서 소신껏 일하는 58개띠의 참스런 모습은 이 시대가 우리들에게 요구하고 있는 것이다.

58개띠들이여!

건강을 지키면서 마음을 다스리는 슬기로움과 현실과 미래에 지혜로움, 그리고 현실에 당당함과 의로움을 저버리는 과오를 범하지 말고 열심히 살아가세. 그리고 훗날 노인당에서 웃으면서 멋있게 만나세.

서애숙

개와 같이 사네

1958년에 목포에서 출생하다. 2001년 『오늘의문학』에 시를, 『월간 아동문학』에 동시를 발표하다, 2002년 계간 『문학과경계』 신인상으로 등단하다. 주요 시집으로 『세상 뜨는 일이 저렇게 기쁠 수 있구나』 등이 있다. sas1918@hanmail.net

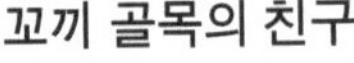

꼬끼 골목의 친구

왕성한 젊음을 사업에 투자했다가 경기 불황이 오면서 빈털터리가 되어버린 친구가 있다. 거의 일년이 넘노톡 술과 노름으로 페인이 될 만큼 처절하게 자기 자신을 학대하며 살던 친구. 그러나 어느 날부터인지 깨끗이 손을 털어 버리고 조용한 산자락에 터를 잡고 개와 같이 살고 있었다.

개띠가 개와 같이 산다는 사실이 어찌 들으면 웃음 한 자락 나풀거릴 일이지만 나는 파란만장한 삶의 질곡을 건너 온 그 친구의 옷자락만 봐도 눈물이 났다.

초등학교 시절, 나는 발에 맞지도 않는 검정 고무신을 헐떡거리며 끌고 다니고, 빨간 다우다 책보에 책을 싸서 허리에 질끈 동여매고 다녔다. 녹이 슨 양철 필통에 있는 몽당연필이 내가 발걸음을 옮길 때마

다 달그락거렸다. 그리고 누렇게 뜬 얼굴로 교실을 들어서면 선생님께서는 또 지각을 했다면서 야단을 치셨고 동시에 몇 대의 매를 손바닥에 던졌다. 지각을 밥 먹듯 했던 친구는 지각대장이란 명찰을 초등학교 시절 내내 달고 다녔다.

기생충 검사를 한다고 변을 받아 올 때면 우린 늘 그 친구 가까이 가기를 꺼렸다. 그리고 회충약을 먹는 날은 초긴장 상태였다. 배가 아프다고 울면서 집으로 가곤 했던 친구는 어느날 사실인지 모르지만 회충이 목으로 넘어왔다고 아이들의 놀림을 받기까지 했다. 머리엔 늘 기계독이 올라 하얀 도장을 찍어 놓은 것 같았고, 언제 빨아 입었는지 옷은 늘 반질거리며 윤이 났다.

친구들의 놀림에도 아랑곳하지 않고 벙어리인가 싶을 정도로 말이 없던 그 아이는 점심시간이면 옥수수 가루로 만든 노릇노릇한 빵을 한 개씩 받곤 했다. 나는 4교시가 끝나면 급식실에 가서 그 빵을 타다 집이 가난하여 점심을 가져오지 못하는 아이들에게 나누어주었다. 구수한 냄새가 코끝에 스칠 때면 왜 그렇게 맛 좋아 보였던지 늘 입에 침이 돌곤 했다. 그런데 친구는 그 맛있는 빵을 먹지 않고 가방에 넣어 집으로 가져가곤 했다.

나는 유난히도 수줍고 말이 없던 그 아이가 다른 아이들 점심 먹을 때 그 빵을 먹어야 한다는 쑥스러움 때문에 그냥 가방에 쑤셔 넣었을 것이라고 생각을 했다.

그러면서도 옆짝이었던 내가 조금 달라고 하면 들은 척도 하지 않던 그 아이를 나는 다른 아이들을 선동해서 늘 왕따를 시키곤 했다.

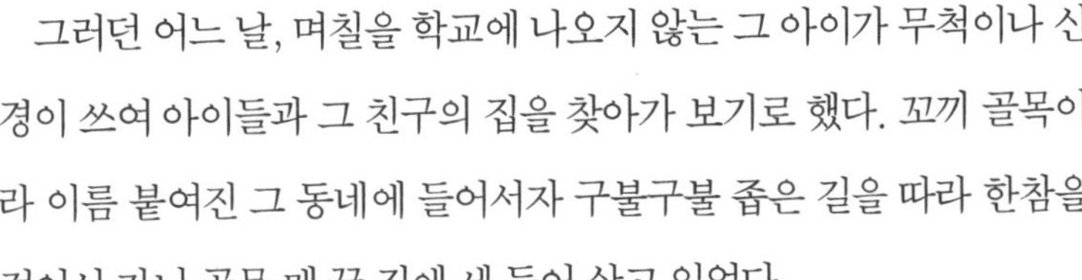

그러던 어느 날, 며칠을 학교에 나오지 않는 그 아이가 무척이나 신경이 쓰여 아이들과 그 친구의 집을 찾아가 보기로 했다. 꼬끼 골목이라 이름 붙여진 그 동네에 들어서자 구불구불 좁은 길을 따라 한참을 걸어서 가니 골목 맨 끝 집에 세 들어 살고 있었다.

그 친구는 앓아누운 어머니와 동생들과 함께 일어서면 머리가 닿을 것 같은 초가집에서 살고 있었다. 초가집 지붕 위에 솟아난 풀잎 지푸라기와 개어 만든 흙벽은 너덜너덜 간신히 붙어 있고, 벽지도 누렇게 빗물에 젖어 얼룩져 있었다. 그뿐 아니라 군데군데 검은 곰팡이가 그림을 그리고 있었다.

아버지의 죽음이 몰고온 파장

그 시절에 항구에 나가보면 유난히도 짐꾼이 많았다. 친구 아버지

초등학교때 목포예술제 수상자들과 함께(가운데줄 왼쪽에서 네번째가 필자).

는 날마다 등에 밀가루 포대며 온갖 짐들이 옮겨 나르는 항구의 짐꾼이었다. 어느 추운 겨울날 술이 거나해서 집으로 돌아오던 아버지는 추운 눈보라 속에 술기운에 쓰러지셨다가 영영 돌아오지 못하는 곳으로 가셨다고 했다.

가난했지만 오순도순 정답게 살아왔던 가족은 하루아침에 세상에 내팽개쳐졌고 그후로 어머니는 남의 집 식모살이를 하셨다 한다. 몸이 허약한 탓으로 일을 하기보다는 앓아눕는 날이 더 많았다고 했다.

그럴 때면 어머니 병간호하랴, 동생들 돌보랴 학교엔 늦게 갈 수밖에 없었고, 아무리 힘들고 놀림을 받아도 학교는 꼭 가고 싶었다고 했다. 급식 빵도 혼자 먹지 않고 집으로 가져갔던 것도 배고파 할 동생들을 생각하면 목이 메어서 먹을 수가 없었다고 했다. 그러면서 내가 달라고 할 때 줄 수 없어서 늘 미안했다고 그는 덧붙였다. 난 어린 마음에도 그 얘길 듣고 얼마나 가슴이 아팠는지 집으로 돌아와 한없이 울었던 기억이 난다.

학교 안에는 오동나무가 많았고 그 오동나무 아래엔 깊은 우물이 있었다. 우리들은 가을이면 오동나무 열매를 따다 집에 가져가 볶아 먹기도 했었다. 점심 때면 늘 그 우물가에서 몇 번이고 걸레를 빠는 그 아이를 본 적이 있었다. 정녕 걸레를 빠는 손은 한 손이고 나머지 한 손은 두레박을 입에 대고 우물 물을 마시면서 점심시간이 끝날 때까지 담 밑에 쭈그리고 앉아 있었다.

그 담장 아래에는 말랑말랑한 고무과자와 색색이 물을 들인 세모난 비닐봉지에 들어있는 물감, 네모난 파란색 나무통 안에 있던 아이

스께끼, 설탕을 살살 뿌려가며 신나게 틀을 돌리면 신기하게 부풀어 오르던 솜사탕, 국자에 설탕을 조금 넣고 소다를 약간 섞어 나무젓가락으로 저으면 쑤욱 부풀어 오르는 국자과자, 양철로 만든 꽃 모양, 새 모양, 별 모양, 이상야릇한 모양의 과자때기……. 그 과자 장수가 늘 우리들을 유혹하고 있었다.

담 밑에 쪼그리고 앉아 입맛만 다시고 있었던 그 아이, 그 일이 있은 후 나는 엄마 몰래 쌀도 퍼다 주고 점심 때 가끔씩 도시락에 올라앉은 계란 후라이를 걷어 아무도 몰래 그 아이에게 주곤 했다. 늘 말이 없고 기가 죽어 있는 그 아이의 옆자리를 지켜 주면서 나는 초등학교 시절을 그렇게 보냈다.

세상에서 가장 큰 설움을 안고

지독한 가난을 벗어나지 못하는 어머니와 동생들을 위해 상급학교 진학을 포기한 채 친구는 보따리를 쌌다. 열네 살 나이에 돈 한 푼 없이 서울역에 내려 세상의 궂은일을 해보지 않은 것이 없었다고 했다.

세상에 가장 큰 설움은 배고픔이었다. 먹을 것을 앞에 놓고도 돈이 없어 주린 배를 움켜 쥘 때 어떻게든 돈을 벌어야겠다고 어금니를 깨물며 다짐했다고 했다. 먹고 자기 위해서 중국집 배달원을 전전하고, 죽도록 일하고 임금도 제대로 받지 못하면서 오직 하나, 돈을 벌어야겠다는 생각 하나만으로 살았다고 했다.

신문을 돌리는 새벽이면 부잣집 대문 앞에 놓인 유리병에 담긴 우유는 언제나 그에게 유혹의 대상이었다. 배가 너무 고팠을 때 몰래 그

우유를 마시면 그날은 무던히도 많이 배가 아팠다고 했다.

교복을 입은 아이들만 보면 늘 주눅이 들고, 그 아이들 앞을 지날 때마다 초라한 자신이 너무 부끄러워 전봇대 뒤로 숨어 버린 적이 한두 번이 아니었다고 했다.

여름에는 아이스께끼통을 들고 다니고, 구두닦기통도 메고 다녔다. 겨울엔 한밤중에 찰떡을 가지고 눈보라를 헤집고 다니면서 눈길에 미끄러질 때마다 새끼줄로 신발을 동여맸다. 난잡한 취객이라도 만나면 걷어 채여 찰떡을 담은 통이 땅바닥에 뒹굴고, 흙이 묻은 찰떡을 주워 언 손으로 흙을 털어냈다. 서러워 눈물을 흘릴 때 쩍쩍 갈라진 손등 위로 떨어진 눈물이 그렇게 아프고 쓰라렸다고 했다. 안티프라민 하나 살 돈이 없어서 겨울이면 그렇게 생살이 갈라터지고 핏방울이 고였다 했다.

클래식 음악을 즐기는사람들의 모임인 목요음악회 회원들과의 야유회(서 있는 사람중 맨 가운데가 필자).

친구의 눈이 붉어지면서 흐르는 눈물을 보았을 땐 눈에서 핏방울이 떨어지는 것 같았다. 지금도 어려움에 부딪힐 때마다 그 눈물을 잊지 않고 살고 있다고 했다.

하루에 한 끼 정도밖에 먹지 않고 저축을 하여 갓 스물이 넘을 쯤엔 그것을 자본으로 조그만 장사를 시작했다. 거리에 좌판을 벌려놓으면 깡패들에게 수없이 걷어 채이고 물건을 뺏기고 두들겨 맞으면서도 악으로 버티며 돈을 모았다. 수십 년 고생을 하여 오늘에 이르렀는데 한꺼번에 날렸다며 망연자실하던 그 친구의 말이 지금도 아프게 가슴에 박혔다.

나이가 들면 한적한 시골에서 조용히 자연과 벗하며 살고 싶다는 그 친구는 애창곡마저도 〈강촌에 살고 싶네〉라는 곡이었다.

비가 부슬부슬 내리던 어느 봄날, 술시에 태어나 술을 좋아할 수밖에 없다는 궤변을 늘어놓는 친구를 위해 소주 몇 병과 안주를 사 들고

1995년 한국볼링대표선수로 태국시합에 참가했을때 (가운데 손들고 있는 사람이 필자).

집을 나섰다.

피라미드 같은 줄기에 연둣빛을 줄줄이 달고 봄을 맞이하는 메타쉐콰이어가 즐비한 아스팔트길을 한참 달리다 보니 한적한 비포장길이 눈에 확 들어왔다.

친구가 살고 있는 곳까지는 좁다란 들길이 길게 이어져 승용차를 가지고 가기엔 무리라는 생각이 들었다. 나는 한적한 곳에 차를 세우고 우산을 꺼내 들었다.

개띠 해에 태어나 개와 함께 살던 친구

붉은 황토에 돌멩이가 툭툭 채이는 길을 가자니 바람 따라 날리는 빗방울에 바짓가랑이의 반은 흙탕물로 범벅이 되었다. 사선으로 떨어지는 빗줄기는 사정없이 옆구리를 치고 나중엔 물에 빠진 생쥐 꼴이 되었다. 개울가에 돌돌 흐르는 물이 그나마 운치를 더해 주었으니 망정이지 초록의 감옥에 갇힌 듯한 기분이었다.

보랏빛 꽃송이를 하늘 향해 달고 있는 오동나무, 하얀 꽃을 주판알처럼 달고 있는 아카시아 나무가 자유롭게 널려져 비바람에 젖어가고 있었다. 빗 사이를 뚫고 흐르는 아카시아 향기 속에, 어느 해 봄날이던가. 아카시아 꽃을 가득 입에 물고 우물우물 씹어대던 그 친구가 생각이 났다.

난 아카시아 꽃이 그렇게 맛이 좋은 줄 알았다. 그 친구가 배가 고파 그 아카시아 꽃을 먹었다고는 그땐 미처 생각하지 못했었다. 내 몸 안으로 솔솔 기어드는 그 향기가 아프게 아프게 가슴에 먹물처럼 번

졌다.

꽃잎에 매달려 뚝뚝 떨어지는 빗방울 소리, 멀리서 희미하게 개 짖는 소리가 비에 젖은 골짜기로 튀어 오르는 소리, 비 오는 날의 어여쁜 반란이었다.

한참을 오르다 보니 길다란 방죽이 눈앞에 펼쳐졌다. 조용한 방죽가에 널린 미나리아재비의 꽃술이, 개구리 울음 소리와 이제 막 알에서 깨어난 올챙이들이 방죽에 어우러져 고요히 파문이 이는 모양이 신비스럽기까지 했다. 나는 장난기가 발동하여 긴 장대로 무리져 있는 올챙이들을 흔들어 놓았더니 금방 다시 모여드는 모양이 영락없이 끈 없는 자석이었다. 그 광경에 넋이 빠져 있다 보니, 나는 어느새 올챙이가 되어 꼬리를 살랑살랑 흔들며 빗속의 자연을 유혹하고 있는 느낌이었다.

미당으로 들어서자 오십여 마리가 넘는 개들이 한꺼번에 짖어대고, 풀어놓은 닭들은 녹슨 트럭 밑에 들어가 눈만 꿈벅이며 비를 피하고 있었다.

하늘로 솟아오르는 개들의 함성이 그리 평탄치 만은 않은 친구 대신 가슴의 응어리를 토해내고 있는 것 같았다.

세상을 향하여 늘 불만이 많았고 토해낼 수 없이 허기가 졌던 그 친구 가슴의 옹이가 군데군데 개 우리에 박혀 있음을 보았다. 개들이 컹컹 짖을 때마다 가슴의 옹이가 하나 둘 빠져나가는 것 같다고 얘기하는 친구는 영락없는 개띠가 맞았다. 개들의 울음소리가 하늘에 올라 희망의 별로 박히기를 빌어 보았다.

때마침 아랫 마을에서 발정난 개를 데리고 와 짝짓기를 시키느라 사람과 개가 실랑이를 벌이고 있었다. 벌건 대낮에 사랑 없이는 이루어질 수 없는 행위에 조건이 붙고 경제적 이윤이 따르고 종자의 가격이 결정되는 걸 보면서 인간으로 태어남이 천만 다행이라는 생각이 들었다.

헉헉대는 수컷 앞에 요망하게 이리 빼고 저리 빼며 애간장을 녹이는 암컷이 무척 얄밉기 그지없었다. 몇 번을 시도했으나 암컷이 자꾸만 꽁지를 빼니 별 수 없이 개 주인이 다음에 다시 오겠노라고 떠나고 난 뒤 난리가 났다. 그 행위의 순간을 다하지 못하고 불만 붙여 놨다고 눈이 벌개지면서 창살을 쿵쿵 때리고 암컷 나간 자리만 뱅뱅 도는 수컷이 측은하기까지 했다.

암컷 요망한 것은 개나 사람이나 똑같다는 친구의 넋두리가 왠지 낮은 하늘에 풀잎 드러눕는 소리 같았다. 부도가 난 후 집을 나가버린 아내 생각이 났던 모양이었다.

개처럼 펄펄 뛰어다니던 친구의 양어깨가 힘이 없어 보이던 그날, 하필이면 개띠에 태어나 개와 같이 사는 인생이 되었나 생각을 하면서 씁쓸한 미소를 짓고 내려오던 그날.

비 개인 흐린 하늘가로 햇빛 한 줄기가 조용히 비추고 있었다.

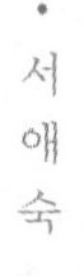

커리커쳐: 화가 박재동

10년마다 바뀌는 인생

1958년 8월 울진에서 태어나다. 1974년 서울 도선사에 입산하다. 이혜성 스님을 은사로, 류석암 스님을 계사로 사미계, 비구계를 수지하다. 1976년 실달승가대학을 수료하고 1980년 '10 · 27불교법난'으로 전전하다가 1982년 2월 하산하다. 이후 제약회사 영업부 등에서 일하다가 월간 『여성불교』 편집주간을 역임하다. 1993년 『문예한국』으로 등단하다. 대표작으로 「위풍당당 독도」 「대추리, 들녘이 탄다」 등이 있다. 현재, 도서출판 화남 대표로 일하고 있다. hwanambang@hanmail.net

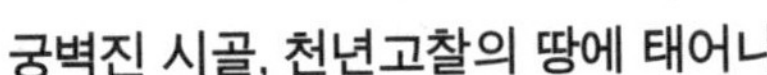

궁벽진 시골, 천년고찰의 땅에 태어나

나는 1958년 8월 14일(음) 울진군 서면 삼근리 394번지에서 아홉 남매 중 일곱 번째로 태어났다. 내가 태어난 서면은 궁궐을 짓는 데 쓰이는 목재로 유명한 금강송(춘양목)의 군락지가 소광리에 있고, 굽이굽이 경관을 자랑하는 불영계곡과 천년고찰 불영사가 있는 곳이다.

또한 서면은 운모를 캐는 광산촌으로도 유명했다. 왕피리 주석광산과 옥방중석광산은 일제 때부터 시작하여 1960년대 말까지도 존재했다.

일본제국주의는 전쟁물자로 쓰이는 광산이 있는 이곳을 그냥 내버려 두지 않았다. 이 때문에 첩첩산중인 이곳에 일제 때부터 36번 국도를 건설하여 자동차가 다닐 수 있게 하였고, 전기를 영월에서 끌어들여서 울진보다 먼저 전기가 들어왔던 곳이다.

우리 할아버지께서는 건장한 체구에 호탕한 분으로 자유당 시절 야당으로 면장에 출마, 당선되어 면장을 하셨다 한다.

1970년 초등학교 6학년 때 급우들과 함께. '중단없는 전진의 해'라는 슬로건이 눈에 띈다.

전 국회의원 김명윤 씨의 형님인 김광준 제헌의원과 정치적 뜻과 지향을 같이 하셨다고 한다. 그리고 증조부께서는 이곳 면 소재지에서 양조장을 운영하셨다. 당시 시골에서 양조장을 운영한다는 것은 마을 유지에 속했다.

서면에서는 양조장이 하나뿐이고, 광산촌이라 광부들이 많이 있어 이때 상당한 재산을 모으셨다고 한다. 그러나 내가 태어날 무렵, 할아버지가 야당으로 오랜 정치생활을 하다보니 살림은 점차 축이 났고, 또한 아버지의 사업 실패로 가세는 기울대로 기울어 있었다.

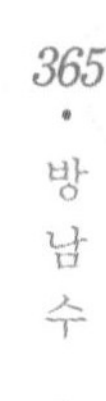

아버지의 기구한 운명과 가세의 몰락

아버지께서는 울진보통학교를 졸업하고 일제의 대동아전쟁 때 학도병으로 끌려 나가셔서 파푸아뉴기니 뉴브리튼섬 라바울이라는 곳까지 가셨다고 한다. 그곳에서 미국의 B-29 비행기의 폭격을 아홉 번

이나 받았다고 했다.

구사일생으로 살아남은 아버지는 전쟁이 끝나고 해방이 되었건만 3개월 이상 귀국하지 못하고 뱀이나 개구리 등 야생 동물로 주린 배를 채워가며 모진 목숨을 연명하셔야 했으니, 그 고생을 일일이 말로 다 표현키 어려운 상황이었나 보다.

1973년 중학교 3학년 때(왼쪽이 필자).

그러다가 아버지는 우여곡절 끝에 거의 내복 바람으로 귀국선을 타셨다고 한다. 즉, 해방 후 6개월이 지난 1946년 2월경 대만의 장개석 총통의 주선으로 겨우 귀국하게 되었다고 한다.

귀국 후 아버지는 고향에서 면서기를 하셨고, 얼마 후 사업을 시작했는데 선대로부터 물려받은 논 · 밭을 처분하여 트럭을 구입, 목상木商을 하셨다고 한다.

당시 수레로 목상을 한 사람들은 대부분 성공했는데, 트럭으로 목상을 하다보니 당연히 성공해야 함에도 뜻대로 되질 않았고, 또한 가지고 있던 트럭 2대가 6 · 25 때 인민군들에게 징발당하다 보니 사실상 전 재산을 전쟁의 여파로 날리고 말았다고 한다.

대동아전쟁으로 구사일생 목숨을 구하고 이후 조상 대대로 물려받은 논 · 밭으로 사업을 했으나 결국 실패하고 말자 아버지의 상심은 매우 컸을 것이다. 이 때문에 술에 젖어 사시다가 아버지는 혈압으로 일찍 세상을 떠나셨다. 때는 1973년 3월 6일 내가 중학교 3학년에 올

라갈 무렵이었다.

나는 서면 삼근리 삼근초등학교를 졸업(34회)하고, 삼근중학교(지금은 울진중학교로 통합) 3년을 그럭저럭 마쳤다.

중학 3학년 때 전교생 학생회장 선거에 급우들 6명이 후보로 나섰는데 내가 회장으로 뽑혀 학생회를 이끌었다. 당시 학교에는 밴드부도 있었다. 나는 트럼펫을 불었다. 학교 국기 게양식, 하향식 때마다 애국가를 트럼펫으로 연주한 것이 지금도 기억에 떠오른다.

내 위로는 네 명의 형들과 두 명의 누나가 있었는데 내가 중학 3학년 때 모두 서울로 상경하여 결혼을 하거나 직장생활이나 혹은 상급학교에 다녔다. 이 때문에 나와 남동생 둘 그리고 어머니 네 식구만이 고향 땅 언덕을 지키며 살아야 했다.

내가 중학 3년 동안에 가장 힘들었던 것은 방이 아홉 칸이나 되는 기와집의 땔감 문제를 해결하는 데 온 정성을 쏟는 일이었다.

학교를 파하거나 방학 때면 2, 3km 이상 되는 산길을 왕복하여 지게로 나무하러 다녀야 했다.

어머니께서는 어린 동생과 형제들을 위하여 기와집 방 아홉 칸을 이용, 여관업을 허가받아 외지에서 온 공무원이나 교사, 탄광촌 광부들을 상대로 하숙을 치거나, 밥장사를 하여 우리들을 뒷바라지하셨다.

어머니의 고생으로 힘들게 중학교를 마칠 수 있었지만 나는 상급학교 진학을 앞두고 고민을 하지 않을 수 없었다. 궁벽진 시골의 형편으로 당시로선 고등학교 진학이란 그리 쉬운 일이 아니었다.

고등학교에 진학하게 될 경우 외지로 유학을 해야 하기 때문에 어려운 가정생활에 난감했다. 1974년 1월, 나는 할머니께서 챙겨 주신 여비를 가방 속에 넣고 눈이 20~30cm 쌓인 36번 국도를 따라 울진까지 팔십 리 길을 하염없이 눈물을 흘리며 떠나온 기억이 있다.

고등학교 진학을 위해 무작정 가출하다

울진에서 나는 선배인 김상수(지금은 울진읍에서 사법사무소 운영) 형의 도움으로 대구행 직행에 어린 몸을 실었다. 당시 대구 동촌 공군기지에서 큰형이 공군 법사法師로 계셨기 때문에 그래도 동생의 진학을 책임져 주지 않을까 하는 생각으로 나는 형님에게 미리 연락도 드리지 않고 불쑥 찾아갔던 것이다.

큰형님은 영외 거주를 하셨는데 대구 동구 효목동의 통천사라는 절에서 자취 생활을 하고 계셨다. 밤에 불쑥 들이닥친 나를 보고 깜짝 놀란 형은 앞으로의 진로를 위해 서로 고민하자고 하셨다. 그러면서 형님은 울진 서면 산골 촌놈이 한번도 외지外地를 다녀본 적도 없는데 대구까지 찾아온 것이 대견스럽다고 했다.

통천사에서 형님과 함께 20여 일쯤 을 지냈을 것이다. 어느날 서울에 다녀오신 큰형님께서는 메모지를 주면서 서울 도선사에 계신 이혜성 스님을 만나면 너를 보살필 것이니 상경하라고 하셨다.

1974년 2월 25일 나는 동양고속을 타고 서울역 맞은편에 내렸다. 촌놈이 서울역에 내리니 천지가 새로운 세계로 다가왔다. 혼이 빠질 정도로 정신이 없었다. 9번 시내버스 신원여객을 타고 우이동 솔밭

맞은편 종점에 내리니 도선사에서 운행하는 검정색 셔틀 밴이 있었다.

도선사에 간 나를 차동광 스님(전 도선사 주지, 현 조계종 종회의원)께서 따뜻하게 맞아 주셨다. 그날 저녁 이혜성 스님께 인사드리고 도현스님(지금 미국 하와이 무량사 주지) 방에 함께 기거하도록 해 주셨다.

승려의 길을 걷게 되다

그 무렵 58개띠들의 삶은 하루 세끼를 제대로 풀칠하기도 어려웠던 터라 시골 출신들 대부분이 고등학교로 진학하기가 그리 쉬운 일이 아니었다. 그러기에 나는 상급학교의 진학은 고사하고, 결국 가난 때문에 입산을 하는 계기가 되었던 것이다. 다음날부터 나는 승려의 길을 걷기 위해 청담과 성철 스님이 세운 실달승가학원에 입교하였다. 삭발을 한 채 종무소와 후원(식당)에서 일을 하고 새벽예불을 거르지 않았다. 그리고 낮에는 강사인 박설산 스님으로부터 초발심 자경문을, 박일암 스님에게서는 염불과 목탁, 원명 노스님에게는 원효 스님의 사상 등을 배우며 행자 수업을 하였다. 행자 시절을 끝내고 나는 혜성 스님을 은사로 류석암 스님으로부터 사

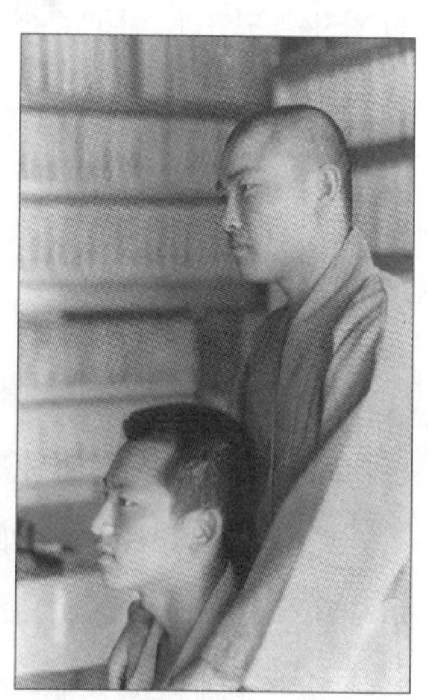
1977년 입산 후 도광스님과 함께(왼쪽이 필자).

미계를 수지했다. 마침내 나는 꿈 많은 청소년 시절에 가난이란 질긴 운명의 굴레 때문에 뜻하지 않게 승려의 길을 가게 되었던 것이다. 혹은 내 운명의 한 켠에는 승려로서의 삶이 예비되어 있었는지도 모른다.

당시 나는 은사 스님의 배려로 을지로3가 새마을 빌딩에 위치한 '불교사회문제연구소'에서 교수님들을 돕는 일을 하였다.

그곳에는 동경제대를 나온 박중관 교수, 평론가 임중빈 선생님 등 문인들이 여러 명 있었다. 그분들은 그곳에서 청담 큰스님에 대한 사상과 그분이 써 놓으신 여러 말씀들을 찾아내 연구하고 그것을 책으로 발간하는 등 집필에 전념하고 있었다.

그때 나는 문학을 접하게 되고 다른 도반들과 달리 책을 좀더 가까이 접하게 되었다. 이 때문에 도선사 절에 있던 20여 명의 도반들이 모두 부러워하고 있었다. 그렇게 2년이 지나고 1976년 도선사는 경기 평택에 있는 학교법인 용태학원을 인수하여 청담학원으로 법인 변경을 하고 고등학교를 개교하게 되었다.

청담고교 학생회장 시절의 필자.

이때 이혜성 은사 스님께서 "중도 앞으로는 배워야 살 수 있다"며, 늦었지만 평택의 자비사라는 절에 기거하면서 고등학교에 입학하라고 허락하셨다. 당시 조계종에서 세운 종립학교인 청담종합고등학교에는 승려 출신

으로 나 외에도 여럿이 다니고 있었다. 나는 주말이나 방학 때면 도선사를 왕래하며 무사히 3년을 마쳤다. 지금도 나는 정성을 다해 보살펴 주신 자비사 주지 법성 스님께 늘 고마워하고 있다.

군 입대와 '10 · 27 법난'의 발생

1979년 3월 나는 군에 입대하게 된다.

안동 36사단에서 훈련병 4주 교육을 받고 동해안 경비사령부 교육대에서 4주 교육을 받았다. 승려 출신이라 군종사병으로 근무할 수 있는 기회가 있었으나 일반병으로 평등한 군 생활을 하고 싶었다. 절 생활이나 군 생활을 비슷한 면이 있어 나는 그 힘들다는 군 생활에 잘 적응하였다. 동해안 경비사령부에서 중대 통신병과 행정서기병으로 근무하였다.

그런데 뜻밖에도 군 복무 중 일국의 대통령이 자기 부하의 총탄에 맞아 비명에 떠나고 만 '10 · 26사건'이 터지면서 정치적 불안 여파로 당시 군인들은 언제나 비상 대기 상태였다. 그러던 중 1980년 전두환, 노태우 등 신군부가 권력을 장악하는 과정에서 불교 조계종단이 전두환 씨의 대통령 추대 성명 요구를 거절하자 신군부는 이에 대한 보복으로 1980년 10월 27일을 기해 도선사 등 수많은 사찰을 군홧발로 짓밟은 '10 · 27불교 법난'을 야기시킨 것이다. 신군부는 10월 27일 새벽 4시 작전명령 '45계획'이라는 미명하에 계엄군을 출동시켜 전국 주요 사찰과 조계종 충무원을 짓밟고 말았다. 한국불교 1700년 역사상 초유의 만행이었다.

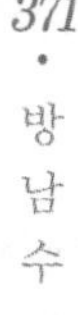

1980년 10월 29일, 나는 군 내무반에서 9시 뉴스를 접하고 하늘이 무너지는 절망 속으로 빠져들었다. 은사인 혜성 스님(당시 도선사 주지)께서 비리 승려로 조작되어 이른바 보안사의 서빙고 분실에 끌려가 물고문 · 전기고문 등 온갖 고문을 당한 채 인간 이하로 취급 받는 일을 당해야 했으니 이 소식을 들은 나는 미어지는 가슴을 억누를 수 없었다. 불교 조계종단에서 학승學僧으로 존경 받았던 은사 스님께서 정치적 보복으로 온갖 날조된 사실로 조사를 받고 고초를 겪고 있다는 소식을 접하였건만 그때 나는 군 말단 사병에 불과했다. 사병 생활이라 이러지도 저러지도 못하는 상황에서 며칠 후 정보 장교가 나를 불렀다.

"방상병! 너 이혜성 스님 상좌지. 나는 대학 다닐 때 불교학생회에서 활동하여 혜성 스님을 잘 알고 있다. 너에 대해 알아보라는 지시가 위에서 떨어졌는데 아무 말 말고 조용히 있어라. 그리고 쥐죽은 듯이 납작 엎드려 군 생활을 끝까지 열심히 해라. 그러면 이상 없을 거야."

그날 이후 나는 내 은사 스님께서 비리 승려로 낙인 찍혀 엄청난 고문을 받는 등 인간으로서 말할 수 없는 고통을 받고 계신다는 소식을 접하고서 괴로워했다. 이 때문에 근무 시간이 지나고 밤이면 밤마다 술로 군 생활을 하고 있었다. 그런데 1981년 제대를 6개월 남긴 시점에서 유격대 조교를 선발하는 공문이 날아왔다. 나는 중대장에게 보고도 않고 조교로 지원했다.

당시 내륙 부대에는 삼청교육대가 있어 모든 분위기가 어수선하였

다.

유격장 조교 훈련반에서 나는 이재무라는 한 군인을 만났다. 지금은 문단의 중견이 되었지만 당시 이재무 상병은 대대 행정병이고 나는 중대 행정병인데, 같은 생각으로 현실을 탈피하려고 유격 조교에 지원했던 것이다.

그와 나는 싸움도 많이 했지만 서로 위로도 하면서 힘들고 험한 유격 조교 훈련을 무사히 마칠 수가 있었다.

제대 2개월을 남기고 중대로 복귀한 나는 중대장에게 잘못 보였는지 소대 초소 근무병으로 배치되어 제대 말년인 2개월 동안을 해안 경계 근무를 하면서 보냈다. 국방부 시계는 더디게 갔다. 하지만 어느덧 나는 전역 명령서를 손에 쥐고 있었다.

10 · 27 법난으로 '사문沙門' 밖으로 밀려 나오다

마침내 군 복무를 마친 나는 도선사로 돌아왔다.

하지만 군대 입대하기 직전 활기에 넘쳐던 도선사는 이제 찾아 볼 수 없었다. 3년 전의 분위기는 아니었다. '10 · 27 법난'의 여파로 내가 속한 '청담 스님 문중'은 쑥대밭이 되었던 것이다. 이 때문에 은사 스님인 이혜성 스님은 '10 · 27 법난'의 고문 후유증으로 탈장수술을 하고 어느 토굴에 은거하고 계셨다.

도선사 주지는 사숙께서 하고 있었으며 사형사제지간은 찾아볼 수가 없었다. 당시 절의 삼직(총무 · 재무 · 교무 등 사찰의 살림을 맞는 직책)을 맡아보던 사숙께서 나에게 하는 말이, "혜성 스님 상좌들은 지금 한

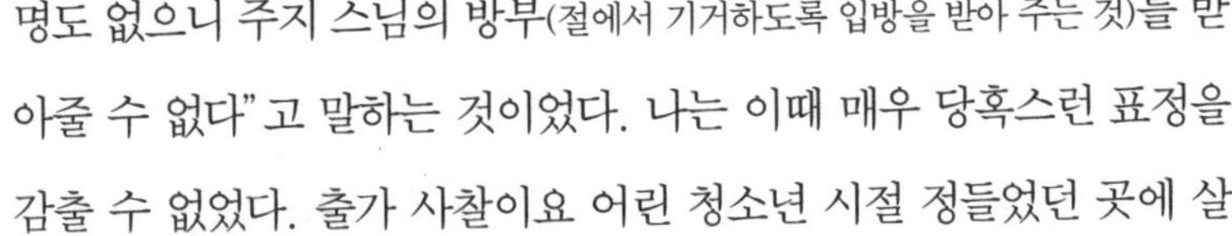
명도 없으니 주지 스님의 방부(절에서 기거하도록 입방을 받아 주는 것)를 받아줄 수 없다"고 말하는 것이었다. 나는 이때 매우 당혹스런 표정을 감출 수 없었다. 출가 사찰이요 어린 청소년 시절 정들었던 곳에 살 수 없다 하니, 눈앞이 캄캄했다. 하지만 전두환 정권의 집권 초기의 살벌한 정치적 분위기 때문에 나는 제대로 항의 한번 해보지도 못하고 쓸쓸히 삼각산을 뒤로 한 채 하산하였다. 하산하여 은사님이 계신 목동 토굴에 가서 은사 스님께 인사를 드리고 원명 노스님께도 절을 올렸다. 그리하여 나는 두 분 스님을 모시고 그곳 토굴에서 생활을 시작하였다.

당시 토굴 생활이 어려워 도서 스님이 탁발을 하고 다녔다. 그러던 며칠 후 나는 한 입이라도 덜고자 은사 스님께 장문의 편지 한 통을 남기고 지리산 쌍계사로 갔다.

지리산 쌍계사에는 큰형께서 주지로 계신다는 소식을 들었기에 그 분께 한번 의탁해 보고자 하는 뜻에서였다. 모진 게 속가의 인연이라지만 불문佛門에 들어선 처지라 서로 남남이나 마찬가지였다. 때문에 나는 한 열흘 동안 그곳에서 머물다가 형님과 어떻게 살 것인지 의논 한번 하지 않고 뒤돌아섰다.

그리하여 다시 김천 사불산 대승사로 갔다. 아는 스님이 있었는데 마침 다른 선방에 가고 없었다. 모르는 스님들뿐이라서 방부를 받아들일 수 없다고 했다.

그렇게 1년 남짓 떠돌다가 나는 어느날 결론을 내렸다.

'이렇게 살 수야 없지 않은가 중 생활을 중도에 그만두어야 한다는

팔자일지도 모른다. 그렇다면 사회에 뛰어들어 살아보는 거야. 9년 전 고향을 떠날 때 심정으로 하산하는 거다.'

그런 결심으로 나는 큰누이 집을 찾았다. 누이 친구 소개로 한국파마톤이라는 제약회사의 영업부에 입사원서를 냈다.

스님 신분에서 제약 회사 영업부 직원으로

면접시험에서 그 회사의 여형동 전무라는 분이, "당신은 승려인데 어떻게 된 거냐"고 의아한 눈길을 보냈다. 나에 대해 이미 신원조회를 해보았던 모양이다. "주소지도 아직 우이동 264번지 도선사군요." 라고 말하면서 중 출신이 사회 생활에 적응할 수 있겠느냐는 식으로 의심의 눈초리를 보냈다. 그러나 나는 물러설 길이 없었다. 나는 그 면접관에게 큰소리로 당당히 말하기를, "이 회사에서 열심히 일해 보겠다"며 나의 각오와 포부를 말하였다.

그렇게 해서 어렵사리 게리아트릭 파마톤 종합영양제(지금은 베링거인겔하임으로 넘어감)를 판매하는 영업부서로 발령받아 2년 동안 근무하다가 이관순이라는 분의 소개로 한림제약 약국부에서 다시 4년 동안 근무하였다.

그러나 나는 제약회사와는 인연이 없었던지 그 직장에 매료되지 못하고 고민하였다. 그러던 어느날 귀여운 두 딸을 장모님에게 맡기고 아내와 함께 미국 케네디공항 직항을 타고 태평양을 건너가게 되었다. 그때 얼마나 긴장했던지 20여 시간 비행 중에 화장실 한번 가지 않았다. 닭똥 같은 눈물을 비행기에서 훔치며, 나는 조국 땅을 떠나야

했다. 말도 땅도 낯설고, 정다운 벗 하나 없는 타국 땅으로 왜 나는 떠날 결심을 했을까? 나는 그때 내 인생이 정말 '개 같다'는 것을 느꼈다. '개 같은 내 인생……'은 앞으로 어떻게 될 것인가 이게 모두 58개띠로 태어난 운명의 탓이련가. 1974년 고향을 떠날 때 그랬으며, 1982년 절에서 하산할 때와 마찬가지로 남자로 태어나서 울음을 우는 게 이것이 세 번째 눈물이었다.

미국으로 떠나야 했던 기구한 역마살

허나 개 같은 인생일망정 세 번의 기회가 온다고 했던가. 10여 년 주기로 찾아오는 개띠의 역마살이랄까 참으로 기구한 운명인지 아니면 나에게 주어진 생의 업보인지 몰라 나는 멍하니 비행기 창밖만을 바라보았다.

우리 부부는 그래도 희망을 품고 뉴저지 라더포더에 살고 있는 동서 모순일 형을 찾았다. 반갑게 맞아준 순일 형은 내가 독립하여 살기 전까지 1년이 넘게 같은 집에서 살 수 있도록 배려해 주었다. 내 평생 그 동서에게 신세진 것을 잊을 수 없을 것이다.

미국 뉴저지에 살 때 아내, 조카와 함께.

나는 뉴저지 뉴왁시티에서 사진관을 경영하는 안영근이라는 사람

—순일 형의 친구인 그분 가게에서 미국에서의 생활을 시작하였다. 사진관 스튜디오에서 사진 찍고 필름 현상하고 접수하는 등 단순한 일이었으나 주당 500~600달러를 받는 괜찮은 직업이었다.

1991년 엠파이어스테이트빌딩 로비에서 포즈를 취한 필자.

라더포더 역에서 버스를 타고 뉴왁 러커스대 정문을 지나 메시 백화점을 끼고 사진관으로 출근하는 바람쥐 쳇바퀴 돌 듯하는 생활이 계속되었다. 그때 미국 동부의 겨울은 지독히도 추웠던 것으로 기억된다. 당시 'LA흑인폭동사건' 으로 잠시 뉴저지 한인사회까지 긴장이 고조되고 있었다. 국내 소식은 미주 중앙일보를 통하여 간간히 접하고 있었다.

그러던 어느날 조국에서는 대통령 선거가 끝났다. 1992년 12월 김대중 민주당 대통령 후보는 대선에서 패배하자 정계 은퇴를 선언하였다. 김영삼 씨의 대통령 당선 소식은 고국의 상황에 대해 더욱 궁금증을 자아내게 하였다.

그러던 차에 군대 친구인 이재무 시인의 시집 발간에 따른 보도 기사가 중앙일보를 통해 접하게 되었다. 나는 반가운 마음에 전화 통화를 시도해 보곤 했었다.

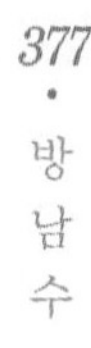

그렇게 미국생활을 하던 중 또 한 번의 인생의 전환점이 나에게 찾아 왔다.

58개띠가 무너지면 대한민국이 무너진다

즉 '10 · 27 법난에 대한 노태우 정부 시절의 사과가 있은 다음 YS 정권 초기에 은사인 이혜성 스님이 복권되고 중앙승가대학 학장으로 선임되었다는 소식이 들려왔다. 아울러 어린 시절 나를 따뜻하게 맞아준 차동광 스님이 도선사 주지로 취임하셨는데, 이즈음 도선사가 포교지로 발행하던 주간 「도선법보」와 월간 『여성불교』 편집주간이라는 직책의 적임자로 나를 찾고 있다는 소식을 들은 것이다. 사형師兄들이 전해준 이러한 소식들을 전화로 접한 나는 그 다음날인 1992년 1월 3일 귀국길에 올랐다.

미국 생활 2년 만에 다시 도선사로 돌아온 나는 과거엔 승려였으나, 환속하여 일반인이 되어 다시 절집으로 복귀하게 된 것이다.

2005년 '거창 문학축전' 을 마치고 민영 시인을 모시고 문인들과 함께.

인생이란 돌고 돌아 원점으로 온다고 했던가. 길고 긴 인생여정……. 그 20여 년 세월을 보내고 다시 잡지사 편집실에 앉아 가만히 생각해 보니 참으로 인생이란 알 수 없는 여행길을 홀로 걷고 있음을 실감케 되었다.

박완서, 이경자, 김영현 등 선배 작가를 모시고 중국 둔황 석굴 앞에서.

그러던 2001년 어느날 나는 10여 년의 편집주간직을 털어버리고 '화남'이란 출판사를 열게 되었다. 젊은 날 문학에의 열정을 출판사를 통해 이룩하고 좋은 글을 쓰는 문단의 선 후배, 동료 작가들의 글을 책으로 엮어보자는 바람에서였다.

개 같은 날들의 추억들이 저 멀리서 달려오더니 온갖 상념들이 주마등처럼 스쳐 지나간다.

우리 나이로 인생 49년! 이 사회에서 내가 무엇을 어떻게 하며 살 것인가를 영원한 화두로 삼으며 오늘도 나는 개같이 멍멍거린다.

온갖 고생 끝에 이 시대의 중심 축으로 성장한 58개띠들! 생각해 보

니 58개띠가 잘 되어야 이 나라가 잘될 것이라는 생각이 퍼뜩 든다. 58개띠가 무너지면 대한민국이 무너진다고나 할까?

'개 같은 인생'을 들개처럼 싸돌아 다니며 끝내 살아남은 자들이기에 앞으로 행복해야 할 권리가 충분히 있다고 난 생각한다.

이승철

어느 '58년 개띠'에 대한 자기 보고서

1958년 12월, 전남 목포에서 태어나 함평에서 성장하다. 학다리고교를 졸업하고, 호남대 행정학과를 수학하다. 1982년 '광주젊은벗들시낭송기획실'을 조직, 활동하다. 1983년 시 전문무크 『민의』 제2집으로 등단하다. 시집으로 『세월아, 삶아』 『총알택시 안에서의 명상』 등이 있으며, 최근 제3시집 『당산철교 위에서』를 펴냈다. 현재, 한국문학평화포럼 사무국장 · 민족문학작가회의 이사 · 시 전문지 『시경』 편집위원 · 도서출판 화남 편집주간으로 일하고 있다. cowtown@hanmail.net

2대 독자, 그 개 같은 인생의 첫출발

58개띠 해를 맞아 맨 먼저 떠오르는 것은 '개 같은 내 인생, 참 잘도 견디며 살아왔구나…….' 하는 생각이다. 인생으로 살다 보면 누구나 아픔을 겪게 마련이다. 허나, 한국 현대사의 소용돌이 속에서 정말 58개띠들만 그리 고통을 겪었을까? 물론 그렇지 않을 것이다. 대한민국 국민으로 살다보니 58개띠건 아니건 간에 저마다 긴 고통의 터널을 뚫고 나와야 했다. 하지만 내 주변에 있는 58개띠 친구들을 보면 이전 세대들과는 뭔가 구분되는, 좀더 유니크하고 별난 생의 이력을 가슴 한켠에 하나씩 갖고 있다.

그리고 그 대부분이 사람 좋다는 소리를 듣지만, 그래도 한번 속이 뒤틀리거나 뭔가 불의不義하고 마땅찮은 일을 보면 참숯처럼 훨훨 불타오르기도 한다. 혹은 저 험한 들녘에 내팽개쳐진 한 마리 들개처럼

야성과 끈기를 지닌 채 살아가고 있다.

이제 나도 어언 불혹의 세월을 마감해야 할 길목에 서 있다. 뭔가 세상 이치와 하늘의 뜻을 깨쳐 가야 할 지천명知天命의 나이에 이른 것이다.

그러기에 나는 오늘 이 자리를 빌어 한 번도 찬찬히 되돌아본 적이 없는 내 삶의 흔적들을 되짚어 보려 한다. 내가 정말 '개 같은 내 인생'을 얼마만큼 잘 견디며 살아왔는지 한번 살펴보기 위해 나는 지금 이 글을 쓰고 있다.

나는 일천구백오십팔년 십이월 초사흘에 태어났다. 내가 태어난 곳은 전라남도 목포시에서 가장 가난한 사람들이 모여 산다던, 세칭 변두리 달동네였다. 김지하 시인도 한때 그곳에서 유년 시절을 보냈다던, 전남 목포시 산정동의 산자락에서 나는 태어났다.

나는 우리 집에서 오랫동안 학수고대하던 2대 독자로 태어났다. 당시로선 매우 '귀하신 몸'으로 지상 위에 닻을 내린 것이다. 하지만 출생 첫날부터 내 인생은 저만치서 어긋나고 있었다. 1대 독자인 아버지께서 이미 조강지처인 어머니와 별거상태에 들어가 있었는데, 그 이유는 조선 5백년 '칠거지악七去之惡'의 덫 때문이었다.

말하자면 어머니는 아버지와 결혼 후 딸만 내리 세 명을 낳았는데 이 때문에 집안의 대를 잇는 떡두꺼비 같은 아들을 봐야 한다는 핑계로 1대 독자인 아버지는 내놓고 딴살림을 차렸다. 그 당시 어머니들은 봉건시대 잔재인 칠거지악 중 하나로 아들을 못 낳게 되면 남편이 바람을 피워도 이를 숙명처럼 받아들이며 살아가야 했다.

내가 태어날 즈음 우리 아버지도 '아들이 없다'는 이유로 새살림을 차렸는데, 전남 함평군 학교면 세칭 '학다리(학교學橋의 이두식 표기)'라는 곳에서였다. 6 · 25 때 남편이 행방불명돼 딸 두 명과 함께 전남 무안 몽탄에서 살던 아버지의 새로운 여자는 서구적 마스크의 얼굴이었다. 아버지가 새 여자와 살림을 차리자 어머니는 조강지처임에도 불구하고, 결국 상경하여 서울역 인근의 '하꼬방'이라고 불리는 쪽방에서 온갖 궂은일을 마다치 않으면서 누님들과 함께 어렵게 생활하고 계셨다. 그러다가 가끔은 아버지가 서울 나들이를 하실 때 어머니를 찾았는데 그때 우연찮게도 어머니는 나를 가진 모양이다.

해산달이 다가오자 어머니는 외삼촌댁이 있는 목포 산정동으로 찾아가 나를 낳으셨다. '고추 달린 아들'이라는 산파의 말을 듣고 귀가 번쩍 뜨인 어머니는 곧장 아버지가 계시는 곳에 전보를 쳤다. 허나 아버지는 아들이 태어난 지 사흘이 지나도록 영영 소식이 없었다.

'아들은 무슨 놈의 아들, 또 딸이겠지' 하는 생각 때문이었다. 하지만 '자랑스러운 아들'을 순산한 어머니는 학수고대하며 남편이 어서 오기만을 기다렸다. 어머니는 내심 나의 출생을 통해 아버지와의 재결합을 원했기 때문이다. 두 번의 전보 끝에 아버지는 어머니를 찾아왔으나 "고생했다"는 한 마디 말만 남긴 채 곧장 학다리로 떠나갔다. 이미 새 여자에게 마음이 쏠린 아버지였다.

유복자 아닌, 유복자 그리고 천하의 개구쟁이

그런 까닭에 나는 유년 시절, '아버지'란 말을 거의 듣지도 보지도

못하였거니와 아버지에 대한 어떤 기억도 없다. 아버지의 사랑의 손길을 받아 보지 못한 채 유년 시절을 보내야 했으니, 아, 얼마나 개 같은 내 인생의 출발인가.

출생 첫날부터 나의 삶은 이토록 이상하게 꼬였다. 말하자면 유복자 아닌 유복자 신세가 되어 유년 시절을 어머니와 세 누님들의 사랑만을 받은 채 자랐다.

유년 시절 나는 '천하의 오자꾸(개구쟁이)'로 일컬어질 정도로 동네에서 '사고뭉치' 였다. 2대 독자라는 알량한 신분 탓에 어머니와 누님들의 과잉보호로 막무가내로 커간 탓이었을 것이다. 나는 누구도 못 말리는 아이였다. 대여섯 살이 넘도록 숫제 불알을 내놓은 채 동네방네를 누비고 다녔다 한다. 심지어는 그때부터 동네 구멍가게에서 '외상' 으로 군것질을 할 정도였다.

아버지로부터 생활비 공급이 끊기자 어머니는 자식들을 굶겨 죽이지 않으려고 별별 고생을 다하셨다. 그 당시 모든 어머니들이 다 그러했을 것이지만, 누구에게 기대일 언덕도 없이 타향 땅 서울에서 1960년대를 보낸다는 게 참으로 힘드셨을 것이다. 어머니는 한 푼이라도 벌고자 비가 오나 눈이 오나 하루도 쉬는 날 없이 온갖 장사로 생계를 꾸리셨다.

그러나 하루 세 끼 밥도 제대로 벌어 먹기 힘든 시절이라 2대 독자인 나는 초등학교에 진학할 시기가 되었건만, 아홉 살이 넘어가도록 학교 구경을 못하고 있었다. 아버지께서 나의 초등학교 진학을 책임지기로 했으나 소식이 없었다. 이에 기다리다 지친 어머니는 아들을

일자무식으로 내버려 둘 수 없었다. 그런 까닭에 어머니는 어느날 아홉 살 반이 된 나를 데리고 아버지가 새 여자와 함께 살고 있는 학다리라는 곳으로 가기 위해 야간열차를 탔다. 나는 그날 밤 타던, 그 야간열차를 지금도 선명히 기억한다. 장장 열 시간 이상 그 완행열차는 계속 달려 가고 있었다. 그 기찻간에서 어머니는 나에게 찐계란을 사 주셨다. 눈물을 감추고자 창밖을 자주 훔쳐보고 있었다. 그러나 마치 즐거운 여행길에 떠나온 듯 철부지 코흘리개 아들은 오히려 들뜬 표정이었다.

목적지 부근에 가까이 오자 어머니는 목이 메인 목소리로 내가 곧 친아버지와 새엄마를 만나게 된다는 것을 말해 주셨다. 그리고 새엄마를 만나면 착하고 말 잘 듣는 아이가 되어야 한다고 누누이 강조했다. 또한 어머니는 그즈음 아버지 곁에 내려가 살던 큰누나의 말을 잘 들어야 한다고 덧붙였다. 하지만 그날 나는 새임마에 대한 기대감이 컸다. 어머니 외에도 새로운 어머니가 생겼으니, 명절 때 세뱃돈을 두 번씩이나 받을 수 있을 거라고 생각하니, 우선 그게 신이 났다.

그러다가 문득 나는 생면부지의 사람을 어머니로 부르며 살아야 한다는 생각에 '아, 뭔가 일이 잘못되고 있구나' 하고 걱정하였다. 이런 내 마음을 눈치 챘는지 어머니는 나를 달래면서 몇 번이고 걱정하지 말라고 위로했다.

친어머니와 헤어져 살아야 한다는 것은 학교역 플랫폼에 도착하자 이미 돌이킬 수 없는 현실이 되고 있었다. 아버지와 큰누나가 어머니와 나를 마중 나왔는데 아버지의 눈길은 그리 살가운 편은 아니었다.

이때 내 머릿속은 장차 어머니를 영영 볼 수 없을지도 모른다는 생각에 돌연 공포심이 생겼다. 어머니는 아버지께 당신의 흔들리는 마음을 보이지 않으려고 애쓰고 계셨다. 얼마 동안 단절의 정적이 흐른 다음, 어머니는 결심했다는 표정을 짓더니 나를 아버지께 인수인계하였다. 어머니는 열차를 타고 이내 서울로 떠날 채비였다. 그날 어머니와 역 대합실에서 헤어지던 풍경을 나는 지금도 기억한다. 그토록 안쓰럽던 어머니의 잔영…….

허나 내 운명은 나에게 새로운 삶을 살도록 강요하고 있었다.

생면부지의 '아줌마'에게 '새엄마'가 아닌, '엄마'로 호칭을 불러야 한다고 누님은 나에게 거듭 가르쳤다. 그럴 때마다 난 친엄마의 얼굴이 떠올라 엄마라는 말이 좀처럼 입 밖으로 새어 나오지 않고 있었다. 간혹 내가 마지못해 내뱉는 '엄마'라는 말은 내가 듣기에도 매우 어정쩡한 말투에 불과했다.

나에게 첫 수모를 안겨준 학교 종소리

남들은 여덟 살 나이에 초등학교에 입학하던 시절, 그러나 나는 1966년 초가을, 아홉 살 반의 나이로 학다리초등학교에 입학했다. 누님의 가르침으로 한글은 어느 정도 깨친 상태에서 1학년 2학기부터 입학한 것이다.

아홉 살 반 때 학교를 처음 간 탓에 나는 등교 첫날부터 본의 아니게 실수를 해야 했다.

학교에 처음 가던 날 누님은 나를 등교시키면서 "수업은 오전까지

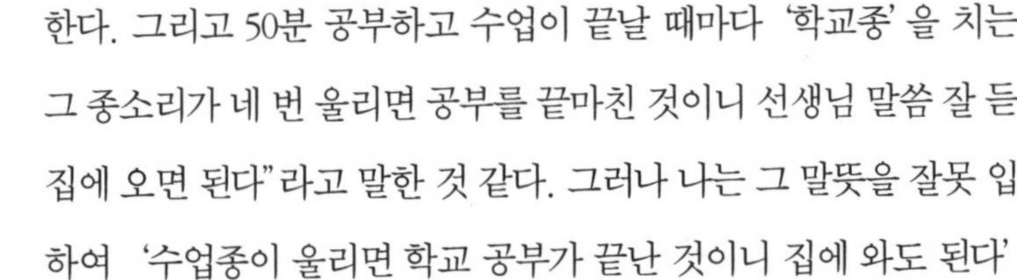

한다. 그리고 50분 공부하고 수업이 끝날 때마다 '학교종'을 치는데 그 종소리가 네 번 울리면 공부를 끝마친 것이니 선생님 말씀 잘 듣고 집에 오면 된다"라고 말한 것 같다. 그러나 나는 그 말뜻을 잘못 입력하여 '수업종이 울리면 학교 공부가 끝난 것이니 집에 와도 된다'라고만 기억하고 있었다.

이 때문에 1교시 수업이 끝나고 학교종이 울리자 책가방을 싸들고 나는 집으로 돌아가려 했다. 내가 책가방을 싸들고 집으로 가려 하자 아이들이 나를 쳐다보며 말렸다. 그러나 나는 누님의 말을 들먹이며 집에 가야 한다고 우겨대고서 책가방을 싸들고 교실 밖으로 나왔다. 그런데 학교 운동장에는 집으로 가는 아이들이 나 이외에 아무도 없었다. 나는 순간, 뭔가 일이 잘못 꼬인 거라고 직감했으나 이미 엎지러진 물이었다.

1교시 수업이 끝나고 집으로 돌아오자 새엄마와 누나는 무슨 일인가 하고 의아한 표정으로 날 쳐다보았다. 그래서 나는 누나가 나에게 했던 말을 들먹거렸다. 이때 아버지의 친구뻘인 담임선생님은 내가 갑자기 증발했다고 집으로 연락을 해오는 등 작은 소동이 벌어졌다. 나는 누나의 충고를 듣고서 다시 책가방을 들고 학교로 돌아갔다.

등교 첫날부터 나는 그놈의 학교종 소리 때문에 내 자존심을 구긴 것이다. 그래도 시골 아이들은 내가 서울서 전학 온 걸로 알고 나를 조금은 우러러보는 눈치였는데, 등교 첫날 나의 어리삥삥한 실수로 인해 오히려 날 촌놈으로 취급하는 눈치였다.

그런 일이 있은 후부터 나는 무슨 말을 기억하고, 암기하는 일에 매

우 신경을 곤두세우곤 했다. 등교 첫날, 잘못된 기억장치가 가져다 준 웃지 못할 에피소드 때문에 그날 이후 나는 나도 모르게 내성적인 성격의 아이가 되어 갔다. 후배작가 위기철이 『아홉살인생』이라는 글을 써서 한동안 베스트셀러가 된 적이 있는데, 나도 말하자면 아홉살 때부터 이미 인생이라는 것을 깨우쳐 가고 있었다.

아버지의 삶의 내력과 의붓어머니와의 불화

농민들이 대부분인 '학다리'라는 궁벽진 시골에서 아버지는 신문사 지국 일을 하면서 생계를 꾸리셨다. 내가 초등학교에 입학하기 전 해인 1965년에 창간된 중앙일보의 지국장으로 일하신 것이다. 그런 탓에 나는 초등학교 3학년 때부터 동네 곳곳을 누비며 정기구독자들에게 신문 돌리는 일을 해야 했다. 비가 오나 눈보라가 치든 신문이 나오는 날은 어김없이 아침 여섯시 경에 일어나 신문을 돌려야 하는 게 나의 첫 일과였다. 그리고 그러한 일은 내가 고등학교 2학년 때까지 계속되었다.

초등학교 4학년 2학기 무렵, 우리 집은 학다리에서 함평읍 소재지로 이사를 했다. 중앙일보 지국에서 한국일보 지국으로 아버지가 신문사 지국 일을 바꾼 탓에 함평으로 이사를 한 것이다. 학다리라는 곳에서 동네 친구들과 어느 정도 정이 들 때 나는 낯선 함평 땅으로 전학을 간 탓에 한동안 나는 친구들이 없었다. 함평이란 곳은 읍 소재지였기에 면 단위 학교에서 전학온 탓인지 새 친구들은 나를 조금은 깔보는 듯했다.

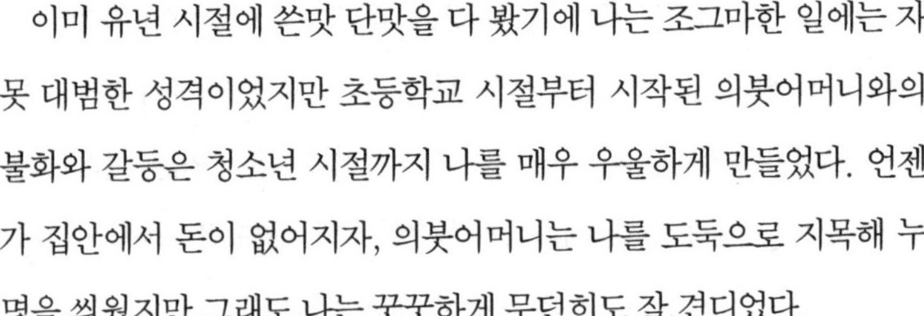

이미 유년 시절에 쓴맛 단맛을 다 봤기에 나는 조그마한 일에는 자못 대범한 성격이었지만 초등학교 시절부터 시작된 의붓어머니와의 불화와 갈등은 청소년 시절까지 나를 매우 우울하게 만들었다. 언젠가 집안에서 돈이 없어지자, 의붓어머니는 나를 도둑으로 지목해 누명을 씌웠지만 그래도 나는 꿋꿋하게 무던히도 잘 견디었다.

때론 몇 차례 자살을 꿈꾸기도 했지만, '어서 빨리 어른이 되는 수밖에 없다' 라고 내 스스로를 다잡곤 했다.

그러나 새엄마와의 갈등은 나를 엉뚱한 길로 내몰고 있었다.

나는 초등 시절부터 신문을 돌린 탓에 내 또래 누구보다도 정치 · 사회적 문제에 민감해 있었다.

더구나 아버지는 세칭 골수야당에 속하는 분이었다. 그리고 김대중이라는 사람을 밥상머리에서 자주 들먹이신 탓에 일찍부터 나는 DJ라는 이름을 알게 되었다. 아버지는 1971년 신민당 대통령후보로 출마한 DJ를 열광적으로 지지한 듯했다. 간혹 아버지는 나에게 "DJ 그 사람 똑똑하고, 참 대단한 분이다"라는 말을 했는데, 돌아가실 때까지 그런 생각은 변함이 없었다.

아버지는 일제치하인 열일곱 살 때 할아버지가 돌아가시자 졸지에 집안의 가장이 되었던 사람이다. 그리고 타고난 근골이 장대해서 동네에서 힘깨나 쓰는 사람에 속했다. 아버지는 일제 말기에 철도역 잡역부 시험에 합격했는데 그 시험이란 것이 다름 아닌 철도 갱목을 어깨에 둘러메고 선착순으로 100미터 거리를 돌고 오는 거였다. 아버지는 철도 잡역부 시험에 당당히 1등으로 합격할 정도로 고향 인근에서

힘깨나 쓰는 사람으로 통했다. 해방이 되자 아버지는 철도역 잡역부에서 역무원으로 발령받아 전남 목포역과 순천역 그리고 6 · 25 직전에는 학교역에서 근무를 했다.

그러다가 6 · 25전쟁이 터지자 아버지 딴엔 공무원 신분이라서 인민군이 함평 학다리까지 밀고 내려 올 때 산속으로 몸을 숨겼다. 할머니께서 산속 토굴까지 몰래 밥을 해 나른 탓에 아버지는 간신히 목숨을 연명할 수 있었다.

그런데 인민군들이 학다리를 점령하자 그곳 좌익 성향의 주민들이 만든 인민위원회에서 아버지를 '학교면 인민위원장' 자리로 추대한 모양이었다. 청년 시절부터 힘깨나 쓴 탓에 대부분 아버지를 '형님'으로 모시던 인민위원회 사람들이 아버지가 산속으로 피신했다는 사실도 모른 채 "위원장 자리는 이진호(아버지의 함자)에게 줘야 한다, 안 그러면 나중에 혼난다."라고 해서 아버지는 졸지에 학교면 인민위원장으로 추대된 모양이었다.

하지만 아버지는 말단 공직자 신분인 탓에 인민군 치하에서 얼굴도 내밀지 못하고 숨어 있었다. 수복이 되자 우익에 의한 대대적인 좌익 숙청이 단행되었고, 그 여파로 아버지 역시 붙잡혀 갔다. 학교면 인민위원회의 명단에 아버지 이름자가 맨 위에 올라 있던 탓에 부역자로 몰려 이런저런 고초를 당하게 되었고, 경찰로 일하던 외삼촌 덕에 3개월간의 유치장 생활 끝에 간신히 풀려날 수 있었다.

이런 일을 겪었지만 아버지는 항상 야당을 자처했다. 그리고 정치 · 사회문제에도 관심이 많았고, '술'이라고 하면 자다가도 깨어날

정도로 좋아하셨다. 아버지는 술 좋아하고, 친구 좋아해 항상 주변에 사람들이 들끓었다. 그리고 젊은 시절에는 우시장에서 소판 돈을 사기 도박단에 속아 모두 빼앗길 뻔한 일이 있었는데, 그 노름꾼들을 모두 주먹으로 제압해 돈을 되찾은 이후에는 자기보호를 위해 노름도 어느 정도 배워야 한다고 말하던 분이었다.

그런데 철도역을 그만둔 이후로 오랫동안 신문사 지국장을 하면서 직접 기사를 작성, 본사로 송고하는 일도 했던 탓에 아버지는 나름대로 기자정신을 갖고 계셨다. 잘못된 군 행정 등에 대해서는 삐딱한 시선으로 야당성 있는 기사를 썼던 것이다. 이 때문에 1980년 전두환정권이 집권하자 아버지의 입에 재갈을 물리고자 삼청교육대 입교 대상자 명단에 오른 것이다. 다행히 함평읍내 신문사 지국장들이 중심이 되어 "천하에 법 없이도 살 이진호 같은 사람을 삼청교육대에 보내면 어떻게 되느냐!"라고 떼로 몰려가 일어난 탓에 아버지는 삼청교육대 입교 대상자 명단에서 간신히 빠질 수 있었다.

당시에 삼청교육대 입교 대상자로 한번 찍히면 '전두환 빽'이 아니고는 빠져 나올 수 없는 시절이었으니, 참으로 아찔한 순간의 고비를 넘긴 아버지였다.

앞서 잠시 말한대로 나는 매일 아침마다 어김없이 신문을 돌리는 일을 해야 했다. 그런 탓에 시국 돌아가는 형편을 누구보다도 먼저 신문을 통해 접할 수 있었다. 그 때문에 나는 내 또래의 아이들과 비교할 때 정치의식이 비교적 높은 편에 속했다.

중·고교 시절 아버지가 한국일보 함평지국을 운영하고 계신 탓에

나에게 운명 같은 일이 찾아왔다. 당시 한국일보는 장기영 사장의 지시로 매일 신문 1면의 한쪽 모퉁이에 시인들의 신작시를 게재하고 있었다. 그 무렵 나는 의붓어머니와의 불화와 갈등으로 내가 겪은 고통의 질량을 언젠가는 문학작품으로 쓰겠노라고 다짐하던 때였다.

그런 탓에 중학 시절부터 고전읽기반이나 문예반 활동을 하며 장차 시인이 되겠다는 포부로 낙서 비슷한 시를 끄적거리고 있었다. 중학교 졸업 때 장래 포부를 쓰는 졸업 기념 낙서장에 '시인'이라고 쓸 정도로 나는 내 가슴속 울화와 미처 토해내지 못한 속엣말에 사로잡혀 있었다. 따지고 보면 오늘날 내가 시인이 될 수 있었던 것은 나의 불우한 가정 환경과 의붓어머니와의 불화가 한몫 했던 것같다.

학다리고 입학 그리고 김준태, 양성우 시인과의 만남

나는 아홉 살 때 초등학교를 입학한 탓에 내 또래 아이들보다 대학 학번이 1년 정도 늦다. 1974년부터 대도시에는 고등학교 입시제도가 느닷없이 '뺑뺑이' 추첨제로 바뀌었다. 58년 개띠들이 그 첫 적용 대상이었는데 박정희 대통령의 아들 때문이라는 소문이 시골에까지 파다했다.

하지만 내가 입학한 '학다리고'는 뺑뺑이가 적용되지 않은 면 단위 학교라서 난 입학시험을 치러야 했다. 이 때문에 나는 함평 지역에서 전통있는 인문계 고교인 학다리고교에 입학하기 위해 시험을 쳤다. 그 결과 나는 상위 10등 안에 드는 입학성적이었으나 수학시험을 잡친 나머지 장학금을 받을 기회를 놓치고 말았다. 초등학교 4학년

시절, 학교면에서 함평읍으로 이사하는 통에 몇 개월간 수학 공부를 등한시한 때문이었다.

내가 입학한 학다리고는 전남 지역에서 그래도 명문 축에 들었다. 마라톤 선수로 국가대표급이 나올 정도였고, 당시 박정희 정권이 정책적으로 중 · 고교에 시행한 '고전읽기경시대회'에서 우승할 정도로 이름을 날리곤 했다.

나는 고1 때 「논어」 등 사서삼경을 달달 외우는 고전읽기반에 들어가 합숙 훈련을 하기도 했다. 그런데 고2 때 돌연 고전읽기 경시대회가 폐지된 탓에 시를 쓰고자 문예반에 들어갔다.

돌이켜 보면 내가 고3 때 국어 과목을 맡은 이성연 선생님(현, 조선대 사범대 교수)을 만난 것은 내 문학적 일생에서 하나의 행운이었다. 나는 그분을 통해 문병란의 시집 『죽순 밭에서』 등을 읽을 수 있었으며, 은연중에 참여시의 필요성에 대해 깨우칠 수 있었다. 그리고 1977년 6월 양성우 시인이 '장시 「노예수첩」 사건'으로 구속되자 "양성우 시인은 우리 학교 출신인데……"라고 안타까움을 표시하면서 조선대 백일장이라든가 경희대 백일장 등에 우리 같은 시골 촌놈들을 데리고 가서 문학적 세례를 듬뿍 안겨 주셨다.

이어 고3 때인 어느날 나에게 새로운 만남이 찾아왔다. 어느날 한복 차림의 김준태 선생님이 부임하게 된 것이다. 그즈음 김선생님은 창작과비평사에서 『참깨를 털면서』라는 첫시집을 갓 출간한 역량있는 시인이라는 말을 나는 그때 이성연 선생님을 통해 전해 듣게 되었다. 아울러 이성연 선생님은 한때 학다리고 교사로 재직하시다가 『창

2005년 6월 '거창 문학축전'에서 기조강연을 하고 있는 내 문학적 스승이신 김준태시인.

작과비평』으로 등단한 작가 송영 선생님과 함께 자취하면서 겪은 여러 재미있는 일화를 수업중에 말씀하곤 했는데, 그럴 때마다 나는 '문인이란 꽤 괜찮은 직업 같다' 고 생각했다.

고3 때까지 나는 '호남예술제'에서 특선特選을 한 것 말고는 별다른 성과를 보이지 못하고 있었다. 대학 주최 백일장에서 번번이 낙선의 고배를 마신 탓에 문학적 소질을 탓하며 시 쓰기를 그만두고자 했다.

그러던 고3 때 어느날이었다. 당시 고교생 잡지로 인기있던 『진학』지에 투고한 시가 게재되자 다시금 용기를 얻게 된 것이다. 나는 지면에 활자화된 내 자작시를 보면서 장차 시인이 될 꿈을 키워나갔다. 하지만 경희대 국문과에 응시하고자 했던 나의 꿈은 수학시험의 실패로 물거품이 되고 말았다.

김영삼 총재의 제명과 부마사태의 와중에서

나는 1979년 서울에서의 1년간 재수 끝에 광주의 성인경상대(현, 호남대의 전신)의 행정학과에 진학하게 되었다. 하지만 국문과를 진학하고자 하는 꿈이 좌절되자 나는 공부를 등한시하면서 문학 공부에만 한눈을 팔고 있었다.

당시 내 유일한 낙과 희망이란 전남고에서 교편을 잡던 김준태 시인을 찾아뵈는 일이었다. 그리고 낮밤을 가리지 않고 술을 마시면서, 광주 지역 문청文靑들과 어울려 장차 우리 문학이 나아갈 길에 대해 열띤 토론을 하곤 했다. 언젠가 내가 시로 쓴 적이 있었는데, 당시 나는 하루 술 백잔의 나날로 한 마리 미친 들개처럼 떠돌곤 했다.

이즈음 조진태(현, 5·18기념재단 사무처장)와 거의 매일 맞대면하다시피했고, 그와 함께 경쟁적으로 시작詩作에 몰두했다. 아울러 훗날 우리 또래 중 제일 먼저 시인이 된 김하늬(작고)와 박선욱 그리고 전남대 국문과에 다니던 박정열 등과 어울리면서 앉으나서나 문학만을 이야기했다.

그즈음 만난 문청 친구들로는 김형수(시인·현, 민족문학작가회의 사무총장), 고규태(시인), 임동확(시인·현, 한신대 문창과 겸임교수), 정삼수(시인), 박선정(전, 광주시의원) 등이 있었다. 그리고 문단 선배로는 앞서 말한 김준태 시인 외에도 문병란, 박몽구, 이영진, 곽재구, 나해철, 나종영 시인 등과 작가 황석영 선생 그리고 홍성담 화가 등과 어울리면서 한국문학의 현재와 미래에 대해 이야기하곤 했다.

그리고 투옥중인 양성우 시인이 1979년 제헌절 특사로 석방되고

결혼식을 이내 올리게 되었는데 김준태 시인과 함께 그 결혼식에 참석하여 조태일, 이시영, 송기원 시인 등 서울의 기라성 같은 문인들과도 어깨 너머로 인사를 하게 되었다.

1970년 말 '남민전 사건'으로 연루된 김남주 시인의 구속은 나에게 큰 충격을 주었다.(앞에서 맨 오른쪽이 이 사건으로 재판받고 있는 김남주 시인임.)

대학 1학년 신입생 시절인 그해 1979년은 그야말로 격동의 시기였다. 신문 지면은 연일 굵은 고딕글씨로 채워지고 있었다. 고은 시인 등이 YH 농성사건 배후 조종혐의로 구속되었고, 김남주 시인과 임헌영 평론가 등이 연루된 '남민전 사건'으로 인해 세상은 떠들썩했다.

무엇보다도 김남주 시인의 구속을 한국일보 지면을 통해 접한 나는 큰 충격을 받았다. 더구나 '김남주'라는 이름 석 자를 이미 김준태 시인을 통해 들은 터였고, 그의 데뷔작 「진혼가」 등 여러 작품을 지면을 통해 읽은 터여서 문화적 충격은 컸다. 김남주 시인은 당시 가장 강력한 반파쇼투쟁을 전개하는 과정에서 그 거사자금을 마련키 위해 모 재벌의 집을 털다가 미수에 그치는 사건이 있었는데, 경찰과 정보부는 남민전 사건을 발표하면서 그를 강도짓을 한 파렴치범으로 몰아갔기 때문에 나는 혼돈에 빠져 있었다.

'왜 일국의 시인이 강도짓을 해야 했나? 그 까닭은 도대체 무어란 말인가?'

이어 신민당 김영삼 총재의 국회의원 제명 소식이 있은 다음, 부산과 마산에는 대대적인 항의 시위가 빗발치고 있었다.

朝鮮日報 10月27日

朴正熙대통령 被擊逝去

어젯밤 情報部서 만찬중

金載圭中央情報部長이 銃擊

車智澈 경호실장 등 5명도 死亡

葬禮는 國葬으로

朴正熙대통령

朴正熙대통령이 26일 오후 7시50분 金載圭중앙정보부장이 쏜 총탄에 맞아 서거했다. 金聖鎭문공부장관은 27일 오전 7시20분「朴대통령은 26일 오후 6시 서울宮井洞 소재 중앙정보부에서 金載圭중앙정보부장이 마련한 만찬에 金桂元비서실장 車智澈경호실장과 함께 참석 만찬중 金정보부장과 車경호실장사이에 우발적 충돌사태가 야기되어 金부장이 발사한 총탄에 맞아 26일오후 7시50분 서거했다」고 발표했다. 金장관은 朴대통령은 피격직후 金비서실장에 의해 급거 軍서울병원에 이송되던 도중 絶命했다고 군병원장이 밝혔다. 金정보부장이 쏜 총탄에 맞아 車경호실장등 5명이 사망 했으며 金정보부장은 현재 戒嚴軍에 의해 구속되어 조사를 받고있다. 정부는 朴대통령의 서거를 애도하는 온국민의 뜻을 받들어 國葬을 지내기로 결정했다. 國葬절차에 관한 발표는 추후 발표된다. 金장관은「國葬기간중 국민 모두가 弔旗를 달고 경건하게 애도의 뜻을 표하기 바란다」고 당부했다.

박정희 대통령 피격사건을 보도한 조선일보 호외기사와 이 사건에 대한 수사발표를 하고 있는 전두환 계엄사 합수부장.

정국은 유신반대라는 거대한 소용돌이 속으로 휘말려 가고 있었다. 차지철 경호실장의 지휘 하에 탱크로 진압된 부마항쟁에 관한 여러 뜬소문을 듣넌 차에 박정희 대통령이 그의 심복인 김재규 중앙정보부장에게 피살된 이른바 '10 · 26사건' 이 터져 정국은 요동친 채 들끓고 있었다.

뒤이어 12 · 12사건이 발생하여 정승화 육군참모총장이 체포되었다는 소식과 함께 계엄사 합수부장 전두환이 실권을 장악했다는 소문이 떠돌았다. 그러던 어느날 계엄사 합수부장 전두환이 텔레비전에 출연해 박정희 대통령 시해 사건 전모에 대해 발표를 했는데 그때 난 순간적으로 '아, 독사 같은 눈이다…… 뭔가를 저지를 사람이구나' 하고 생각했다.

그때부터 나는 서울 소식에 귀를 쫑긋하면서 친구들과 시국관을

논하면서 밤새도록 막걸리잔을 들이켰다.

문청, 실천문학 그리고 1980년 5월

시인이 되지 못해 안달인 채 나는 여전히 '문학청년'이란 신분으로 그해 1980년 새해를 광주에서 맞고 있었다. 이어 3월에는 '역사에 던지는 목소리'라는 부제를 달고 자유실천문인협의회의 기관지 『실천문학』이 서점가에 그 얼굴을 내밀고 있었다. 혁명을 꿈꾸듯 붉은 황톳빛으로 장정된 그 책자와 계엄사의 검열로 곳곳에서 글이 잘려나간 '복자伏字' 투성이의 그 잡지를 보고서 나는 몸을 떨었다. '아, 저것이다. 저 잡지로 난 데뷔해야겠다'고 다짐했던 것이다. 그러다가 '서울의 봄'이 찾아오더니 김대중, 김영삼, 김종필이 중심이 되어 대권을 향한 3김 질주가 시작되고 있었다.

그즈음 광주에서는 박정희 정권 시절 권력의 시녀로 놀아난 이른바 어용교수 문제로 시끄럽더니 1980년 5월이 찾아왔는데, 민주화를 위한 데모가 광주는 물론 전국의 대학가를 온통 열기 속으로 몰아넣고 있었다.

나는 우리 사회의 민주화 문제에 관심을 가진 채로 여전히 시적 열망에 미쳐 있었다. 그때 내가 다닌 대학은 이제 막 신생된 곳이라 문예반 동아리가 없었다. 그래서 나는 레닌이 러시아혁명 당시 '이스크라'(불꽃)라는 신문을 창간했다는 글을 읽고서 문학에 뜻을 둔 동기생들과 함께 '꽃불문학회'를 조직해 이 모임의 부회장이 되었다.

나는 그들에게 양성우나 김지하, 신동엽, 조태일 등의 저항시를 열

심히 소개하면서 한편으론 교내 축제에서 장장 원고지 50장 분량의 장시長詩를 창작해 낭송하는 등 활발한 문학활동을 전개해 나갔다. 그러던 어느날 내가 문예반 친구들에게 의식화교육을 한다는 소문이 났고, 몇몇 교수들로부터 나는 문제학생으로 낙인 찍혀 가고 있었다. 그러자 순수하고, 아름다운 서정시밖에 모르던 당시의 친구들도 나를 서서히 불온시하기 시작했다.

때는 바야흐로 내 운명의 나침반을 바꾸어 놓은, 1980년 5월 18일이 찾아왔다.

나는 그때 5월 시위의 도화선이 된 이날 오전 10시경의 전남대 앞 최초의 시위대열에 친구와 함께 참가하고 있었다. 계엄군의 무자비한 폭행이 교문 앞에서 벌어졌고, 이를 본 학생들과 시민들은 "계엄령 해제하라!"라는 구호를 외치며 충장로파출소와 금남로 일대로 시위를 확산시켜 가고 있었다. 이 때문에 나는 1980년 광주 5월의 한복판에 깊숙이 빠져 들고 있었다.

이날 오후 4시경 시내 곳곳에 계엄군이 배치되었다는 소식이 들렸다. 또한 술 취한 공수대원들은 몹시 흥분된 상태로 대학생 차림의 사람만 보면 무조건 달려가 착검한 개머리판을 휘두르며 무자비한 폭행을 일삼는다는 소문이 광주 곳곳에 파다하게 퍼지고 있었다.

5월 19일에는 충장로 일대와 시내 곳곳에서 공수부대원의 무자비한 수색과 탄압이 계속되었다. 목불인견의 아비규환이라고 했다. 남녀노소를 불문하고 조금만 반항하는 기미를 보여도 잔인한 폭행을 일삼는, 짐승보다 못한 놈들이라고 여기저기서 입을 모았다.

나는 이날 친구와 함께 충장로 1가 우체국 앞 제일다방에서 커피를 마시고 있었는데 이내 다방 출입문이 닫혔다. 이어 계엄군이 충장로 일대를 수색하여 젊은 사람은 무조건 족치면서 잡아가고 있으니, 속히 도망치라는 다방 마담의 말을 듣고서 우리는 황급히 그 옆 제일백화점 건물로 피신했다.

나와 함께 동행했던 한 친구는 그 백화점 안 공중전화 부스에서 전화를 거는 중이었다. 그는 백화점 2층 계단에서 내려오던 계엄군들을 보더니 황급히 전화통을 던지고서 백화점 건물 속으로 도망을 치고 있었다. 그가 느닷없이 도망을 가자 쇠심이 박힌 긴 곤봉을 든 대여섯 명의 계엄군들이 우루루 그 친구를 붙잡으러 달려갔다. 나는 그 틈을 이용해 바로 옆의 길가 구둣방으로 몸을 숨겼다. 그러고는 구둣방 주인에게 하소연했다.

생사기로의 고비에서 구사일생으로 살아남다

"아저씨, 지금 공수대원들에게 쫓기고 있어요. 날 좀 살려 주세요!"

그 주인은 나의 다급한 목소리를 듣더니 나를 구둣방 직공으로 위장시키고자 헌 구두 한 켤레와 구두 수선에 쓰이는 두꺼운 갑빠천 그리고 구두 수선용 바늘을 주면서 의자에 앉아 있으라고 했다. 그러면서 그는 밖의 동향을 부지런히 살폈다. 그러고는 한 시간 동안 있었을 것이다. 그 가게 주인은 지금 공수대원들이 안 보이니 얼른 집으로 돌아가라고 했다.

나는 고맙다는 인사를 연신 꾸벅이면서 그곳을 빠져 나와 당시 광주고교 앞에 위치한 손동연이라는 선배 시인 집으로 피신했다. 그 선배는 느닷없이 찾아온 나를 보더니 어떻게 살아왔냐는 식으로 훑어보았다. 그 집 근처에도 계엄군이 한 번 휩쓸고 가서 동네가 초비상이라고 했다. 잠도 오지 않고, 혹시 계엄군이 집을 덮치면 어쩔까 하고 고민하다가 깜빡 잠이 들었는데 누군가에게 쫓기는 악몽 같았다. 아침에 일어나니 학교 선생인 선배는 출근을 서두르고 있었다.

나는 선배의 만류에도 불구하고, 자취집으로 가기 위해 버스정류장 쪽으로 발길을 옮겼다. 그때 나는 광주 31사단(당시 전남지역 계엄사령부가 있던 곳) 부근에서 자취를 하고 있었다. 그런데 두리번거리며 어느 골목 커브길에 들어서다가 수십 명의 공수대원들과 정면으로 맞닥뜨리는 상황이 찾아왔다. 공수대원들은 일제히 나를 쳐다보더니 착검한 엠 식스틴 총을 만지작거렸다. 순간 나는 그 골목길 쪽으로 계속 진행할 것인지, 아니면 골목길을 돌아서 도망칠지 고민했다. 그것을 판단하는 데 있어 그야말로 피가 마르는 순간이었다.

그때 난 순간적으로 판단하기를 공수대원들을 보고 도망친다면 그들이 끝까지 쫓아와 박살을 낸다는 이야기가 문득 떠올랐기에 나는 수십 명의 공수대원들 앞으로 나아가기로 작심했다. 등골에 식은땀이 흐르고, 순간 난 생사기로에 선 듯 엄청난 공포심에 사로잡혔다.

그러면서 나는 선배 집을 나올 때 만일의 사태에 대비하여 대학생이 아닌, 월부책장사로 위장하기 위해 손에 들고 온 노란색 서류봉투를 그들의 눈에 띄도록 오른쪽에서 왼쪽 손으로 바꿔 잡고서 고개를

숙이고 태연스레 앞으로 갔다. 그들은 나의 너무나도 태연한 행동 때문인지 몰라도 아무 말도 않고 나를 그냥 쳐다보고만 있었다.

1980년 5월, 광주를 무력으로 진입한 공수부대에 의해 학생들과 시민들이 벌거벗긴 채 구타당하고 있다.

그때 공수대원과 나의 사이는 불과 20미터 거리였지만 그 골목을 빠져나오는 데는 마치 2년이나 걸린 듯 무척이나 길게 느껴졌다.

그런데 그 공수대원들이 운집한 커브길을 돌아서 헌책방이 즐비한 거리로 들어서자 거리는 똥개 한 마리조차 얼씬거리지 않고, 천지가 죄다 적막강산이었다. 그 계엄부대 공수대원들을 빼고 민간인이라곤 찾아볼 수 없었는데, 그들은 5미터 간격으로 길가 양쪽에 쭉 늘어서 있었다. 그리고 헌책방은 일제히 철시한 상태였다.

나는 착검한 채 서 있는 공수대원의 대열에서 벗어나야 했다. 그들이 서 있는 거리는 장장 500미터였다. 나는 다시 용기백배하여 심호흡을 가다듬고 결국 무사히 그들 곁에서 빠져 나올 수 있었다. 안도의 한숨을 쉬고 집으로 가는 버스를 탔는데 양동시장 부근에서 느닷

없이 날 태운 버스가 정차하였다. 일련의 공수대원들이 버스 위로 올라타더니 대학생처럼 보이는 몇몇 젊은이들을 무작정 끌고 내려갔다. 다행히 그들은 내 행색을 보더니 그냥 스치고 지나가는 거였다.

나는 여기서 다시 구사일생으로 공수대원들의 손아귀에서 벗어나 간신히 자취방으로 기어들어 갈 수 있었다. 계엄군의 만행에 치를 떤 광주시민들은 21일부터 무장 시위대를 조직하였고, 23일부터 이른바 '해방구'가 되었다. 시외전화가 모두 불통인 상태였고, 5월 26일 저녁에는 다음날 새벽에 공수부대가 광주를 재진입한다는 소문이 일본 단파방송에서 흘러 나오고 있었다.

당시의 신문, 방송은 광주 소식을 제대로 보도하지 않고 대부분 정부 발표만을 앵무새처럼 보도하고 있었다. 이 때문에 광주의 소식에 좀더 정확한 정보를 듣기 위해 나는 북한방송을 청취하곤 했다. 그러다가 5월 27일 새벽 4시를 기해 전두환 등 신군부의 지시로 계엄군들의 작전이 개시되었고, 새벽 5시 10분 광주는 수많은 피의 유혈과 나동그라진 주검을 길바닥에 남긴 채 그 열흘 간의 피의 항쟁은 마감되었다.

5월항쟁이 수백 수천의 사상자를 남긴 채 마감되자, 나는 장차 어찌 살아야 할지 몰라 고민에 고민을 거듭했다. 수많은 죽음에 관련된 온갖 소문들이 시내 곳곳에 파다하게 퍼져 있었다. 정부는 수백 명의 사상자를 낸 것으로 발표하였으나 광주시민들은 아무도 그 발표를 곧이곧대로 믿고 있지 않았다.

나는 광주항쟁이 발발한 지 15일 후인 그해 6월 1일 아침, 당시 신

안동에 살고 있는 김준태 시인을 불쑥 찾아갔다. 그날 나는 김준태 선생으로부터 광주에서 벌어진 그간의 여러 소식과 그분이 직접 겪은 체험담을 생생히 들을 수 있었다.

김준태 시인은 광주 전남매일신문사의 문순태 편집국장 대리로부터 1시간 전에 청탁받은 시를 지금 방금 썼다면서 나에게 한번 읽어보라고 건네주었다. 「아아, 광주여 우리나라의 십자가여!」라는 제목의 장장 109행에 이르는 장시였다. 광주항쟁의 진실과 그 아픔이 고스란히 살아있는 시였다.

아아 광주여 무등산이여
죽음과 죽음 사이에
피눈물을 흘리는
우리들의 영원한 청춘의 도시여

이렇게 시작되는 이 5월시는 6월 2일 〈전남매일신문〉에 시 전문 중 3분의 2가 삭제된 채로 실렸지만, 그날 이후 시 원문이 해외는 물론 광주와 서울 등지로 수없이 복사되어 떠돌고 있었다.

계엄하에서 정부의 입장만을 발표할 수밖에 없었던 당시의 언론 상황에서 김준태 시인의 시는 광주의 참상과 그 진실을 제대로 대변하고 있었기 때문이다.

이후 김준태 시인은 계엄당국의 수배를 당해야 했고, 우리 자취집에 몰래 찾아오시기도 했다. 그러다가 계엄당국의 압력으로 김준태

선생은 이 시 한 편으로 그동안 재직중인 학교에서 쫓겨나야 했다.

1980년 5월이 내게 안겨준 삶의 지침들

내가 평소 존경해 마지 않던 김준태 선생의 파면 소식은 내 스스로에게 새로운 결단을 촉구하고 있었다.

학교로 돌아가니 모두들 '광주사태'(당시 전두환 정권 하에서 광주 5월을 통칭 '광주사태'라고 칭했다. 그러나 지금 정부는 '광주민주화운동'으로 그리고 시민사회단체는 '광주항쟁' 또는 '5월광주민중항쟁' 등으로 부르고 있다)에 대해서 암묵적으로 입을 굳게 다물고 있었다.

말하자면 5월의 참상과 그 상처는 광주사람들에게 지울 수 없는 내상을 남긴 채 한동안 침묵의 세월을 강요당해야 했던 것이다. 거리나 다방 혹은 학원가에는 경찰과 안기부(현, 국가정보원의 전신) 요원들이 상주한 채로 5월의 '5' 자字도 감히 꺼내지 못하도록 시찰과 감시를 계속하고 있었다. 그런 나머지 '광주 5월'의 진실은 소문으로만 알려진 채 역사의 베일 속에 감춰져 있었다.

이에 나는 어느날부터 광주의 진실을 알리기 위해 이대로 가만히 앉아 있을 수 없다고 생각하고서 시 창작에 몰두했다. 그리고 문학하는 여러 벗들과 만나 5월의 진실에 대해 살아남은 우리가 시로 써야 한다고 결의하곤 했다. 그러던 중에 박선욱 시인이 광주의 아픔을 다룬 시 「누이야」 등으로 무크지 『실천문학』을 통해 우리 또래 중 맨 처음 문단에 그 얼굴을 내밀었다.

이에 우리 문학친구들은 그의 데뷔를 축하, 기념하고 아울러 광주

의 진실을 시민들과 함께 공유하기 위해 1982년 12월, '광주젊은벗들 시낭송기획실'을 조직해 그후 1년 동안 광주 한복판에서 시낭송 운동을 전개했다. 젊은 문학 지망도들을 주축으로 '시낭송'이라는 새로운 문화운동이 펼쳐지자 광주 운동권 사람들은 비상한 관심을 갖고 지켜 보고 있었다. 전두환 정권의 총칼에 의해 재갈 물린 광주는 새로운 용트림을 시작한 것이다.

광주 젊은 벗들이 주최하는 시낭송 모임이 있던 날, 행사장은 입추의 여지없이 뜨거운 열기로 술렁거렸다. 당시 광주에서 살던 작가 황석영은 "광주젊은벗들이 '5월시' 동인보다 훨씬 낫다. 광주는 지금 너희들 세대가 전개하는 그런 문화운동이 필요한 시점이다"라고 격려를 하곤 했다.

그러나 열악한 재정 형편으로 그야말로 유격전 형식으로 행사 스폰서를 받기 위해 나는 박선욱, 조진태 등과 함께 여기저기 발로 뛰어 다녀야 했다. 그리고 한동안 경찰의 감시가 우리들을 따라붙곤 했다.

하지만 그때 우리는 구속을 각오하고 광주문제를 전국화, 문학화하기 위해 발버둥쳤다. 이 운동에 참가한 조진태, 정삼수, 장주섭, 김형수 등과 전남대 비나리패 문학동인으로 활동중이던 이형권, 이영림, 양혜단, 김호균 등 후배들은 훗날 대부분 문학의 길을 걷게 된다. 1980년 5월 이후 광주의 충장로와 금남로 그리고 망월동과 무등산에서 했던 약속을 실천한 것이다.

그 당시 나는 5월항쟁의 한복판에서 내가 살아남을 수 있었던 생존 자체가 다름 아닌 5월의 그날에 나 대신 죽음을 대속한 그분들 때문

이라고 생각하였다. 허나 그런 뜻을 어디 나만이 가졌겠는가.

5월의 상처는 이후 대학가에 대대적인 검거 선풍을 몰고 왔다. 5월의 항쟁 현장에 참가했던 58년 개띠 친구들 상당수가 제적당하거나 정학조치를 당해야 했다. 그 조치는 전남과 광주 시내 곳곳에서 벌어졌고, 내가 다니던 대학에도 예외가 아니었다. 내가 조직했던 '꽃불문학회' 는 이내 해체의 길을 걸어야 했고, 10여 명의 문학회 회원들을 제적 혹은 정학조치하도록 공안당국은 학교 측에 계속 압력을 넣고 있었다.

이에 나는 부도덕한 5공정권으로부터 제적당하느니, 차라리 내 스스로 다니던 대학을 그만두기로 결심했다. 이후 나는 광고기획사와 세차장 직원으로 떠돌면서 시인의 꿈을 키워갔다.

그리하여 '광주젊은벗들시낭송기획실' 을 시작한 지 그 1년 후인 1983년 12월, 나는 시 전문 무크를 표방한 새로운 매체인 『민의』 제2집 『시와 진실』이라는 잡지를 통해 그동안 써온 5월시를 선보이며 등단했다. 「자화상」「용봉동의 삶」「절망속에서도」「그 사내」 등의 작품 등은 5월의 아픔을 문학화한 시편들이다.

이후 나는 출판인의 길을 걷기 위해 무작정 서울로 상경했다. 그날 밤 첫사랑 여자와 야간열차를 타면서 나는 내 청춘의 광주땅을 수없이 떠올렸다. 서울로 올라온 나는 5월항쟁 당시 전국에 1급 지명수배자였던 박몽구 시인(당시에 그는 대한출판문화협회 간사로 일하고 있었다)을 통해 조상호 사장이 운영하는 나남출판사에 첫 입사를 하게 되었다.

내가 출판사에 들어가게 된 가장 큰 이유는 1980년 5월 광주항쟁의

진실을 널리 알려야 한다는 부채 의식과 소명감 때문이었다.

'5월문학의 밤' 행사장에서 시낭송을 하고 있는 필자.

이후 나는 그 엄혹하던 전두환 정권 때 인동출판사와 광주출판사의 일을 보면서 5월 광주항쟁의 진실과 그 아픔을 최초로 집대성한 5월 시선집 『누가 그대 큰 이름 지우랴』와 5월 소설선집 『일어서는 땅』(이 책을 통해 소설가 정도상 씨가 신인으로 데뷔했다), 그리고 『광주민중항쟁증언록』(전 3권), 『삼청교육대 정화작전』 등을 출판하여 광주의 아픔과 그 진실을 알리는 데 나름대로 한몫하고자 노력했다.

전두환 집권 시절인 그 즈음에 '5월'과 '광주'는 출판계에 여전한 '금기사항'으로 통했으나, 나는 '5월시' 동인인 이영진 시인과 문학평론가로 활동하던 채광석 선배 등 문단 선배들과 상의하여, 그 금기를 정면으로 돌파하려 했다.

아울러 나는 젊은 날 나에게 문화적 충격을 안겨주던 김남주 시인이 '남민전 사건'으로 9년째 투옥생활을 하고 있을 그때 광주의 진실이 담긴 그의 옥중시집 『나의 칼 나의 피』 등을 전격 출간하는 등 1980년대 우리 사회의 출판민주화운동에 적극 나서기도 했다.

아울러 1984년 자유실천문인협의회의 재창립 당시 이 단체의 기관

지 편집간사로서 활동했다. 아울러 5공이 내리막길을 향해 치닫던 1987년 6월항쟁 때 우리 58년 개띠 문인들은 서대문과 광화문, 종로통을 누비면서 독재타도와 민주헌법쟁취를 부르짖었다. 그리고 1987년 이후에는 민족문학작가회의의 여러 활동에 참여하여 '5월문학의 밤'을 개최하는 등 젊은 날, 내 스스로 다짐했던 5월의 참뜻을 되새기고 그날의 맹세를 실천하고자 했으니, 그것은 다름 아닌 우리 사회의 조속한 민주화야말로 5월에 희생당한 그분들의 넋을 위무하는 일이라고 생각했기 때문이다.

문단에서 만난 58개띠들

나는 1983년에 문단에 데뷔하였으니 내 또래 58년생 문인들보다 비교적 문단 데뷔가 빠른 편이다.

2002년 10월 어느날 강원도에서의 망중한(우로부터 소설가 오수연, 이경자, 박완서, 김영현. 그 옆은 박선욱 시인과 필자).

문단에 데뷔하여 내가 서울에 살면서 친분 관계를 맺은 58개띠생 문인들은 그 이름을 이루 다 열거할 수 없을 정도로 수없이 많다.

몇 년 전 창비사에 일하는 김이구 소설가의 제안으로 58개띠생 문인들의 모임을 갖는다 하여, 내가 소속한 민족문학작가회의 쪽의 문인들의 이름을 살펴보니 얼추 60여 명쯤이 되었다. 그리고 한국문인협회 쪽의 문인들까지 합해 보니, 대략 100여 명에 이를 정도로 지금 한국문단의 거대세력을 형성하고 있는 게 58개띠 문인들이다.

이 중에서 계간 시 전문지 『시작』의 편집주간을 맡고 있는 이재무 시인과는 지난 1984년에 처음 만난 이후 지금도 변치 않은 우정을 확인하면서 매매일 만나고 있다. 그 외에도 방남수, 박영근, 이진영, 서홍관, 박상률, 오철수, 유종순, 유종화, 정용국, 차정미, 정일근, 문창길 시인 등과 친하게 지내고 있으며, 현재 디지털 문화예술아카데미의 대표를 맡고 있는 문학평론가 현준만과는 태어난 고향이 같아서인지 서로의 아픈 속내를 드러내놓고 지낸다. 그리고 이재현, 서강목, 김명인 등 문학평론가와 김이구, 이인휘, 임영태, 이순원, 김하기, 이남희, 구효서 등 소설가와도 문단의 모임 자리에서 우연히 만나기라도 하면 뭔가 맘이 통한 듯 반가운 표정을 감출 수 없다.

현재 한국문단의 중추세력으로 성장한 58년 개띠생 문인들은 하나의 독립정부를 자처할 정도로 독특한 개성과 자기만의 칼라가 강한 사람들에 속한다. 그들 또한 우리 현대사의 굽이굽이에서 숱한 애환 속에 굴곡진 삶을 살아왔다. 박지만 씨처럼 대통령 아들로서 최상층의 삶을 살아온 사람들도 있지만 박지만 씨 역시 따지고 보면 58개띠

58개띠생 단짝 문인들과 함께(우로부터 방남수, 필자, 이재무, 현준만은 58년생이고 그 옆 김남일은 57년생, 김형수는 59년생이다).

의 팔자가 그러하듯 그간 이런저런 고생을 한 것으로 알고 있다.

언젠가 나는 사주를 보는 분께 왜 58년 개띠들이 그토록 문화예술계에 많은가 하고 물은 적이 있다. 그는 말하기를 58년생들이 사주에 타고나기를 천문天文과 천예天藝가 있어 문학예술 분야에 유난히 많지 않은가 하고 진단하던 기억이 난다. 아울러 타고난 역마살 때문에 자기 고향보다는 타향으로 가야 명성을 얻고 출세한다는 이야기를 듣고 '아하, 그렇구나!' 하고 잠시 생각했던 적이 있다.

나는 지난 2년 전 무슨 이야기 끝에 58년생들의 이야기를 책으로 한번 내보면 어떨까 하고 문단 친구들인 이재무, 방남수, 현준만 등에게 이야기한 적이 있었다. 58년생들의 입을 통해 한국 사회의 한 얼굴을 살펴보고, 그들의 굴곡진 생을 통해 우리 시대의 벽화를 조망해보기 위해서였다.

그런데 그들의 이야기를 책으로 엮어내는 일은 58년생들의 허덕거리는 삶을 반영하듯 결코 쉬운 일이 아니었다.

어줍잖지만 우여곡절일망정 이렇게나마 한 권의 책으로 나올 수 있도록 글을 써준 58년 개띠생 필자들에게 이 자리를 빌어 감사드린다. 그리고 비록 이 책에 수록되지는 않았지만 이보다 더 흥미진진하고, 가슴 아픈 생의 이력을 지닌 58년생들이 우리 주변에 많을 거라고 생각한다. 언제 기회가 되면 후속타로 그들의 이야기를 다시 한번 엮어 볼 기회가 찾아올지도 모른다.

2006년 병술년 개띠해를 맞아 전 언론이 58년 개띠들의 이야기를 특집으로 다룬 것을 보고, 나는 왜 우리 사회가 지금 58년 개띠들의 이야기를 기다리고 있는지 생각해 보았다. 다시 한번 말하지만 '58년

2005년 5월 '백령도 문학축전' 행사 후 두무진을 배경으로 문단 선배들과 함께(우로부터 정희성 시인, 임헌영 평론가, 김영현 작가, 필자).

개띠' 들은 산전수전 다 겪은 세대들의 대명사다. 그런데 역사는 왜 자꾸 그들을 호명하는 것일까.

그건 어찌보면 낙천적 개의 이미지에 기대어 힘겨운 이 시대를 이겨내려는 해학적 상상력의 소산이 아닐까 하고 진단하는 사람들도 있다.

한국 나이로 어언 지천명知天命을 눈앞에 둔 58개띠들이 한국현대사 속에서 겪은 여러 삶의 이야기들을 정면 혹은 측면에서 바라봄으로써 우리 사회에 바람직한 활력을 불어넣을 수도 있을 것이다.

잡초와 들개와 같은 강한 생명력을 지녔다는 58년 개띠들! 개띠의 특성답게 스스로를 희생하면서 지금 우리 사회의 중심적 위치에 서 있는 사람들이 적지 않다고 한다. 그들이 쌓아온 잡초와 같은 생명력이 향후 우리 사회를 이끌어갈 수 있는 강한 추진력으로 작용하기를 기대해본다.

신년 초 KBS 텔레비전의 〈아침마당〉 프로그램에서 58년 개띠생 출판인으로 활동하고 있는 방남수 시인이 했던 말이 떠오른다.

그는 말하기를 "58개띠가 무너지면 대한민국이 무너지고, 58개띠가 일어서면 대한민국이 일어설 수 있을 것" 이라고 했다.

58개띠여, 이제 고난의 가시밭길을 벗어나 그대 앞길에 희망 있어라!

JN411323